주제와 함께하는
스페인어

LA CASA SPANISH

주제와 함께하는 스페인어

el español con temas

민선재 지음

HU:iNE

* 이 책의 음원(mp3)은 한국외국어대학교 지식출판원 홈페이지(press.hufs.ac.kr)-게시판-자료실에서 다운받아 사용하시기 바랍니다.

스페인어(el español)는 1스페인(España)과 중남미의 2아르헨티나(Argentina), 3볼리비아(Bolivia), 4콜롬비아(Colombia), 5코스타리카(Costa Rica), 6쿠바(Cuba), 7칠레(Chile), 8에콰도르(Ecuador), 9엘살바도르(El Salvador), 10과테말라(Guatemala), 11온두라스(Honduras), 12멕시코(México), 13니카라과(Nicaragua), 14파나마(Panamá), 15파라과이(Paraguay), 16페루(Perú), 17도미니카공화국(República Dominicana), 18우루과이(Uruguay), 19베네수엘라(Venezuela) 그리고 20적도기니(Guinea Ecuatorial)에서 **국어**로, 21푸에르토리코(Puerto Rico) 22안도라(Andorra)에서는 **공용어**로 사용하고 있으며 필리핀(Filipinas), 오스트레일리아(Australia), 모로코(Marruecos), 트리니다드 토바고(Trinidad y Tobago), 벨리세(Belice), 아이티(Haití), 이스라엘(Israel), 서사하라(Sahara Occidental), 발칸제국(los Balcanes) 그리고 미국 남서부(el Sur de los EEUU) 일대에서 **부분적**으로 사용한다. 스페인어 사용 인구는 현재 약 4억 5천만 정도이다. 이런 규모로 볼 때 스페인어는 매우 중요한 언어라 할 수 있다. 또한 배우기가 쉽고 언어 자체가 낭만적이므로 전공은 물론 취미로 선택하기에 좋은 언어이다.

본 '**LA CASA SPANISH**'의 '**주제**와 함께하는 **스페인어**'는 우리의 일상생활에 밀접한 주제를 선정하여 스페인어로 표현할 수 있도록 구성되어 있다. 또한 '간편 문법'과 '동사'를 따로 두어 스페인어 구조에 대한 정리를 할 수 있도록 하였다. 스페인어에서 동사는 문장의 기본이며, 많은 동사 변화로 인하여 그때그때 동사 변화를 외우지 않으면 혼란에 빠질 수가 있다. 이를 위해 별책으로 '**스페인어 동사변화**와 **목록**'이 있으므로 이를 잘 활용하여 동사 변화를 반드시 외우도록 해야 한다. 문형이나 상황을 통해 배우는 스페인어는 주로 짧은 문장으로, 바로바로 실제 상황에서 대화할 때 활용할 수 있는 반면, 우리의 생각을 보다 전문적으로 표현하는데는 어려움이 있다. '**주제**와 함께하는 **스페인어**'는 주제와 관련된 우리의 생각을 보다 유연하게 스페인어와 연결시켜 실제 상황에서 표현할 수 있도록 개념 정의와 뉴스를 중심으로 구성되어 있다. 이를 위해 발췌한 부분은 각 원고 밑에 출처를 제시하고 있다. 주로 'wikipedia'에서 복사를 허용하고 있는 스페인어로 된 원고, '2009 pequeño Espasa Ilustrado'와 'rtve.es'의 'Cinco Continentes'에서 일부 발췌하여 한국어로 번역하고, 표현 연구를 설명하고 있다. 또한 스페인어로 녹음이 되어 있으므로, 동시 통역 연습이 될 것이며, 이를 활용하여 들으면서 외우기를 반복한다면, 언제 어디서나 스페인어로 주제를 갖고 토론을 할 수 있을 것이다. 단, '**주제**와 함께하는 **스페인어**'를 통한 효율적인 학습 방법은 처음에는 내용을 듣고, 한국어로 이해를 한 후에는, 원고 없이 스페인어 본문을 들으면서, 따라서 외우기를 반복하는 것이다. 정확도를 확인하기 위해서는 자신이 외운 내용을 녹음해서 원고와 대조해보면 된다. 이런 방법으로 '**주제**와 함께하는 **스페인어**'를 공부하다 보면 자연스럽게 생각을 연결시키면서 길게, 하고 싶은 말을 표현할 수 있게 된다. 또한 상대방의 말도 잘 이해할 수 있을 뿐만 아니라 대화 사이사이에 자연스럽게 자신의 의견을 말할 수 있다. 언어 학습은 쉬운 단계에서 어려운 단계까지, 다시 말해, 간단한 문장 표현에서부터 복잡한 문장 표현까지, 문법 설명 위주로 하기 보다는 문형을 중심으로 해당 문법을 이해하고, 실제 상황을 중심으로 보다 자연스럽게 스페인어를 구사할 수 있어야 하며, 주제를 가지고 편하게 서로의 의견을 나눌 수 있어야 한다. 이런 점에서 본 '**LA CASA SPANISH**'는 '**문형**과 함께하는 **스페인어**'로 기초를 쌓고, '**상황**과 함께하는 **스페인어**'로 다양성을 갖추고, '**주제**와 함께하는 **스페인어**'로 각 분야의 전문적 표현을 습득할 수 있도록 구성되어 있다. 이를 잘 활용하여 스페인어를 재미있게 배우고, 자연스럽게 표현하며, 세계의 스페인어 화자들과 함께 즐겁게 소통하므로, 건강하고 행복한 지구촌을 만들어 갈 수 있기를 기대한다.

* 녹음을 위해 수고한 전성환, 이예은, Clara Beltrán Arias, Alberto Javier Masete Pardo 에게 특별한 감사를 표한다.

차례 | índice

발음

pronunciación

자모표 abecedario

문자		명칭		문자		명칭	
A	a	a	아	N	n	ene	에네
B	b	be	베	Ñ	ñ	eñe	에녜
C	c	ce	θㅔ/세	O	o	o	오
Ch	ch	che	체	P	p	pe	뻬
D	d	de	데	Q	q	cu	꾸
E	e	e	에	R	r	ere, erre	에레, 에ㄹ레
F	f	efe	에풰	S	s	ese	에세
G	g	ge	헤	T	t	te	떼
H	h	hache	아체	U	u	u	우
I	i	i	이	V	v	uve	우베
J	j	jota	호따	W	w	uve doble	우베 도블레
K	k	ka	까	X	x	equis	에끼스
L	l	ele	엘레	Y	y	i griega	이 그리에가
Ll	ll	elle	엘례/에예	Z	z	zeta	θㅔ따/세따
M	m	eme	에메				

▶[θ]는 치간음을 말한다.

▶'에ㄹ레'는 'r'를 여러 번 굴려서 발음하는 것을 말한다.

▶'에풰'의 'ㅎ'은 아랫입술을 윗니로 살짝 깨물면서 발음한다.

▶'ch, ll'은 하나의 음소임에 유의하자! 최근 스페인 한림원에서는 'ch, ll'를 독립된 문자로 간주하지 않기로 했다. 그러므로 최근 사전에는 'ch, ll'란이 별도로 없고 'ch'는 'c'에서, 'll'는 'l'에서 찾아야 한다. 그러나 이들은 하나의 음소임으로 'ch'는 'c'와 'h'가 섞인 발음이 아니라 [c]로, 'll'는 'l'을 두 번 발음하는 것이 아니라 [ʎ]로 발음한다.

▶'θㅔ/엘례/θㅔ따'는 스페인식 발음이고 '세/에예/세따'는 중남미식 발음이다.

▶ 보라색 표시는 발음상 강세의 위치를 표시한다.

▶ 스페인식과 중남미식 발음이 서로 다른 경우, 자신의 필요에 따라 선택하여 일관성 있게 연습하도록 한다.

모음 vocal

▶ 스페인어에는 'a, e, i, o, u'의 다섯 개의 모음이 있으며 'a, e, o'는 강모음이고, 'i, u'는 약모음이다.

A [아]	mamá	[마마]	엄마
	padre	[빠드레]	아버지
E [에]	bebé	[베베]	아기
	mesa	[메사]	탁자
I [이]	niño	[니뇨]	어린이
	abril	[아브릴]	4월
O [오]	dónde	[돈데]	어디
	oso	[오소]	곰
U [우]	nube	[누베]	구름
	duda	[두다]	의심

B

우리말의 'ㅂ'와 같은 발음이다.

+ a	[바]	bambú	[밤부]	대나무
+ e	[베]	bebé	[베베]	아기
+ i	[비]	bigote	[비고떼]	콧수염
+ o	[보]	boca	[보까]	입
+ u	[부]	burro	[부ㄹ로]	당나귀

C

모음 'a, o, u'가 뒤따르면 우리말의 'ㄲ'으로, 모음 'e, i'가 뒤따르면 [θ]로 발음한다. 이 [θ]를 중남미에서는 [s]로 발음한다.

+ a	[까]	casa	[까사]	집
+ o	[꼬]	consumo	[꼰수모]	소비
+ u	[꾸]	cura	[꾸라]	사제
+ e	[θㅔ/세]	cena	[θㅔ나/세나]	저녁식사
+ i	[θㅣ/시]	cine	[θㅣ네/시네]	영화관

• 중남미에서 [θ]를 [s]로 발음하는 현상을 'seseo' [세세오]라 부른다.

ch

우리말의 'ㅊ'을 입천장에 붙였다 끌어내리면서 발음하는 것과 같다.

+ a	[차]	muchacha	[무차차]	소녀
+ e	[체]	coche	[꼬체]	자동차
+ i	[치]	chico	[치꼬]	소년
+ o	[초]	chocolate	[초꼴라떼]	초콜릿
+ u	[추]	chupar	[추빠르]	빨다

D

우리말의 'ㄷ'과 같은 발음이다.

+ a	[다]	dama	[다마]	숙녀
+ e	[데]	dedo	[데도]	손가락
+ i	[디]	diciembre	[디시엠브레]	12월
+ o	[도]	doctor	[독또르]	박사
+ u	[두]	duda	[두다]	의심

F

순치음으로 아랫입술을 윗니로 가볍게 물면서 발음한다.

+ a	[화]	favor	[화보르]	호의
+ e	[훼]	feo	[훼오]	못생긴
+ i	[휘]	fin	[휜]	끝
+ o	[호]	fondo	[혼도]	바닥
+ u	[후]	fumar	[후마르]	담배피다

- 'fin'은 단음절이므로 강세가 오지 않는다. 그러나 예외도 있다. 예를 들어, 불특정관사 'un'은 단음절이나 강세를 주어 발음한다.

G

모음 'a, o, u'가 뒤따르면 우리말의 'ㄱ'으로, 모음 'e, i'가 뒤따르면 후두음 'ㅎ'로 발음한다. 그러나 'gue'[게]나 'gui'[기] 형태가 될 경우 그대로 'ㄱ'로 발음하되 [u]는 발음되지 않으며, 이때 'u'는 단지 'g'발음을 'ㄱ'발음이 되도록 하는 역할만 한다. 그러나 'u'위에 불규칙하게 '¨'표시가 찍혀 있는 경우 [u]발음이 살아난다.

+ a	[가]	gato	[가또]	고양이
+ e	[헤]	gente	[헨떼]	사람들
+ i	[히]	girasol	[히라솔]	해바라기
+ o	[고]	amigo	[아미고]	친구
+ u	[구]	agua	[아구아]	물
+ ue	[게]	guerra	[게ㄹ라]	전쟁
+ ui	[기]	guitarra	[기따ㄹ라]	기타
+ üe	[구에]	vergüenza	[베르구엔θㅏ/사]	수치심

H

어느 경우에도 발음을 하지 않는다.

+ a	[아]	hacha	[아차]	도끼
+ e	[에]	hermano	[에르마노]	오빠/형
+ i	[이]	hija	[이하]	딸
+ o	[오]	hoja	[오하]	종이
+ u	[우]	huracán	[우라깐]	태풍

- 'hi'는 마찰음으로 한 음소[ǰ]에 해당하므로 철자 'y'와 같은 발음을 한다:
  hierba [ǰérba 예르바] 풀
  그러나 'n, l' 다음에서 파찰음화가 이루어진다:
  el hielo [el ɟélo 엘젤로] 얼음

J

후두음 'ㅎ'로 발음한다. 모음 'e, i' 앞에서의 'g'와 같은 발음이다.

+ a	[하]	jamón	[하몬]	햄
+ e	[헤]	jefe	[헤훼]	부서장
+ i	[히]	jirafa	[히라화]	기린
+ o	[호]	joven	[호벤]	젊은이
+ u	[후]	jugar	[후가르]	놀다

K

주로 외래어 표기에 사용되며 'ㄲ'로 발음한다.

+ a	[까]	kaki	[까끼]	카키색
+ e	[께]	keratina	[께라띠나]	각질
+ i	[끼]	kilogramo	[낄로그라모]	킬로그램
+ o	[꼬]	koala	[꼬알라]	코알라
+ u	[꾸]	kurdo	[꾸르도]	쿠르드족

L

혀끝을 잇몸 바로 뒤에 붙여서 내는 'ㄹ'발음이다.

+ a	[라]	labio	[라비오]	입술
+ e	[레]	leche	[레체]	우유
+ i	[리]	libro	[리브로]	책
+ o	[로]	loco	[로꼬]	미친
+ u	[루]	lunes	[루네스]	월요일

Ll

혀끝을 입천장에 붙여 끌어내리면서 내는 발음 [ʎ]이다. 중남미에서는 [ǰ]로 발음한다.

+ a	[랴/야]	llave	[랴베/야베]	열쇠
+ e	[례/예]	calle	[깔례/까예]	거리
+ o	[료/요]	caballo	[까발료/까바요]	말
+ u	[류/유]	lluvia	[류비아/유비아]	비

- 중남미에서 [ʎ]를 [ǰ]로 발음하는 현상을 'yeísmo' [예이스모]라 부른다.

M

우리말의 'ㅁ'과 같은 발음이다.

+ a	[마]	madre	[마드레]	어머니
+ e	[메]	mesa	[메사]	탁자
+ i	[미]	camisa	[까미사]	셔츠
+ o	[모]	mosca	[모스까]	파리
+ u	[무]	mudo	[무도]	벙어리

N

우리말의 'ㄴ'과 같은 발음이다. 'n'뒤에 오는 자음에 동화되어 조금씩 다르게 발음되기도 한다.

+ a	[나]	nariz	[나리 θ/스]	코
+ e	[네]	nervio	[네르비오]	신경
+ i	[니]	nido	[니도]	새둥지
+ o	[노]	noche	[노체]	밤
+ u	[누]	nube	[누베]	구름
+ [p], [b], [m]		un vaso	[움바소]	한 개의/어떤 컵
+ [f]		confuso	[꽁후소]	혼란한
+ [θ]		once	[온θㅔ/세]	십일
+ [t], [d]		lento	[렌또]	느린
+ [k], [g]		hongo	[옹고]	버섯
+ [c]		un chico	[운치꼬]	한/어떤 소년
+ [ɟ]		cónyuge	[꼰쥬헤]	부부

Ñ

혀끝을 입천장에 붙여 끌어내리면서 하는 발음으로 우리말의 '냐', '뇨'와 같은 발음이다.

+ a	[냐]	mañana	[마냐나]	내일, 아침
+ e	[녜]	compañero	[꼼빠녜로]	동료
+ i	[니]	compañía	[꼼빠니아]	회사
+ o	[뇨]	sueño	[수에뇨]	꿈
+ u	[뉴]	pañuelo	[빠뉴엘로]	손수건

P

우리말의 'ㅃ'와 같은 발음이다.

+ a	[빠]	papel	[빠뻴]	종이
+ e	[뻬]	peso	[뻬소]	무게
+ i	[삐]	piano	[삐아노]	피아노
+ o	[뽀]	pulpo	[뿔뽀]	낙지
+ u	[뿌]	punto	[뿐또]	점

Q

반드시 'ue, ui'와 합쳐 'que'[께], 'qui'[끼]로 발음된다. 즉 'u'는 발음되지 않는다.

queso	[께소]	치즈
aquí	[아끼]	여기
máquina	[마끼나]	기계

R

우리말의 'ㄹ'과 같은 발음이나 단어 맨 앞에, 또는 'n, s, l' 다음에 올 경우와 철자가 'rr'로 겹쳐져 있을 때는 혀를 많이 굴려서 발음한다.

pero	[뻬로]	그러나
camarero	[까마레로]	웨이터
vender	[벤데르]	팔다
perro	[뻬ㄹ로]	개
rosa	[ㄹ로사]	장미
sonrisa	[손ㄹ리사]	미소
alrededor	[알ㄹ레데도르]	주위
Israel	[이스ㄹ라엘]	이스라엘

- 'n, s, l' 다음에 'r'는 혀를 많이 굴려서 발음해야 되기 때문에 실제로 'n, s, l'은 거의 발음되지 않아 [소ㄹ리사], [아ㄹ레데도르], [이ㄹ라엘]처럼 들린다.

S

우리말의 'ㅅ'와 같은 발음이다.

+ a	[사]	sabio	[사비오]	현인
+ e	[세]	seguro	[세구로]	안전한/확실한
+ i	[시]	casi	[까시]	거의
+ o	[소]	sobre	[소브레]	봉투/~위에
+ u	[수]	subir	[수비르]	올라가다

T

우리말의 'ㄸ'와 같은 발음이다.

+ a	[따]	tacaño	[따까뇨]	인색한
+ e	[떼]	aceite	[아θ세/세이떼]	기름
+ i	[띠]	tinta	[띤따]	잉크
+ o	[또]	tomate	[또마떼]	토마토
+ u	[뚜]	tortuga	[또르뚜가]	거북이

V

우리말의 'ㅂ'와 같은 발음이다.

+ a	[바]	vaso	[바소]	컵
+ e	[베]	verano	[베라노]	여름
+ i	[비]	avión	[아비온]	비행기
+ o	[보]	vosotros	[보소뜨로스]	너희들
+ u	[부]	vuestro	[부에스뜨로]	너희들의

- 'b'와 'v'는 구별없이 양순음으로 발음된다.
- 'vuestro'는 소유형용사로 명사 앞에 놓일 경우는 강세가 주어지지 않으며 명사 뒤에 놓일 경우는 강세가 주어진다. 이는 전치형과 후치형을 구별하기 위함이다.

W

주로 외래어 표기에 사용되며 외래어 발음을 그대로 유지한다. 강세의 위치는 외래어의 발음에 준한다.

Wáshington	[와싱똔]	워싱톤
whiski	[위스끼]	위스키
won	[원]	원 (한국화폐단위)
sándwich	[산드위치]	샌드위치

X

일반적으로 [ks]로 발음하나, 뒤에 자음이 나오는 경우 [s]로 발음되기도 한다. 지명은 간혹 'ㅎ'발음 [x]을 하기도 한다.

+ a	[끄사]	examen	[엑사멘]	시험
+ e	[끄세]	lexema	[렉세마]	어휘소
+ i	[끄시]	taxi	[딱시]	택시
+ o	[끄소]	exótico	[엑소띠꼬]	이국적인
+ u	[끄수]	exuberante	[엑수베란떼]	풍부한
자음앞		extranjero	[에스뜨랑헤로]	외국의
지명		Téxas	[떼하스]	텍사스
지명		México	[메히꼬]	멕시코

Y

우리말의 '야', '요' 발음과 비슷하나 좀 더 강하여 영어의 'yes'에 더 가깝다.

+ a	[야]	playa	[쁠라야]	해변
+ e	[예]	yegua	[예구아]	암말
+ o	[요]	ayuda	[아유다]	도움
+ u	[유]	mayo	[마요]	5월

• 'n, l' 다음에서는 파찰음화가 이루어진다: cónyuge [꼰주헤] 부부

Z

스페인에서는 [θ]로 발음하고, 중남미에서는 [s]로 발음한다.

+ a	[θㅏ/사]	zapato	[θㅏ/사빠또]	구두
+ e	[θㅔ/세]	zeta	[θㅔ/세따]	철자 z의 이름
+ i	[θㅣ/시]	zinc	[θ잉/싱끄]	아연
+ o	[θㅗ/소]	zorro	[θㅗ/소ㄹ로]	숫여우
+ u	[θㅜ/수]	zumo	[θㅜ/수모]	주스

• 'zinc'는 단음절이므로 강세가 오지 않는다.

음절분해 silabeo

음절 분해는 모음을 기준으로 한다. 따라서 음절수를 계산할 때, 모음 하나를 1음절로 계산하며, 이중모음이나 삼중모음은 하나의 모음으로 간주하고, 이중자음 또한 하나의 자음으로 간주한다. 이중모음과 삼중모음은 강모음 'a, e, o'와 약모음 'i, u'가 조합을 이루어 만들어지며, 이중자음으로는 'bl, br, cl, cr, fl, fr, gl, gr, kl, kr, pl, pr, dr, tr' 등이 있다.

▶ 모음과 모음 사이에 자음이 하나만 있을 경우, 그 자음은 뒤에 오는 모음과 하나의 음절을 이룬다:

ca-sa	자(c)+모(a)-자(s)+모(a)	집
co-che	자(c)+모(o)-자(ch)+모(e)	자동차
fue-go	자(f)+모(ue)-자(g)+모(o)	불
a-gua	모(a)-자(g)+모(ua)	물
i-dio-ma	모(i)-자(d)+모(io)-자(m)+모(a)	언어

▶ 모음과 모음 사이에 자음이 두 개일 경우, 각각 앞 뒤 모음과 한 음절을 이룬다:

doc-tor	자(d)+모(o)+자(c)-자(t)+모(o)+자(r)	의사
al-to	모(a)+자(l)-자(t)+모(o)	높은
pier-na	자(p)+모(ie)+자(r)-자(n)+모(a)	다리

▶ 이중자음은 하나의 자음으로 간주한다:

pla-ya	자(pl)+모(a)-자(y)+모(a)	해변
di-ciem-bre	자(d)+모(i)-자(c)+모(ie)+자(m)-자(br)+모(e)	12월
blan-co	자(bl)+모(a)+자(n)-자(c)+모(o)	흰
cla-ro	자(cl)+모(a)-자(r)+모(o)	확실한

▶ 이중모음이라 하더라도 약모음 위에 강세 부호가 찍혀 강모음화되는 경우는 각각의 모음으로 간주한다:

tí-o	자(t)+모(í)-모(o)	아저씨
dí-a	자(d)+모(í)-모(a)	날(日)
rí-o	자(r)+모(í)-모(o)	강
dú-o	자(d)+모(ú)-모(o)	듀엣
ma-íz	자(m)+모(a)-모(í)+자(z)	옥수수

강세 acento

스페인어에서 강세는 매우 중요하다. 강세에 따라 단어의 뜻이 달라질 수 있기 때문이다. 낱말에 강세 표시가 있는 경우는 그 음절에 낱말 전체의 강세가 놓이게 되며, 낱말에 강세 표시가 없는 경우는 다음의 일반규칙에 의한다.

▶ 'n, s'를 제외한 모든 자음으로 끝나는 낱말은 맨 마지막 음절에 강세가 있다:

be-ber	[베베르]	마시다
sa-bor	[사보르]	맛
ca-nal	[까날]	채널
gi-ra-sol	[히라솔]	해바라기

▶ 모음이나 자음 'n, s'로 끝난 낱말은 끝에서 두 번째 음절에 강세가 있다:

me-sa	[메사]	탁자
ton-to	[똔또]	바보
a-ño	[아뇨]	년(年)
mar-tes	[마르떼스]	화요일

▶ 불규칙하게 강세부호가 찍혀 있는 낱말은 강세부호 표시가 있는 음절에 강세가 있다:

jar-dín	[하르딘]	정원
dón-de	[돈데]	어디
a-quí	[아끼]	여기
Mé-xi-co	[메히꼬]	멕시코

▶ 모든 특정관사, 모든 소유격 전치형, 모든 관계대명사(el cual, los cuales 예외), 모든 전치사와 그 복합형, 모든 접속사와 그 복합형, 모든 단음절 목적격(le, lo, la, se 등)에는 강세가 오지 않는다.

▶ 모든 불특정관사, 숫자(숫자 복합형은 뒤에만 오며, mil·cien·millón은 어느 위치에서도 강세 있음), 모든 지시형용사, 인칭대명사 주격, 중성지시대명사(esto·eso·aquello)를 포함한 모든 지시대명사, 모든 소유격 후치형, 모든 소유대명사에는 강세가 온다. 사람 이름이 2개가 겹쳐있는 경우는 뒤에만 강세가 온다(Juanjo, Marialuisa 등).

▶ 모든 낱말은 1개의 강세를 갖는다. 단, 부사(lentamente)는 2개의 강세를 갖는다.

억양 entonación

스페인어의 억양은 크게 다음의 3가지로 구분할 수 있다:

하강어조	tonema descendente
평 어 조	tonema horizontal
상승어조	tonema ascendente

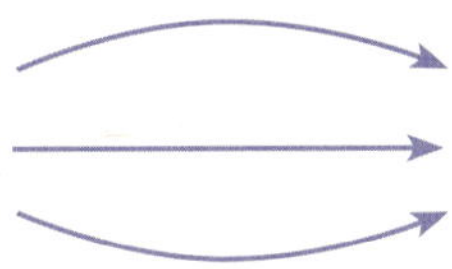

구두점 puntuación

,	coma	[꼬마]	쉼표
—	guión	[기온]	하이픈
;	punto y coma	[뿐또 이 꼬마]	세미콜론
" "	comillas	[꼬미야스]	따옴표
:	dos puntos	[도스 뿐또스]	콜론
_	raya	[ㄹ라야]	밑줄
.	punto final	[뿐또 휘날]	마침표
¨	diéresis	[디에레시스]	'u'에 붙이는 부호
...	puntos suspensivos	[뿐또스 수스뻰시보스]	말줄임표
~	tilde	[띨데]	물결부호
¿	principio de interrogación	[쁘린θ이/시삐오 데 인떼ㄹ로가θ이/시온]	앞의문부호
?	fin de interrogación	[휜 데 인떼ㄹ로가θ이/시온]	뒷의문부호
¡	principio de admiración	[쁘린θ이/시삐오 데 아드미라θ이/시온]	앞감탄부호
!	fin de admiración	[휜 데 아드미라θ이/시온]	뒷감탄부호
( )	paréntesis	[빠렌떼시스]	괄호

▶ 스페인어에서는 문장 앞뒤에 의문부호(¿ ?)와 감탄부호(¡ !)를 표기한다:

¿Es usted doctor? 당신은 의사이십니까?
에스 우스뗃 독또르

¿Qué es esto? 이것은 무엇입니까?
께 에스 에스또

¡Qué frío! 아휴, 추워!
께 후리오

¡Qué chica más guapa! 정말 예쁜 소녀다!
께 치까 마스 구아빠

대문자 사용 usos de mayúsculas

문(文)이 시작될 때	Queridos amigos~
마침표 다음에서	~ nos marchamos. Al salir ~
고유명사 신과 관계된 단어	José(남자이름) María(여자이름) El Creador(창조주) Dios(신) Santa María(성모) España(스페인)
약자	D.(don): 남자에 대한 존칭 Dª.(doña): 여자에 대한 존칭 Ud./Vd.(usted): 당신 Uds./Vds.(ustedes): 당신들 Sr.(señor): ~씨 Sra.(señora): ~여사 Srta.(señorita): ~양
기관명	Instituto Cervantes

▶ 대문자 위에 강세가 오게 되는 경우, 강세 부호를 찍어도 좋고 안 찍어도 좋으나 일반적으로는 찍지 않는다: Capítulo / CAPITULO

어순 orden de palabras

스페인어 긍정문의 기본어순은 '주어 + 동사 + 목적어'이고, 의문문은 '¿동사 + 주어 + 목적어?'이며, 부정문은 동사 앞에 부정어 'no'를 놓는다. 그러나 스페인어에서는 다양한 동사 변화로 인하여 주로 인칭대명사 주어를 생략하며, 부사 등의 위치도 비교적 자유롭다:

Yo tengo libros. 나는 책을 가지고 있다.

요　떵고　리브로스

↓　↓　↓

주어 동사 목적어

→ 인칭대명사 주어를 생략하면

Tengo libros.

→ 주어와 동사의 위치를 바꾸면

¿Tengo (yo) libros? 내가 책을 가지고 있니?

→ 동사 앞에 부정어 'no'를 넣으면

Yo no tengo libros./No tengo libros. 나는 책을 가지고 있지 않다.

동사

verbo

스페인어에서 동사는 문장의 중심을 이룬다고 볼 수 있다. 또한 많은 동사 변화로 인하여 어려움이 따른다. 그러므로 먼저 동사에 대한 전체적인 이해를 한 후에 각 동사 변화는 그때그때 문장 내에서 외워 나가도록 한다. 나중으로 미루면 그야말로 미로 속을 헤매는 것 같은 혼란한 상태에 처하게 된다. 그러나 처음에 몇 개의 규칙변화와 불규칙변화를 입에 익히면 후에는 자동적으로 할 수 있게 된다. 그 이유는 불규칙변화라 하더라도 나름대로 규칙이 있으며 또한 리듬이 있어 후에는 이 리듬을 자연스럽게 탈 수 있게 되기 때문이다. 그러므로 본 교재로 스페인어를 공부하는 사람은 처음에 좀 어렵더라도 눈 앞에 있는 동사 변화는 반드시 외우고 다음으로 넘어가기 바란다.

동사의 용법 usos del verbo

1. 접사(afijo)

주로 접두어로 'pre-'(ver/prever)가 오면 '앞'의 뜻을, 'pos-'(poner/posponer)가 오면 '뒤'의 뜻을, 're-'(decir/redecir)가 오면 '반복'의 뜻을, 'des-'(aparecer/desaparecer)가 오면 '반대'의 뜻을, 'a-'(vivo/avivar)나 'en-'(duro/endurecer)이 오면 다른 품사를 동사가 되게 한다. 또한 대부분의 타동사는 'se'와 함께 수동을 표현한다.

2. 'ser/estar/hay'

영어의 'be'동사에 해당하는 스페인어 동사는 'ser'(~이다)와 'estar'(~상태이다)가 있다. 'ser'는 주로 신분이나 변하지 않는 속성을 표현하며, 'estar'는 상태나 변하는 속성을 표현한다. 예를 들어, '나는 학생입니다.'는 신분을 나타내므로 'ser'를 사용하여 'Soy estudiante.'가 되며, '나는 감기에 걸렸습니다.'는 상태를 나타내므로 'estar'를 사용하여 남자이면 'Estoy resfriado.', 여자이면 'Estoy resfriada.'로 표현한다. '그녀는 낙천적이다.'로 변하지 않는 속성을 표현하게 되면 'ser'를 사용하여 'Ella es alegre.'가 되며 '그녀는 기쁘다.'로 변하는 속성을 표현하면 'estar'를 사용하여 'Ella está alegre.'가 된다. 또한 영어의 'there is ~'나 'there are ~'는 'haber'(완료를 만드는 조동사)의 3인칭 단수로 모두 표현하게 된다. 직설법 현재에서는 'hay'라는 형태를 사용한다. 그러므로 '무엇이 있느냐?'는 '¿Qué hay?'로 표현되며, '어디에 있느냐?'는 '¿Dónde está?'로 표현된다.

3. 전치사 요구 동사(verbo con la preposición)

일부 동사들은 특정 전치사를 필요로 하므로 그때그때 함께 외워두어야 한다. 예를 들어, '~을 해야 한다'는 'deber ~'이나, '~일 수도 있다'는 'deber de ~'를 사용한다.

4. 의미에 따른 분류(clasificación por el sentido)

의미적으로 크게 타동사, 자동사, 재귀동사로 분류한다. 의미란 모든 언어에 공통이므로 우리가 생각할 때 '무엇을'이 이어지면 타동사이고, 이 '무엇을'이 자신에게 돌아오면 재귀동사이며, 이 '무엇을'이 없으면 자동사라고 생각하면 쉽게 이해할 수 있다. 예를 들어, '가다'는 자동사이고, '씻기다'는 타동사이며, '나 자신을 씻기다' 즉, '씻다'가 되면 재귀동사이다.

5. 어미에 따른 분류(clasificación por la desinencia)

어미의 형태로 동사를 분류한다. 스페인어에서 동사의 어미는 '-ar/-er/-ir'가 있으며 여기에 재귀형이라 칭하는 '-arse/-erse/-irse'가 있다. 이때 재귀대명사 'se'는 인칭에 따라 'me'(나), 'te'(너), 'se'(당신/그/그녀), 'nos'(우리), 'os'(너희), 'se'(당신들/그들/그녀들)로 변화한다. 또한 이 'se'는 재귀화에만 사용되는 것이 아니라 다양한 기능을 갖는다.

6. 불구동사(verbo defectivo)

불구동사는 의미나 형태에 있어 온전하지 못하여 일부 인칭이나 일부 시제에 따른 동사 변화를 하게 된다. 예를 들어, 'soler'(종종 ~하다)는 의미상 완료나 미래가 불가능하므로 불구동사이다. 또한 자연 현상을 표현하는 동사도 여기에 속한다고 볼 수 있다. 자연 현상 동사들은 주어가 없이 3인칭 단수로만 변화하므로 '단인칭동사' 또는 '무인칭동사'로 칭하기도 한다. 때로는 뜻이 변화하여 모든 인칭에 사용되기도 한다. 예를 들어, 'amanecer'는 '동이 트다'는 뜻의 자연 현상 동사이므로 3인칭 단수 변화인 'Amanece.'(동이 튼다.)로 사용하나, '일찍 일어나다'는 뜻으로 사용되는 경우 모든 인칭 변화를 하게 된다. 또한 '일이 생기다'는 뜻의 'ocurrir'는 3인칭 변화만을 하므로 '단인칭동사'라 할 수 있다.

7. 인칭대명사 간접목적격과 함께 쓰이는 동사(verbo con los dativos)

어떤 동사들은 인칭대명사 주격(yo/tú/usted/él/ella/nosotros(nosotras)/vosotros(vosotras)/ustedes/ellos/ellas)을 주어로 사용하지 않고 의미상의 목적어가 주어처럼 동사 변화를 지배하며, 의미상의 주어는 인칭대명사 간접목적격으로 표현하게 된다. 예를 들어, '나는 사과를 좋아한다.'는 문장에서 '나'는 'yo'이지만 인칭대명사 주격인 'yo'를 사용하지 않고 인칭대명사 간접목적격인 'a mí' 또는 'me'를 사용한다. 이때 'me'는 단독으로 사용할 수 있으나 'a mí'는 단독으로 사용할 수 없다. 또한 동사 변화를 지배하는 의미상 목적어인 '사과'가 3인칭 단수이므로 '좋아하다'는 뜻의 동사 'gustar'는 3인칭 단수 변화인 'gusta'가 된다. 따라서 'A mí me gusta la manzana.' 또는 'Me gusta la manzana.'로 표현된다. 만약에 '사과'를 '사과들'로 복수로 표현하게 되면 'A mí me gustan las manzanas.' 또는 'Me gustan las manzanas.'로 표현된다.

8. 'se'의 용법(usos de 'se')

1) 타동사의 재귀화에 사용한다.

환자들을 씻겨야 합니다.	Hay que lavar a los enfermos.
환자들은 씻습니다.	Los enfermos se lavan.

2) 모든 사람에게 해당될 때 3인칭 단수로 사용한다. 다르게는 주어 없이 동사를 복수 3인칭으로 사용하여 표현한다.

스페인에서는 잘 삽니다.	Se vive bien en España.
	Viven bien en España.

3) 상호적 표현에 사용한다.

후안과 마리아는 서로 돕습니다. Juan y María se ayudan uno a otro.

- 'uno a otro'는 '서로'라는 뜻으로 의미를 보조한다. 다르게는 'unos a otros', 'recíprocamente', 'mutuamente'를 사용할 수 있다.)

4) 능동문의 구조로 수동의 뜻을 표현할 때 사용한다.

스페인어에서 수동문은 '조동사 ser + 과거분사 + por/de/en'의 형식으로 이루어지나, 행위자가 불명확하거나 일반적일 때는 'se'를 사용하여 표현한다.

감자를 팝니다. Se venden patatas.

- 'patatas'가 복수이므로 'venden'이 된 것이다.

아파트를 세 놓습니다. Se alquila un piso.

- 'piso'가 단수이므로 'alquila'가 된 것이다.

5) 전통적으로 재귀동사의 형태를 사용하나 늘 재귀의 뜻을 갖지는 않는 경우가 있다. 그 뒤에 주로 전치사 'de'가 온다.

나는 너에 대해 불만이다. Me quejo de ti.

- 동사의 원형은 'quejarse'이다.

6) 자동사가 'se'를 취할 경우에는 그 자동사의 뜻을 강조한다.

가니? ¿Vas?

진짜 가니? ¿Te vas?

7) 간접목적격과 직접목적격이 모두 3인칭이면서 함께 사용되는 경우에 앞에 놓이는 간접목적격은 'se'로 바뀐다. 예를 들어, '나는 그녀에게 그것을 주었다.'에서 '그녀'와 '그것'이 모두 3인칭이므로 본래 '그녀에게'에 해당하는 간접목적격인 'le'는 'se'로 바뀌어 'Se lo di.'로 표현된다. 이는 발음상의 이유이다.

9. 규칙변화와 불규칙변화(conjugación regular e irregular)

규칙변화와 불규칙변화가 있다. 많은 불규칙변화가 있으나 나름대로 규칙이 있어 그렇게 복잡하지는 않다. 따라서 동사 변화는 그때그때 외우면 그 나름의 규칙이 입에 익으므로 별로 어렵지 않게 외울 수 있다. 그러므로 동사 변화에서 중요한 것은 그때그때 소리내어 외우고 넘어가야 한다는 것이다.

10. 법, 시제, 인칭에 따른 변화(conjugación por el modo, el tiempo y la persona)

인칭, 시제, 법에 따라 변화한다. 인칭은 1인칭, 2인칭, 3인칭에 단수와 복수가 있으며 2인칭 존칭인 '당신'과 '당신들'은 동사 변화를 할 때 3인칭에 준한다. 시제는 현재와 현재완료, 과거와 과거완료, 미래와 미래완료가 있다. 단, 직설법의 과거는 불특정과거와 불완료과거, 두 가지가 있다. 법에는 직설법, 접속법, 명령법이 있으며 엄밀하게 법은 아니나 그에 준하는 가상미래형(가능법/조건법)이 있다. 완료형은 '조동사 haber + 과거분사'로 이루어진다.

11. 직설법(modo indicativo)

직접적이고 서술적인 표현에 사용한다.

직설법 현재(presente)

● 직설법 현재 규칙변화

	yo (나는)	tú (너는)	él(그는), ella(그녀는), usted (당신은)	nosotros (우리는)	vosotros (너희는)	ellos(그들은), ellas(그녀들은), ustedes (당신들은)
hablar(말하다)	hablo	hablas	habla	hablamos	habláis	hablan
comer(먹다)	como	comes	come	comemos	coméis	comen
vivir(살다)	vivo	vives	vive	vivimos	vivís	viven
hablarse	me hablo	te hablas	se habla	nos hablamos	os habláis	se hablan
comerse	me como	te comes	se come	nos comemos	os coméis	se comen
vivirse	me vivo	te vives	se vive	nos vivimos	os vivís	se viven

- 'nosotros'와 'vosotros'가 여자끼리만 있으면 'nosotras'와 'vosotras'로 사용할 수 있다.
- 'usted'과 'ustedes'는 인칭으로는 2인칭이나 동사 변화는 3인칭으로 한다.
- '-se'가 붙으면 다양한 뜻이 되므로 문장 내에서 살펴보아야 한다.

1) 현재의 사실을 표현할 때 사용한다.

나는 어느 강아지를 본다. Veo un perro.

2) 과거의 역사적 사실을 현재로도 표현한다.

콜럼버스는 신대륙을 발견하였다.

Cristóbal Colón descubre el Nuevo Mundo.

3) 가까운 미래를 표현할 때 사용한다.

이번 주말에 무엇을 할거니? ¿Qué haces este fin de semana?

4) 'si'부사절에서는 미래를 현재로 표현한다.

내일 비가 내리면 나는 집에 있겠다. Si llueve mañana quedaré en casa.

직설법 현재완료(pretérito perfecto)

● 직설법 현재완료 규칙변화

	yo(나는)	tú(너는)	él(그는), ella(그녀는), usted(당신은)	nosotros (우리는)	vosotros (너희는)	ellos(그들은), ellas(그녀들은), ustedes (당신들은)
hablar(말하다)	he hablado	has hablado	ha hablado	hemos hablado	habéis hablado	han hablado
comer(먹다)	he comido	has comido	ha comido	hemos comido	habéis comido	han comido
vivir(살다)	he vivido	has vivido	ha vivido	hemos vivido	habéis vivido	han vivido
hablarse	me he hablado	te has hablado	se ha hablado	nos hemos hablado	os habéis hablado	se han hablado
comerse	me he comido	te has comido	se ha comido	nos hemos comido	os habéis comido	se han comido
vivirse	me he vivido	te has vivido	se ha vivido	nos hemos vivido	os habéis vivido	se han vivido

• 완료는 조동사 'haber'와 과거분사로 만들어진다.

1) 과거로부터 시작하여 현재에 종결되는 사실을 표현한다. 직설법 불특정과거와 한국어로는 잘 구별되지 않는다. 그러나 현재완료는 어떤식으로든 현재이므로 과거를 나타내는 시간의 부사와는 함께 사용되지 않는다. 반면에 오늘(hoy), 이번 주(esta semana), 이번 달(este mes), 올해(este año) 등과는 함께 사용할 수 있다.

이제 숙제를 끝냈다. Ya he terminado la tarea.

올해는 수확이 좋았다. Este año hemos tenido buena cosecha.

2) '~을 해본 적이 있다/없다'를 표현할 때 사용한다.

나는 한 번도 스페인에 있어 본 적이 없다. Nunca he estado en España.

3) 어떤 결과가 현재에 남아 있을 때 사용한다.

장갑을 잃어버렸다. He perdido los guantes.

직설법 불특정과거(pretérito indefinido)

● 직설법 불특정과거 규칙변화

	yo (나는)	tú (너는)	él(그는), ella(그녀는), usted (당신은)	nosotros (우리는)	vosotros (너희는)	ellos(그들은), ellas(그녀들은), ustedes (당신들은)
hablar(말하다)	hablé	hablaste	habló	hablamos	hablasteis	hablaron
comer(먹다)	comí	comiste	comió	comimos	comisteis	comieron
vivir(살다)	viví	viviste	vivió	vivimos	vivisteis	vivieron
hablarse	me hablé	te hablaste	se habló	nos hablamos	os hablasteis	se hablaron
comerse	me comí	te comiste	se comió	nos comimos	os comisteis	se comieron
vivirse	me viví	te viviste	se vivió	nos vivimos	os vivisteis	se vivieron

과거의 사실을 일회적으로 표현할 때 사용한다.

콜럼버스는 신대륙을 발견하였다. Cristóbal Colón descubrió el Nuevo Mundo.

너는 지난 주말에 무엇을 했니? ¿Qué hiciste la semana pasada?

직설법 불특정과거완료(pretérito anterior)

● 직설법 불특정과거완료 규칙변화

	yo (나는)	tú (너는)	él(그는), ella(그녀는), usted (당신은)	nosotros (우리는)	vosotros (너희는)	ellos(그들은), ellas(그녀들은), ustedes (당신들은)
hablar(말하다)	hube hablado	hubiste hablado	hubo hablado	hubimos hablado	hubisteis hablado	hubieron hablado
comer(먹다)	hube comido	hubiste comido	hubo comido	hubimos comido	hubisteis comido	hubieron comido
vivir(살다)	hube vivido	hubiste vivido	hubo vivido	hubimos vivido	hubisteis vivido	hubieron vivido
hablarse	me hube hablado	te hubiste hablado	se hubo hablado	nos hubimos hablado	os hubisteis hablado	se hubieron hablado
comerse	me hube comido	te hubiste comido	se hubo comido	nos hubimos comido	os hubisteis comido	se hubieron comido
vivirse	me hube vivido	te hubiste vivido	se hubo vivido	nos hubimos vivido	os hubisteis vivido	se hubieron vivido

1) 과거를 기준 시점으로 하여 그 때 동사의 행위가 종결될 때 사용하나 거의 사용하지 않는다. 불특정과거가 과거의 사실을 일회적으로 표현하므로 여기에 완료가 사용되어도 거의 그 차이가 나지 않기 때문에 그냥 불특정과거로 사용한다.

그가 막 나가자마자 내가 들어갔다. En cuanto él hubo salido entré.

En cuanto él salió entré.

직설법 불완료과거(pretérito imperfecto)

● **직설법 불완료과거 규칙변화**

	yo (나는)	tú (너는)	él(그는), ella(그녀는), usted (당신은)	nosotros (우리는)	vosotros (너희는)	ellos (그들은), ellas (그녀들은), ustedes (당신들은)
hablar(말하다)	hablaba	hablabas	hablaba	hablábamos	hablabais	hablaban
comer(먹다)	comía	comías	comía	comíamos	comíais	comían
vivir(살다)	vivía	vivías	vivía	vivíamos	vivíais	vivían
hablarse	me hablaba	te hablabas	se hablaba	nos hablábamos	os hablabais	se hablaban
comerse	me comía	te comías	se comía	nos comíamos	os comíais	se comían
vivirse	me vivía	te vivías	se vivía	nos vivíamos	os vivíais	se vivían

1) 과거 어느 정도의 지속성을 가진 사실을 표현할 때 사용한다. 그러므로 과거에서의 진행을 표현하고자 할 때 굳이 과거진행형의 형식을 사용하지 않고 불완료과거로 대신할 수 있다. 진행형은 '조동사 estar + 현재분사'로 이루어진다.

나는 어느 강아지를 보고 있었다. Veía un perro.

너는 지난 주말에 무엇을 하고 지냈니? ¿Qué hacías la semana pasada?

2) 과거의 불규칙한 습관을 표현할 때 사용한다.

지난 여름 나는 자주 바닷가에 가곤 하였다. El verano pasado iba a menudo a la playa.

3) 'querer/desear'(원하다) 등은 현재에서 직설법 불완료과거를 사용하여 겸손을 표현한다.

무엇을 원하시는지요? ¿Qué deseaba?

¿Qué quería?

직설법 불완료과거완료(pretérito pluscuamperfecto)

● 직설법 불완료과거완료 규칙변화

	yo (나는)	tú (너는)	él(그는), ella(그녀는), usted (당신은)	nosotros (우리는)	vosotros (너희는)	ellos(그들은), ellas(그녀들은), ustedes (당신들은)
hablar(말하다)	había hablado	habías hablado	había hablado	habíamos hablado	habíais hablado	habían hablado
comer(먹다)	había comido	habías comido	había comido	habíamos comido	habíais comido	habían comido
vivir(살다)	había vivido	habías vivido	había vivido	habíamos vivido	habíais vivido	habían vivido
hablarse	me había hablado	te habías hablado	se había hablado	nos habíamos hablado	os habíais hablado	se habían hablado
comerse	me había comido	te habías comido	se había comido	nos habíamos comido	os habíais comido	se habían comido
vivirse	me había vivido	te habías vivido	se había vivido	nos habíamos vivido	os habíais vivido	se habían vivido

1) 과거를 기준 시점으로 하여 그 때 동사의 행위가 종결될 때 사용한다.

네가 들어왔을 때 그는 이미 나갔다. Él ya había salido cuando entraste.

2) '~을 해본 적이 있었다/없었다'를 표현할 때 사용한다.

나는 한 번도 스페인에 있어 본 적이 없었다. Nunca había estado en España.

직설법 미래(futuro)

● 직설법 미래 규칙변화

	yo (나는)	tú (너는)	él(그는), ella(그녀는), usted (당신은)	nosotros (우리는)	vosotros (너희는)	ellos(그들은), ellas(그녀들은), ustedes (당신들은)
hablar(말하다)	hablaré	hablarás	hablará	hablaremos	hablaréis	hablarán
comer(먹다)	comeré	comerás	comerá	comeremos	comeréis	comerán
vivir(살다)	viviré	vivirás	vivirá	viviremos	viviréis	vivirán
hablarse	me hablaré	te hablarás	se hablará	nos hablaremos	os hablaréis	se hablarán
comerse	me comeré	te comerás	se comerá	nos comeremos	os comeréis	se comerán
vivirse	me viviré	te vivirás	se vivirá	nos viviremos	os viviréis	se vivirán

1) 미래의 사실을 표현할 때 사용한다. 가까운 미래는 'ir+a+inf.'로 표현할 수 있다.

내일 가겠다. Iré mañana.

Voy a ir mañana.

2) 현재에서의 가능성이나 추측을 표현할 때 사용한다. 반면에 가상미래형은 시제와 상관없이 가능성이나 추측을 표현할 때 사용한다.

몇 시쯤 됐을까? ¿Qué hora será?(직설법 미래)

¿Qué hora sería?(가상미래형)

3) 약한 명령을 표현한다.

집에 가겠지! Irás a casa.

직설법 미래완료(futuro perfecto)

● **직설법 미래완료 규칙변화**

	yo (나는)	tú (너는)	él(그는), ella(그녀는), usted (당신은)	nosotros (우리는)	vosotros (너희는)	ellos(그들은), ellas (그녀들은), ustedes (당신들은)
hablar(말하다)	habré hablado	habrás hablado	habrá hablado	habremos hablado	habréis hablado	habrán hablado
comer(먹다)	habré comido	habrás comido	habrá comido	habremos comido	habréis comido	habrán comido
vivir(살다)	habré vivido	habrás vivido	habrá vivido	habremos vivido	habréis vivido	habrán vivido
hablarse	me habré hablado	te habrás hablado	se habrá hablado	nos habremos hablado	os habréis hablado	se habrán hablado
comerse	me habré comido	te habrás comido	se habrá comido	nos habremos comido	os habréis comido	se habrán comido
vivirse	me habré vivido	te habrás vivido	se habrá vivido	nos habremos vivido	os habréis vivido	se habrán vivido

1) 미래를 기준 시점으로 하여 그 때 동사의 행위가 종결될 때 사용한다.

나는 내년에 집에 돌아와 있을 것이다. Habré vuelto a casa el próximo año.

2) 현재완료를 사용하는 표현에 가능성이나 추측을 더해서 표현하게 되는 경우에 사용한다.

그가 돌아왔겠는데 나는 그를 보지 못했다. Él habrá vuelto, pero no le he visto.

12. 접속법(modo subjuntivo)

'주절 + que + 종속절'의 구조에서 종속절이 기능상 목적절이나 부사절이 되는 경우 종속절에 접속법을 사용한다. 단, 종속절이 목적절이 되는 경우는 주절과 종속절의 주어가 달라야 하며, 동시에 주절 동사의 의미가, '불확실/감정/청원/명령/조건/목적/금지/허용' 등의 뜻을 가지면 종속절의 동사는 접속법을 사용한다. 종속절이 부사절인 경우는 부사절의 의미가 '불확실/조건/목적' 등의 뜻을 가지면 종속절의 동사는 접속법을 사용한다. 접속법 미래와 미래완료는 거의 사용하지 않는다. 접속법 과거는 어미가 '-ra'형과 '-se'형 두 가지가 있으나, 그 중 어느 것을 사용해도 무방하다.

접속법 현재(presente)

직설법 현재의 용법과 접속법 용법이 동시에 요구될 때 사용한다.

● 접속법 현재 규칙변화

	yo (나는)	tú (너는)	él(그는), ella(그녀는), usted (당신은)	nosotros (우리는)	vosotros (너희는)	ellos(그들은), ellas(그녀들은), ustedes (당신들은)
hablar(말하다)	hable	hables	hable	hablemos	habléis	hablen
comer(먹다)	coma	comas	coma	comamos	comáis	coman
vivir(살다)	viva	vivas	viva	vivamos	viváis	vivan
hablarse	me hable	te hables	se hable	nos hablemos	os habléis	se hablen
comerse	me coma	te comas	se coma	nos comamos	os comáis	se coman
vivirse	me viva	te vivas	se viva	nos vivamos	os viváis	se vivan

1) 주절의 동사가 불확실한 뜻을 표현할 때 사용한다.

나는 그가 많은 돈을 갖고 있다고 믿지 않는다. No creo que él tenga mucho dinero.

나는 그녀가 나를 안다고 확신하지 않는다. No estoy seguro de que ella me conozca.

2) 주절의 동사가 아직 일어나지 않은 것을 표현할 때 사용한다.

그가 나를 보면 인사를 할 것이다. Él me saludará cuando me vea.

3) 주절의 동사가 '원하다'는 뜻을 표현할 때 사용한다.

나는 네가 스페인어를 공부하기를 원한다. Quiero que estudies español.

4) 주절의 동사가 '허락하다'는 뜻을 표현할 때 사용한다.

나는 네가 지금 나가는 것을 허락한다. Te permito que salgas ahora.

5) 주절의 동사가 감정을 표현할 때 사용한다.

네가 여기 없는 것이 유감이다. Siento que no estés aquí.

6) 주절의 동사가 명령을 표현할 때 사용한다.

나는 너에게 그를 도와주라고 말한다. Yo te digo que le ayudes.

나는 그에게 떠날 것을 명한다. Le mando que se marche.

7) 종속절이 목적을 표현할 때 사용한다.

나는 그들이 내 말을 잘 이해하도록 분명하게 말한다. Hablo claro para que me entiendan bien.

8) 종속절이 조건을 표현할 때 사용한다.

네가 행동을 잘 한다면 밤마다 나갈 수 있다. Con tal de que te portes bien puedes salir por las noches.

9) 종속절이 아직 일어나지 않은 것을 표현할 때 사용한다.

아무도 눈치채지 못한 채 빨리 나가자. Salgamos pronto sin que nadie se de cuenta.

10) 'ser~ que~'구문에서 'verdad/cierto' 등 '확실하다'는 표현을 제외하고 종속절에서 접속법을 사용한다.

그가 돈이 많다는 것은 사실이 아니다. No es verdad que él tenga mucho dinero.

∷ 접속법 현재완료(pretérito perfecto)

직설법 현재완료의 용법과 접속법 용법이 동시에 요구될 때 사용한다.

● 접속법 현재완료 규칙변화

	yo (나는)	tú (너는)	él(그는), ella(그녀는), usted (당신은)	nosotros (우리는)	vosotros (너희는)	ellos(그들은), ellas(그녀들은), ustedes (당신들은)
hablar(말하다)	haya hablado	hayas hablado	haya hablado	hayamos hablado	hayáis hablado	hayan hablado
comer(먹다)	haya comido	hayas comido	haya comido	hayamos comido	hayáis comido	hayan comido
vivir(살다)	haya vivido	hayas vivido	haya vivido	hayamos vivido	hayáis vivido	hayan vivido
hablarse	me haya hablado	te hayas hablado	se haya hablado	nos hayamos hablado	os hayáis hablado	se hayan hablado
comerse	me haya comido	te hayas comido	se haya comido	nos hayamos comido	os hayáis comido	se hayan comido
vivirse	me haya vivido	te hayas vivido	se haya vivido	nos hayamos vivido	os hayáis vivido	se hayan vivido

최근 물가가 올랐다는 것은 사실이 아닙니다. No es verdad que haya subido la vida últimamente.

나는 그녀가 돌아왔다고 믿지 않는다. No creo que ella haya vuelto.

나는 그가 떠났기를 바란다. Espero que se haya marchado.

네가 돌아와서 고맙다. Te agradezco que hayas vuelto.

접속법 과거(pretérito)

직설법 과거의 용법과 접속법 용법이 동시에 요구될 때 사용한다.

● 접속법 과거 규칙변화

	yo(나는)	tú(너는)	él(그는), ella(그녀는), usted(당신은)	nosotros(우리는)	vosotros(너희는)	ellos(그들은), ellas(그녀들은), ustedes(당신들은)
hablar(말하다)	hablara/ hablase	hablaras/ hablases	hablara/ hablase	habláramos/ hablásemos	hablarais/ hablaseis	hablaran/ hablasen
comer(먹다)	comiera/ comiese	comieras/ comieses	comiera/ comiese	comiéramos/ comiésemos	comierais/ comieseis	comieran/ comiesen
vivir(살다)	viviera/ viviese	vivieras/ vivieses	viviera/ viviese	viviéramos/ viviésemos	vivierais/ vivieseis	vivieran/ viviesen
hablarse	me hablara/ me hablase	te hablaras/ te hablases	se hablara/ se hablase	nos habláramos/ nos hablásemos	os hablarais/ os hablaseis	se hablaran/ se hablasen
comerse	me comiera/ me comiese	te comieras/ te comieses	se comiera/ se comiese	nos comiéramos/ nos comiésemos	os comierais/ os comieseis	se comieran/ se comiesen
vivirse	me viviera/ me viviese	te vivieras/ te vivieses	se viviera/ se viviese	nos viviéramos/ nos viviésemos	os vivierais/ os vivieseis	se vivieran/ se viviesen

1) 주절의 동사가 불확실한 뜻을 표현할 때 사용한다.

나는 그가 많은 돈을 갖고 있었다고 믿지 않았다. No creía que él tuviera(tuviese) mucho dinero.

나는 그녀가 나를 안다고 확신하지 않았다. No estaba seguro de que ella me conociera(conociese).

2) 주절의 동사가 '원하다'는 뜻을 표현할 때 사용한다.

나는 네가 스페인어를 공부하기를 원했었다. Quería que estudiaras(estudiases) español.

3) 주절의 동사가 '허락하다'는 뜻을 표현할 때 사용한다.

나는 네가 그 때 나가는 것을 허락했다. Te permití que salieras(salieses) aquel momento.

4) 주절의 동사가 감정을 표현할 때 사용한다.

네가 여기 없었던 것이 유감이었다. Sentía que no estuvieras(estuvieses) aquí.

5) 주절의 동사가 명령을 표현할 때 사용한다.

나는 너에게 그를 도와주라고 말했다. Yo te dije que le ayudaras(ayudases).

나는 그에게 떠날 것을 명했다. Le mandé que se marchara(marchase).

6) 종속절이 목적을 표현할 때 사용한다.

나는 그들이 내 말을 잘 이해하도록 분명하게 말했다. Hablaba claro para que me entendieran(entendiesen) bien.

7) 종속절이 조건을 표현할 때 사용한다.

네가 행동을 잘 했더라면 밤마다 나갈 수 있었다. Con tal de que te portaras(te portases) bien podías salir por las noches.

8) 종속절이 아직 일어나지 않은 것을 표현할 때 사용한다.

아무도 눈치채지 못한 채 빨리 나갔다. Salimos pronto sin que nadie se diera(se diese) cuenta.

9) 'si 가정문'(현재 사실의 반대)에 사용한다. 현재 사실의 반대를 표현하는 가정문의 구조는 'si + 접속법 과거, 접속법 과거/가상미래형'이다.

내가 돈이 있다면 스페인으로 여행을 가겠지만. Si tuviera(tuviese) dinero, viajara(viajase/viajaría) por España.

10) 'como si'(~처럼)의 표현은 보통 접속법 과거로 표현한다. 그러나 그 가능성의 정도가 매우 희박하며 주절이 과거일때 접속법 과거완료를 사용하기도 한다.

그녀는 마치 여자 아이처럼 운다.	Ella llora como si fuera(fuese) una niña.
그녀는 마치 여자 아이처럼 울었다.	Ella lloraba como si fuera(fuese) una niña.
	Ella lloraba como si hubiera(hubiese) sido una niña.

11) 접속법 과거는 주절에 사용하여 겸손을 표현한다.

마리아와 통화하고 싶습니다만.	Quisiera(Quisiese) hablar con María.

접속법 과거완료(pretérito pluscuamperfecto)

직설법 과거완료의 용법과 접속법 용법이 동시에 요구될 때 사용한다.

● 접속법 과거완료 규칙변화

	yo (나는)	tú (너는)	él(그는), ella(그녀는), usted (당신은)	nosotros (우리는)	vosotros (너희는)	ellos(그들은), ellas(그녀들은), ustedes (당신들은)
hablar (말하다)	hubiera hablado/ hubiese hablado	hubieras hablado/ hubieses hablado	hubiera hablado/ hubiese hablado	hubiéramos hablado/ hubiésemos hablado	hubierais hablado/ hubieseis hablado	hubieran hablado/ hubiesen hablado
comer (먹다)	hubiera comido/ hubiese comido	hubieras comido/ hubieses comido	hubiera comido/ hubiese comido	hubiéramos comido/ hubiésemos comido	hubierais comido/ hubieseis comido	hubieran comido/ hubiesen comido
vivir (살다)	hubiera vivido/ hubiese vivido	hubieras vivido/ hubieses vivido	hubiera vivido/ hubiese vivido	hubiéramos vivido/ hubiésemos vivido	hubierais vivido/ hubieseis vivido	hubieran vivido/ hubiesen vivido
hablarse	me hubiera hablado/ me hubiese hablado	te hubieras hablado/ te hubieses hablado	se hubiera hablado/ se hubiese hablado	nos hubiéramos hablado/ nos hubiésemos hablado	os hubierais hablado/ os hubieseis hablado	se hubieran hablado/ se hubiesen hablado
comerse	me hubiera comido/ me hubiese comido	te hubieras comido/ te hubieses comido	se hubiera comido/ se hubiese comido	nos hubiéramos comido/ nos hubiésemos comido	os hubierais comido/ os hubieseis comido	se hubieran comido/ se hubiesen comido
vivirse	me hubiera vivido/ me hubiese vivido	te hubieras vivido/ te hubieses vivido	se hubiera vivido/ se hubiese vivido	nos hubiéramos vivido/ nos hubiésemos vivido	os hubierais vivido/ os hubieseis vivido	se hubieran vivido/ se hubiesen vivido

1) 주절의 동사가 불확실한 뜻을 표현할 때 사용한다.

당시에 물가가 올랐었다는 것은 사실이 아니었다. No era verdad que hubiera(hubiese) subido la vida aquel entonces.

나는 그녀가 돌아왔었다고 믿지 않았다. No creía que ella hubiera(hubiese) vuelto.

2) 주절의 동사가 '원하다'는 뜻을 표현할 때 사용한다.

나는 그가 떠났었기를 원했었다. Esperaba que se hubiera(hubiese) marchado.

3) 'si 가정문'(과거 사실의 반대)에 사용한다. 과거 사실의 반대를 표현하는 가정문의 구조는 'si + 접속법 과거완료, 접속법 과거완료/가상미래형 완료'이다.

내가 돈이 있었더라면 스페인으로 여행을 갔었겠지만. Si hubiera(hubiese) tenido dinero, hubiera(hubiese/habría) viajado por España.

접속법 미래(futuro)

직설법 미래의 용법과 접속법 용법이 동시에 요구될 때 사용한다.

● 접속법 미래 규칙변화

	yo(나는)	tú(너는)	él(그는), ella(그녀는), usted(당신은)	nosotros(우리는)	vosotros(너희는)	ellos(그들은), ellas(그녀들은), ustedes(당신들은)
hablar(말하다)	hablare	hablares	hablare	habláremos	hablareis	hablaren
comer(먹다)	comiere	comieres	comiere	comiéremos	comiereis	comieren
vivir(살다)	viviere	vivieres	viviere	viviéremos	viviereis	vivieren
hablarse	me hablare	te hablares	se hablare	nos habláremos	os hablareis	se hablaren
comerse	me comiere	te comieres	se comiere	nos comiéremos	os comiereis	se comieren
vivirse	me viviere	te vivieres	se viviere	nos viviéremos	os viviereis	se vivieren

네가 내년에 여기 없을 거라면 유감일 것이다. | Sentiría que no estuvieres aquí el año próximo.

∷ 접속법 미래완료(futuro perfecto)

직설법 미래완료의 용법과 접속법 용법이 동시에 요구될 때 사용한다. 그러나 실생활에서 잘 활용하지 않는 시제이다.

● 접속법 미래완료 규칙변화

	yo(나는)	tú(너는)	él(그는), ella(그녀는), usted (당신은)	nosotros (우리는)	vosotros (너희는)	ellos(그들은), ellas (그녀들은), ustedes (당신들은)
hablar(말하다)	hubiere hablado	hubieres hablado	hubiere hablado	hubiéremos hablado	hubiereis hablado	hubieren hablado
comer(먹다)	hubiere comido	hubieres comido	hubiere comido	hubiéremos comido	hubiereis comido	hubieren comido
vivir(살다)	hubiere vivido	hubieres vivido	hubiere vivido	hubiéremos vivido	hubiereis vivido	hubieren vivido
hablarse	me hubiere hablado	te hubieres hablado	se hubiere hablado	nos hubiéremos hablado	os hubiereis hablado	se hubieren hablado
comerse	me hubiere comido	te hubieres comido	se hubiere comido	nos hubiéremos comido	os hubiereis comido	se hubieren comido
vivirse	me hubiere vivido	te hubieres vivido	se hubiere vivido	nos hubiéremos vivido	os hubiereis vivido	se hubieren vivido

나는 그가 떠나버렸기를 바랄 것이다. | Esperaré que se hubiere marchado.

종속절만 있는 접속법 구문(solo con oración subordinada)

주절에서 동사가 '원하다'는 일반적인 뜻을 가지며 생략될 때 접속법이 사용된 종속절만 단독으로 사용할 수도 있다.

스페인어를 공부하기를! ¡Que estudies español!

Ojalá 기원문(oración exhortativa)

'Ojalá'(제발)와 함께 접속법을 사용하여 기원문을 만든다. 이때 접속법 현재와 접속법 과거를 다 사용할 수 있는데, 그 실현 가능성이 좀 더 희박한 경우 접속법 과거를 사용한다.

제발 네가 돈을 아끼기를! ¡Ojalá ahorres dinero!

제발 네가 돈을 아끼기를! ¡Ojalá ahorraras(ahorrases) dinero!

13. 명령법(modo imperativo)

● **명령법 규칙변화**

	tú (너는)	usted (당신은)	nosotros (우리는)	vosotros (너희는)	ustedes (당신들은)
hablar(말하다)	habla	hable	hablemos	hablad	hablen
comer(먹다)	come	coma	comamos	comed	coman
vivir(살다)	vive	viva	vivamos	vivid	vivan
hablarse	háblate	háblese	hablémonos	hablaos	háblense
comerse	cómete	cómase	comámonos	comeos	cómanse
vivirse	vívete	vívase	vivámonos	vivíos	vívanse

명령을 표현하므로 2인칭 단수와 2인칭 복수에만 사용한다. 긍정 명령과 부정 명령이 있으며, 'tú'와 'vosotros(vosotras)'의 긍정 명령을 제외한 모든 명령형은 접속법 어미 활용을 한다. 복수 1인칭은 '~합시다'가 되며, 이는 접속법 복수 1인칭으로 표현하거나 'vamos + a + inf.'로 표현한다. 긍정 명령에서 목적격 또는 재귀대명사와 함께 쓰일 경우, 목적격 또는 재귀대명사는 동사 바로 뒤에 붙여서 쓰되, 이로 인해 본래 동사에 오게 되는 강세의 위치

가 변하게 되면 본래 동사의 강세 위치에 강세 표기를 해야 한다. 이는 동사와 목적격이 합성된 것이지 본래 하나의 낱말이 아님을 표시하기 위함이다. 재귀동사류의 긍정 명령인 경우 2인칭 복수(너희 ~하라)에서는 어미 '-d'가 생략되며, 재귀동사류의 긍정 청유문인 1인칭 복수(우리 ~합시다)에서는 어미 '-s'가 생략된다.

여기서 주의할 점은 재귀형이 되면 뜻이 아주 이상하게 되는 경우가 있다는 것이다. 예를 들어 'comerse'는 일반적으로 '먹어버리다'라는 뜻을 가지나, '서로 먹어버리다'는 뜻을 배제할 수 없기 때문에, 'comámonos'의 경우, '우리 서로 먹어버리자.'는 엽기적인 해석이 가능하게 된다. 이는 '재귀'의 본래의 뜻이 동사의 행위가 자신에게 행해지는 것을 뜻하기 때문이다. 스페인어에서의 재귀형은 본래의 '재귀'의 뜻에서 강조, 행위의 완료, 수동, 상호, 등으로 확장되어 사용되므로 이렇게 혼란의 여지가 생기게 된다. 그러므로 '우리, 이것을 다 먹어버리자.'라는 뜻을 표현하고자 할 때는 'Vamos a comerlo todo.' 또는 'Comámoslo todo.'로 할 수 있다. 그럼에도 불구하고 단수에서는 이것이 가능하여 '강조'의 뜻을 갖는다. 예를 들어, 'Cómete'는 '너 자신을 먹어라.'가 아니라 '먹어버려라.'는 뜻으로 강조를 표현한다. 따라서 도표에서는 의미를 떠나 동사 변화의 형태를 제시한 것이므로 실제 상황에서는 문맥상의 뜻에 따라 사용하여야 한다.

너, 그녀에게 지금 전화해라.	Llámala ahora.
너, 그녀에게 지금 전화하지 마라.	No la llames ahora.
너희들, 조용히 해라.	Callaos.
너희들, 조용히 하지 마라.	No os calléis.
당신, 앉으십시오.	Siéntese.
당신, 앉지 마십시오.	No se siente.
당신들, 들어오십시오.	Entren.
당신들, 들어오지 마십시오.	No se entren.
나갑시다.	Vamos a salir.
	Salgamos.

나가지 맙시다.	No vamos a salir.
	No salgamos.
너희들, 일찍 일어나라.	Levantaos temprano.
너희들, 일찍 일어나지 말아라.	No os levantéis temprano.
우리, 일어납시다.	Vamos a levantarnos.
	Levantémonos
우리, 일어나지 맙시다.	No nos levantemos.

14. 가상미래형(futuro hipotético)

● 단순형 규칙변화(forma simple)

	yo(나는)	tú(너는)	él(그는), ella(그녀는), usted (당신은)	nosotros (우리는)	vosotros (너희는)	ellos (그들은), ellas (그녀들은), ustedes (당신들은)
hablar(말하다)	hablaría	hablarías	hablaría	hablaríamos	hablaríais	hablarían
comer(먹다)	comería	comerías	comería	comeríamos	comeríais	comerían
vivir(살다)	viviría	vivirías	viviría	viviríamos	viviríais	vivirían
hablarse	me hablaría	te hablarías	se hablaría	nos hablaríamos	os hablaríais	se hablarían
comerse	me comería	te comerías	se comería	nos comeríamos	os comeríais	se comerían
vivirse	me viviría	te vivirías	se viviría	nos viviríamos	os viviríais	se vivirían

1) 과거 시점에서 미래를 표현할 때 사용한다.

그는 나에게 그 다음날 돌아올 것이라고 말했다.	Él me dijo que regresaría al día siguiente.

2) 시제와 상관없이 가능성을 표현할 때 사용한다.

몇 시쯤 됐을까?	¿Qué hora sería?
몇 시쯤 됐었을까?	¿Qué hora sería?/ ¿Qué hora habría sido?

3) 겸손을 표현할 때 사용한다.

말해도 될까요?	¿Podría hablar?

4) 가정문에 사용할 수 있다.

내가 돈이 있다면 스페인으로 여행을 가겠지만.	Si tuviera(tuviese) dinero, viajara(viajase/viajaría) por España.
내가 돈이 있었더라면 스페인으로 여행을 갔었겠지만.	Si hubiera(hubiese) tenido dinero, hubiera(hubiese/habría) viajado por España.

● **복합형 규칙변화(forma compuesta)**

	yo(나는)	tú(너는)	él(그는), ella(그녀는), usted (당신은)	nosotros (우리는)	vosotros (너희는)	ellos(그들은), ellas (그녀들은), ustedes (당신들은)
hablar(말하다)	habría hablado	habrías hablado	habría hablado	habríamos hablado	habríais hablado	habrían hablado
comer(먹다)	habría comido	habrías comido	habría comido	habríamos comido	habríais comido	habrían comido
vivir(살다)	habría vivido	habrías vivido	habría vivido	habríamos vivido	habríais vivido	habrían vivido
hablarse	me habría hablado	te habrías hablado	se habría hablado	nos habríamos hablado	os habríais hablado	se habrían hablado
comerse	me habría comido	te habrías comido	se habría comido	nos habríamos comido	os habríais comido	se habrían comido
vivirse	me habría vivido	te habrías vivido	se habría vivido	nos habríamos vivido	os habríais vivido	se habrían vivido

주로 'si 가정문'(과거 사실의 반대)에 사용한다.

내가 돈이 있었더라면
스페인으로 여행을 갔었겠지만.

Si hubiera(hubiese) tenido dinero,
hubiera(hubiese/habría) viajado por España.

15. 원형동사(infinitivo)

동사 원형은 문장 내에서 명사화가 되어 남성 단수 명사로 사용되거나, 다른 품사와 함께 구를 만들거나, 목적보어를 필요로 하는 목적어의 목적보어 기능을 한다.

1) 남성 단수 명사로 사용한다.

스페인어를 공부하는 것은 재미있다.

El estudiar español es interesante.

2) 다른 품사와 함께 구를 만든다.

나는 그 말을 감히 못하겠다.	No me atrevo a decir tal palabra.
나는 부동산에 투자할 것을 생각한다.	Pienso en invertir en fincas.

3) 목적보어의 기능을 한다.

나는 까르멘이 노래 부르는 소리를 들었다.	La oía a Carmen cantar.

4) 'al + inf.'는 '~할 때'라는 뜻이다.

내가 집을 나설 때 비가 내리기 시작했다.	Al salir yo de casa empezó a llover.

5) 인칭대명사 목적격 또는 재귀대명사와 함께 쓰일 경우, 긍정 명령과 같이 원형동사 뒤에 그 목적격이나 재귀대명사를 붙여 쓰되 원형동사 본래의 강세의 위치가 변하게 되면 원형동사 본래의 강세 자리에 강세 표기를 해야 한다. 단, 그 목적격이나 재귀대명사를 긍정 명령과는 다르게 반드시 원형동사에 붙여 쓰지 않아도 된다.

나는 그것을 배우고 싶다.	Quiero aprenderlo. Lo quiero aprender.
나는 너에게 이것을 주고 싶다.	Quiero dártelo. Te lo quiero dar.

16. 현재분사(gerundio)

조동사 'estar'와 함께 진행형을 만든다. 또는 부가적 상황을 표현할 때 사용하거나 독립적으로 현재분사 구문에 사용한다. 규칙 형태는 동사의 어미가 '-ar'로 끝나면 '-ando', 동사의 어미가 '-er/-ir'로 끝나면 '-iendo'가 되며 불규칙 형태가 있다. 불규칙 형태는 동사 변화표에 표기되어 있다.

1) 조동사 'estar'와 함께 진행형을 만든다.

나는 일하고 있다.	Estoy trabajando.
비가 내리고 있다.	Está lloviendo.

2) 부가적 상황을 표현할 때 사용한다.

에스떼반은 색을 섞어서 그림을 그린다.	Esteban pinta mezclando los colores.
아이들이 뛰어 온다.	Los chicos vienen corriendo.

3) 독립 현재분사 구문으로 사용한다.

정원을 산책하고 있을 때 마리아가 우는 것을 보았다.	Paseando por el jardín la vi a María llorar.

4) 인칭대명사 목적격 또는 재귀대명사와 함께 쓰일 경우, 긍정 명령과 같이 현재분사 뒤에 그 목적격이나 재귀대명사를 붙여 쓰되 현재분사 본래의 강세의 위치가 변하게 되면 현재분사 본래의 강세 자리에 강세 표기를 해야 한다. 단, 그 목적격이나 재귀대명사를 긍정 명령과는 다르게 반드시 현재분사에 붙여 쓰지 않아도 된다.

나는 그것을 배우고 있다.	Estoy aprendiéndolo. Lo estoy aprendiendo.

17. 과거분사(participio pasado)

조동사 'haber'와 함께 완료형을 만든다. 또는 형용사처럼 사용하거나 독립적으로 과거분사 구문에 사용한다. 규칙 형태는 동사의 어미가 '-ar'로 끝나면 '-ado', 동사의 어미가 '-er/-ir'로 끝나면 '-ido'가 되며 불규칙 형태가 있다. 불규칙 형태는 동사 변화표에 표기되어 있다. 형용사처럼 사용할 때는 수식할 명사의 성·수에 일치시킨다. 즉, '버릇없는 남자 아이'는 'un niño maleducado'이고, '버릇없는 여자 아이'는 'una niña maleducada'이며, '버릇없는 남자 아이들'은 'unos niños maleducados'이고, '버릇없는 여자 아이들'은 'unas niñas maleducadas'이다.

1) 조동사 'haber'와 함께 완료형을 만든다.

우리는 아직 점심을 먹지 않았습니다.	Aún no hemos almorzado.
네가 전화했을 때 나는 이미 나가고 없었다.	Ya había salido de casa cuando me llamaste.
내가 내일 도착해 있을 거다.	Habré llegado mañana.

2) 형용사처럼 사용한다.

나는 길을 잃었다.	Estoy perdido.
그녀는 길을 잃었다.	Está perdida.

3) 독립적으로 과거분사 구문에 사용한다.

수업이 끝난 후에 나가겠다.	Terminada la clase, saldré.

4) 동사 'tener'와 함께 완료의 뜻을 표현한다. 이때 과거분사는 형용사처럼 사용되는 경우와 마찬가지로 뒤에 나오는 목적어와 성·수의 일치를 하게 된다.

나는 편지를 써두었다.	Tengo escritas las cartas.

5) 규칙과 불규칙, 두 개의 형태가 있는 과거분사는 일반적으로 조동사 'haber'와 함께 완료형을 만들 때는 규칙형을, 형용사적으로 사용될 때는 불규칙형을 사용한다. 동사 변화표에 있는 과거분사 불규칙형 외의 불규칙형은 다음과 같다 :

동사 원형	의미	규칙변화형	불규칙변화형	명사
abrir	열다		abierto	el abrimiento/la apertura
absolver	사면하다		absuelto	la absolución
absorber	흡수하다	absorbido	absorto	la absorción
abstraer	추출하다	abstraído	abstracto	la abstracción
afligir	슬프게 하다	afligido	aflicto	la aflicción
adscribir	임명하다		adscrito	la adscripción
ahitar	배탈이 나게 하다	ahitado	ahíto	el ahíto
atender	주의하다	atendido	atento	la atención
bendecir	축복하다	bendecido	bendito	la bendición
bienquerer	존경하다	bienquerido	bienquiso	la bienquerencia
circuncidar	할례를 하다	circuncidado	circunciso	la circuncisión
circunscribir	에워싸다		circunscrito	la circunscripción
compeler	강요하다	compelido	compulso	la compulsión
comprender	이해하다	comprendido	comprenso	la comprensión
comprimir	압축하다	comprimido	compreso	la compresión
concluir	결론짓다	concluido	concluso	la conclusión
confesar	고백하다	confesado	confeso	la confesión
confundir	혼동하다	confundido	confuso	la confusión
consumir	소비하다	consumido	consunto	el consumo/la consumición
contundir	타박상을 입히다	contundido	contuso	la contusión
convencer	납득시키다	convencido	convicto	la convicción
convertir	변화시키다	convertido	converso	la conversión
corregir	교정하다	corregido	correcto	la corrección
corromper	썩히다	corrompido	corrupto	la corrupción
cubrir	덮다		cubierto	el cubrimiento
describir	묘사하다		descrito	la descripción
descubrir	발견하다		descubierto	el descubrimiento
desenvolver	전개시키다		desenvuelto	el desenvolvimiento

동사 원형	의미	규칙변화형	불규칙변화형	명사
despertar	잠을 깨우다	despertado	despierto	el despertamiento
desproveer	빼앗다	desproveído	desprovisto	la desprovisión
devolver	돌려주다		devuelto	la devolución
difundir	유포하다	difundido	difuso	la difusión
disolver	녹이다		disuelto	la disolución
dividir	나누다	dividido	diviso	la división
elegir	선출하다	elegido	electo	la elección
encubrir	감추다		encubierto	el encubrimiento/la encubierta
enjugar	젖은 것을 말리다	enjugado	enjuto	la enjutez
entreabrir	반 쯤 열다		entreabierto	el entreabrimiento
envolver	포장하다		envuelto	el envolvimiento/la envoltura
escribir	필기하다		escrito	la escritura
excluir	배제하다	excluido	excluso	la exclusión
eximir	면제하다	eximido	exento	la exención
expeler	추방하다	expelido	expulso	la expulsión
expresar	표현하다	expresado	expreso	la expresión
extender	넓히다	extendido	extenso	la extensión
extinguir	끄다	extinguido	extinto	la extinción
fijar	고정시키다	fijado	fijo	la fijeza/la fijación
freír	튀기다	freído	frito	la fritada/el frito
hartar	포식하다	hartado	harto	la hartada/el hartazgo
imprimir	인쇄하다	imprimido	impreso	la impresión
incluir	포함하다	incluido	incluso	la inclusión
incurrir	저지르다	incurrido	incurso	el incurrimiento
infundir	감응케 하다	infundido	infuso	la infusión
ingerir	섭취한다	ingerido	ingerto	la ingestión
injertar	접목하다	injertado	injerto	el injerto

동사 원형	의미	규칙변화형	불규칙변화형	명사
inscribir	등록하다		inscrito	la inscripción
insertar	삽입하다	insertado	inserto	la inserción
invertir	투자하다	invertido	inverso	la inversión
juntar	모으다	juntado	junto	la junta
maldecir	저주하다	maldecido	maldito	la maldición
malquerer	원망하다	malquerido	malquiso	la malquerencia
manifestar	표명하다	manifestado	manifiesto	la manifestación
manumitir	해방하다	manumitido	manumiso	la manumisión
manuscribir	손으로 쓰다		manuscrito	el manuscrito
marchitar	시들게 하다	marchitado	marchito	el marchitamiento/la marchitez
morir	죽다		muerto	la muerte
nacer	태어나다	nacido	nato	el nacimiento
omitir	생략하다	omitido	omiso	la omisión
oprimir	억압하다	oprimido	opreso	la opresión
pasar	지나가다/지내다	pasado	paso	el paso/el pasamiento
poseer	소유하다	poseído	poseso	la posesión
predecir	예언하다	predecido	predicho	la predicción
prender	붙잡다	prendido	preso	la prensión
prescribir	처방하다		prescrito	la prescripción
presumir	짐작하다	presumido	presunto	la presunción
pretender	~척하다	pretendido	pretenso	la pretensión
propender	경향이 있다	propendido	propenso	la propensión
proscribir	추방하다		proscrito	la proscripción
proveer	공급하다	proveído	provisto	la provisión
pudrir	썩히다/썩다		podrido	la podredura/el podrecimiento
radiodifundir	방송하다	radiodifundido	radiodifuso	la radiodifusión
raer	깎다	raído	raso	la raedura

동사 원형	의미	규칙변화형	불규칙변화형	명사
reabrir	재개하다		reabierto	la reapertura
recluir	감금하다	recluido	recluso	la reclusión
recubrir	다시 씌우다		recubierto	el recubrimiento
refreír	다시 튀기다	refreído	refrito	la refritada/el refrito
regir	지배하다	regido	recto	el regimiento
reimprimir	인쇄를 재판하다	reimprimido	reimpreso	la reimpresión
reinscribir	재가입하다		reinscrito	la reinscripción
reinsertar	재삽입하다	reinsertado	reinserto	la reinserción
resolver	해결하다		resuelto	la resolución
retorcer	비틀다	retorcido	retuerto	la retorcedura
revolver	돌아오다		revuelto	el revolvimiento
romper	깨뜨리다		roto	el rompimiento
salpresar	간을 맞추다	salpresado	salpreso	la salpresión
salvar	구출하다	salvado	salvo	la salvación
sepultar	매장하다	sepultado	sepulto	la sepultación
sobreimprimir	덧인쇄하다	sobreimprimido	sobreimpreso	la sobreimpresión
sofreír	기름에 살짝 튀기다	sofreído	sofrito	la sofritada/el sofrito
soltar	풀어주다	soltado	suelto	la soltura
sustituir	대체하다	sustituido	substituto	la sustitución
sujetar	단단히 붙들다	sujetado	sujeto	la sujeción
suprimir	폐지하다	suprimido	supreso	la supresión
suscribir	신청하다		suscrito	la suscripción
suspender	보류하다	suspendido	suspenso	la suspensión
teñir	물들이다	teñido	tinto	la teñidura/el tinte
torcer	비틀다	torcido	tuerto	la torcedura
torrefactar	커피를 볶다	torrefactado	torrefacto	la torrefacción
transcribir	옮겨 적다		transcrito	la transcripción
volver	돌아오다		vuelto	la vuelta

el

español

en

temas

간편 문법

breve gramática

인칭대명사 pronombre personal

인칭대명사는 인칭을 지칭하는 대명사로 주격(~는), 간접목적격(~에게), 직접목적격(~을), 소유격(~의), 전치사격(전치사와 함께 쓰일 때)이 있다.

주격(nominativo)

● **인칭대명사 주격 (~은, ~는, ~이, ~가)**

인칭 \ 수	단수	복수
1인칭	yo(나는)	nosotros(우리는) nosotras(여자들끼리만 있을 때)
2인칭	tú(너는) usted(당신은)	vosotros(너희는) vosotras(여자들끼리만 있을 때) ustedes(당신들은)
3인칭	él(그는) ella(그녀는)	ellos(그들은) ellas(그녀들은)

▶ 영어의 'I'와는 다르게 스페인어의 'yo'는 문장의 처음에 올 때만 대문자로 사용한다.

▶ 여자들끼리만 있을 때 'nosotras'(우리) 또는 'vosotras'(너희)를 사용한다.

▶ 'usted'(당신)과 'ustedes'(당신들)는 2인칭 존칭이다. 그러나 동사 변화 등, 모든 경우 3인칭에 준한다. 또한 우리나라처럼 존칭 사용이 일반적이지 않아, 특별히 공식적인 경우가 아니면 나이와 상관없이 주로 'tú'를 사용한다.

▶ 'usted'은 약자로 'Ud.' 또는 'Vd.'로, 'ustedes'는 'Uds.' 또는 'Vds.'로 사용한다.

▶ 중성대명사 주격은 'ello'(그것은)이다.

간접목적격(dativo)

● 인칭대명사 간접목적격(~에게)

인칭 \ 수	단수	복수
1인칭	(a mí) me (나에게)	(a nosotros) nos (우리에게)
2인칭	(a ti) te (너에게) (a usted) le (당신에게)	(a vostoros) os (너희에게) (a ustedes) les (당신들에게)
3인칭	(a él) le (그에게) (a ella) le (그녀에게)	(a ellos) les (그들에게) (a ellas) les (그녀들에게)

▶ 'a mí'는 전치사 'a'와 함께 쓰일 때의 인칭대명사 전치사격으로 인칭대명사 간접목적격인 'me'와 같은 뜻을 갖는다. 그러나 'me'는 단독으로 쓰일 수 있고 'a mí'는 'me'와 함께 쓰여 뜻을 강조하게 된다. 또한 함께 쓸 때는 'a mí me'의 순서로 써야 한다. 즉, 'me a mí'로는 사용하지 않는다는 것이다.

나에게 주는거야? ¿Me lo das?
¿A mí me lo das?
¿Me lo das a mí?

어떤 동사들은 인칭대명사 간접목적격과 함께 쓰이며 실제로 동사를 지배하는 것은 동사 뒤에 나오는 낱말이다.

내가 네 마음에 드니? ¿(A ti) Te gusto yo?

나는 사과를 좋아한다. (A mí) Me gustan las manzanas.

나는 춤추기를 좋아한다. (A mí) Me gusta bailar.

➡ 동사 원형은 명사로 사용될 때 남성 단수로 취급하여 특정관사 'el'을 사용하나 종종 생략된다: el bailar

직접목적격(acusativo)

● 인칭대명사 직접목적격 (~을, ~를)

인칭 \ 수	단수	복수
1인칭	(a mí) me (나를)	(a nosotros) nos (우리를)
2인칭	(a ti) te (너를) (a usted) le/lo (당신을)	(a vosotros) os (너희를) (a ustedes) les/los (당신들을)
3인칭	lo(남성 단수인 그것을), la(여성 단수인 그것을) (a él) le / lo (그를) (a ella) la (그녀를)	los(남성 복수인 그것들을), las(여성 복수인 그것들을) (a ellos) les / los (그들을) (a ellas) las

▶ 직접목적격은 변화 동사 앞에 위치한다.

▶ 간접목적격과 직접목적격이 함께 나오는 경우, 간접목적격이 먼저 나온다. 긍정 명령에서 동사 뒤에 붙여 쓰는 경우도 간접목적격을 먼저 쓰고, 띄우지 않고 붙여서 그 뒤에 직접목적격을 써준다.

▶ 간접목적격과 직접목적격이 모두 3인칭인 경우, 간접목적격을 '-se'로 바꿔주어야 한다. 이는 순전히 발음상의 이유이다.

나는 너에게 그것을(남성 단수) 준다. Te lo doy.

그는 그녀에게 그것을(여성 단수) 준다. Se la da.

▶ '당신을/그를'과 (le/lo)과 '당신들을/그들을'(les/los)에서 'le/les'를 사용하면 'leísmo'라 하고, 'lo/los'를 사용하면 'loísmo'라 한다. 스페인에서는 'leísmo'가, 중남미에서는 'loísmo'가 주로 쓰인다.

⁚⁚ 소유격(posesivo)

● **인칭대명사 소유격 전치형(antepuesto)**

의미 \ 수	단수	복수
나의	mi	mis
너의	tu	tus
그의/그녀의	su	sus
우리의	nuestro / nuestra	nuestros / nuestras
너희의	vuestro / vuestra	vuestros / vuestras
당신(들)의	su	sus

● **인칭대명사 소유격 후치형(pospuesto)**

인칭 \ 수	단수	복수
yo	mío / mía	míos / mías
tú	tuyo / tuya	tuyos / tuyas
él, ella	suyo / suya	suyos / suyas
nosotros	nuestro / nuestra	nuestros / nuestras
vosotros	vuestro / vuestra	vuestros / vuestras
usted ustedes	suyo / suya	suyos / suyas

▶ 'ser' 동사의 보어로 사용될 때나 강조할 때 쓰인다. 또한 '특정관사 + 소유격 후치형'은 대명사가 되며 'ser'동사의 보어로 사용될 때는 역시 특정관사를 생략하게 된다:

아들아! ¡Hijo mío!

나의 것(여성 단수)은 너의 것(여성 단수)과 다르다. La mía es distinta de la tuya.

∷ 전치사격(preposicional)

● 인칭대명사 전치사격

▶ 인칭대명사가 전치사와 함께 쓰일 때 'yo'는 'mí', 'tú'는 'ti'가 되며 'conmigo(나와 함께)', 'contigo(너와 함께)', 'consigo(자기 자신과 함께)'는 예외적이다. '~자신'이라고 할때는 'mismo'를 덧붙여 사용한다:

나를 위하여	para mí
너 때문에	por ti
그와 함께	con él
우리의	de nosotros
당신과 함께	con usted

➡ '자기 자신을 위하여'라는 뜻으로는 'para sí'를 사용한다.

관사 artículo

특정관사(definido)

'특정한'의 뜻으로 사용한다:

el libro	책(남성 단수)
los libros	책들(남성 복수)
la casa	집(여성 단수)
las casas	집들(여성 복수)

▶뒤에 나오는 명사의 성과 수에 따라 변화를 한다.

불특정관사(indefinido)

'어떤' 또는 '하나의'의 뜻으로 사용한다. 복수일 때는 '약간의'라는 뜻을 갖는다:

un libro	어떤/하나의 책(남성 단수)
unos libros	몇 권의 책(남성 복수)
una casa	어떤/하나의 집(여성 단수)
unas casas	몇 채의 집(여성 복수)

▶뒤에 나오는 명사의 성과 수에 따라 변화를 한다. 또한 불특정관사 'un'은 단음절이라도 강세를 갖는다.

관사 생략(omisión del artículo)

언어를 말하다, 배우다, 가르치다 등의 경우:

나는 스페인어를 말한다.	Yo hablo español.

동사 'ser'의 보어로 신분을 뜻하는 경우:

나는 학생입니다.	Yo soy estudiante.

➡ 그러나 보어가 수식이 되면 불특정관사를 사용한다:

나는 좋은 학생입니다.	Yo soy un buen estudiante.

호칭일 때:

김 선생님(하고 부를 때)	Sr. Kim.

어떤 동사들은 주로 관사를 생략한다:

집에는 아이들이 있다.	Hay niños en casa.
나는 돈이 있다.	Tengo dinero.

물질명사는 대부분 관사를 생략한다:

나는 커피를 마신다.	Tomo café.

두 낱말이 합쳐져 합성어가 되는 경우, 뒤에 오는 낱말:

버터빵	el pan con mantequilla
비즈니스맨	el hombre de negocios

특정관사 축약(contracción del artículo definido)

'de + el → del', 'a + el → al'로 축약된다.

단, 뒤에 인칭대명사 'él' 또는 고유명사가 오는 경우는 축약되지 않는다:

la casa de él	그의 집
la casa de El Greco	엘그레꼬의 집

▪ 관사의 대명사적 용법(uso pronominal del artículo)

관사는 명사 앞에 놓이나 단독으로 또는 형용사와 함께 사용되어 문장에서 대명사적 기능을 수행한다:

나는 흰 셔츠들을 가지고 있다.	Tengo las camisas blancas.
나는 흰 것들을 가지고 있다.	Tengo las blancas.
나는 그것들을 가지고 있다.	Las tengo.
나는 흰 것을 하나 가지고 있다.	Tengo una blanca.
나는 그것을 하나 가지고 있다.	Tengo una.

▶이때 'una'는 '하나'의 뜻이 먼저이므로 'Las tengo'에서 'las'(직접목적격) 앞에 사용하지 못한다. 만약 'una, tengo'라고 하면 '하나'를 강조하는 표현이다.

명사의 성과 수(género y número del sustantivo)

스페인어의 명사는 남성과 여성이 있고 그에 따른 단수와 복수가 있다. 또한 '관사+명사+형용사'의 구조가 기본이며 관사와 형용사는 명사의 성과 수에 일치시킨다. 그러므로 명사를 외울 때는 관사와 함께 외우는 것이 바람직하다. 일반적으로 모음 '-o'로 끝나는 남성 명사는 어미 '-o'를 '어미 '-a'로 바꾸어 여성 명사를 만들며, 복수는 일반적으로 모음으로 끝나면 '-s'를, 자음으로 끝나면 '-es'를 붙여 만드나 항상 예외가 있으므로 명사의 성과 수도 그때그때 외우는 것이 바람직하다. 또한 남성과 여성이 같거나 단수와 복수가 같은 경우도 있고 남성일 때와 여성일 때 뜻이 달라지는 명사도 있다. 'a-'나 'ha-'로 시작하는 여성 명사가 그 'a-'나 'ha-'위에 강세가 오면 단수에서 남성 관사를 사용한다. 이는 같은 모음이 연접하여 하나의 낱말로 오인하는 것을 막기 위한 것이다. 예를 들어 'agua'(물)은 여성 명사이나 단수에서 'el agua'가 된다.

'성에 따라 뜻이 다른 명사'(sentido diferente según género)

절단면	el corte	궁전	la corte
혜성	el cometa	연	la cometa
귀고리	el pendiente	경사면	la pendiente
물고기	el pez	송진	la pez
사설	el editorial	출판사	la editorial
안내 책자	el guía	안내	la guía
통지서	el parte	부분	la parte
혼수상태	el coma	쉼표	la coma
아첨꾼	el pelota	공	la pelota
정면	el frente	이마	la frente

더위	el calor	열정	la calor
콜레라	el cólera	분노	la cólera
자본	el capital	수도	la capital
질서	el orden	명령	la orden
가장자리	el margen	물가	la margen
성직자	el cura	치료	la cura
선거권자	el vocal	모음	la vocal
망나니	el calavera	두개골	la calavera
군인	el soldado	병사의 급료	la soldada

∷ 불규칙한 명사의 성과 수(género y número irregulares)

명사	단수	복수
소파	el sofá	los sofás
나무	el árbol	los árboles
청년(남)	el joven	los jóvenes
청년(여)	la joven	las jóvenes
번	la vez	las veces
수집	la colección	las colecciones
연필	el lápiz	los lápices
성격/특징/글자체	el carácter	los caracteres
안달루시아 남자	el andaluz	los andaluces
성배	el cáliz	los cálices
목소리	la voz	las voces
십자가	la cruz	las cruces
루비	el rubí	los rubíes
멧돼지	el jabalí	los jabalíes
물	el agua	las aguas
독수리	el águila	las águilas
도끼	el hacha	las hachas
제도	el régimen	los regímenes
월요일	el lunes	los lunes
화요일	el martes	los martes
수요일	el miércoles	los miércoles
목요일	el jueves	los jueves
금요일	el viernes	los viernes
위기	la crisis	las crisis
논문	la tesis	las tesis
우산	el paraguas	los paraguas
생일	el cumpleaños	los cumpleaños

명사	남성	여성
왕	el rey	la reina
시인	el poeta	la poetisa
왕자	el príncipe	la princesa
배우	el actor	la actriz
황제	el emperador	la emperatriz
말	el caballo	la yegua
소	el toro	la vaca
닭	el gallo	la gallina

단수와 복수가 동형인 명사(único número)

명사	단·복수
안경	las gafas / los anteojos
바지	los pantalones
가위	las tijeras
식료품	los víveres
집게	las tenazas
몸가짐	los modales
교외	los alrededores / las afueras
어둠	las tinieblas
몸쑤심	las agujetas
간지럼	las cosquillas
도구류	los enseres
질투	los celos
기도	las preces
*김씨댁	los Kim
*마르띠네스씨댁	los Martínez

형용사 adjetivo

:: 형용사의 위치(posición de adjetivos)

스페인어에서 형용사는 명사의 성과 수에 일치를 시켜야 하며 일반적으로 형용사는 명사의 뒤에 위치한다. 형용사의 여성형은 어미 '-o'를 '-a'로 바꾸어 준다:

el libro blanco	흰 책
los libros blancos	흰 책들
la casa blanca	흰 집
las casas blancas	흰 집들

형용사가 명사 앞에 놓이는 경우는 명사의 특질을 설명하게 된다:

la blanca nieve	흰 눈
la dulce miel	단 꿀

:: 형용사의 위치에 따라 뜻이 다른 경우(sentido diferente según la posición)

덩치가 큰 남자	el hombre grande
위대한 남자	el gran hombre
가난한 여자	la mujer pobre
불쌍한 여자	la pobre mujer
확실한 소식	una noticia cierta
어떤 소식	una cierta noticia

∷ 어미 탈락(apócope)

'bueno'는 남성 단수 명사 앞에서 어미 '-o'가 탈락되어 'buen'이 되며 이와 같은 것으로는 'malo' → 'mal'(나쁜), 'alguno' → 'algún'(어떤), 'ninguno' → 'ningún'(아무 ~도 아닌), 'primero' → 'primer'(첫 번째의), 'tercero' → 'tercer'(세 번째의), 'postrero' → 'postrer'(마지막의)등이 있다. 'ciento'(100)는 남성 명사 앞에서 어미 '-to'가 탈락된다.

'grande'(커다란)는 남성·여성 단수 명사 앞에서 어미 '-de'가 탈락된다. 또한 'grande'가 명사 앞에 오면 '위대한'이란 뜻이 된다. 'santo'(성스러운)는 남성 단수 명사 앞에서 어미 '-to'가 탈락된다. 그러나 Santo Tomás, Santo Domingo 등은 예외이다.

∷ 비교급(comparativo)

● 형용사 우등비교(superior)

'~ 보다 더'라는 표현을 할 때 'más + 형용사 + que'를 사용한다.(숫자를 비교할 때는 'más de'가 된다.)

이때 형용사는 주어에 성·수를 일치시켜야 한다.

단, 불규칙에 유의하자:

● 불규칙 비교급(irregulares)

원 급	비교급
bueno(좋은)	mejor
malo(나쁜)	peor
alto(높은)	superior
bajo(낮은)	inferior
grande(큰)	mayor
pequeño(작은)	menor

'grande'와 'pequeño'의 불규칙 비교급을 사용하면, '나이가 더 많은(mayor)/나이가 더 적은(menor)'이 되고 'alto'와 'bajo'의 불규칙 비교급을 사용하면, '월등한(superior)/열등한(inferior)'이 된다. 이들의 규칙 비교급을 사용하면 본래의 뜻이 된다. 'bueno'와 'malo'는 규칙 비교급을 사용하거나 불규칙 비교급을 사용하거나 의미가 달라지지 않으므로, 종래에는 불규칙 비교급만 사용하도록 했으나 현재는 두 가지 형태 모두를 허용하고 있다.

● 형용사의 열등비교(inferior)

'~ 보다 덜'이라는 표현을 할 때 'menos + 형용사 + que'를 사용한다. 이때 형용사는 주어에 성·수를 일치시킨다. 숫자를 비교할 때는 'menos de'가 된다.

● 형용사의 동등비교(de igualdad)

'~과 같은'이라는 표현을 할 때 'tan + 형용사 + como'를 사용한다. 이때 형용사는 주어에 성·수를 일치시킨다.

최상급(superlativo)

● 비교 최상급(superlativo relativo)

'특정관사 + 형용사 비교급'으로 이루어진다.

단, 다음과 같은 불규칙 형태가 있으며 불규칙 형태를 사용하면 뜻이 약간 다르다:

원 급	최상급
bueno	óptimo/sumo (최선의)
malo	pésimo (최악의)
alto	supremo (최상의)
bajo	ínfimo (최하의)
grande	máximo (최대의)
pequeño	mínimo (최소의)

반에서 까를로스가 가장 착하다.

Carlos es el mejor en la clase.

이번이 최선의 기회이다.

Esta vez es la ocasión óptima.

그는 최악의 상황에 처해 있다.

Él queda en la circunstancia pésima.

최고로 아름다운 여성이 나에게 질문했다.

Me preguntó una mujer de suprema belleza.

나는 그것을 최하의 가격에 샀다.

Lo he comprado por un precio ínfimo.

그들은 그를 최대한 정중하게 대접한다.

Le tratan con las máximas consideraciones.

이 상품은 최소한의 전력을 소비한다.

Este producto consume la mínima electricidad.

최대한 como máximo

최소한 como mínimo

● 절대 최상급(superlativo absoluto)

형용사에 '-ísimo'를 붙이면 절대 최상급이 된다:

bueno(좋은)	bonísimo/muy bueno
nuevo(새로운)	novísimo/muy nuevo
grande(큰)	grandísimo/muy grande
feliz(행복한)	felicísimo/muy feliz
fresco(신선한)	fresquísimo/muy fresco

'mucho'와 'poco'는 부사로 쓰이는 경우에도 '-ísimo'를 붙여 최상급으로 표현할 수 있으나 다른 경우는 부사 앞에 'muy'를 붙여 표현한다. 그러므로 형용사에도 'muy'를 붙이면 최상급이 된다. 그러나 'más, menos, mayor, menor, mejor, peor'앞에는 'mucho'를 사용한다. 즉, 'mucho mejor'(훨씬 더 좋은)로 사용해야 하며 'muy mejor'로 사용하면 안 된다. 또한 생활에 자주 쓰이는 'cerca(가까운)' 또는 'lejos(먼)' 등은 부사라도 'cerquísima' 또는 'lejísimo'로 사용하기도 한다.

부사 adverbio

형용사의 여성형 단수에 '-mente'를 붙여서 만든다. 강세는 원래 형용사의 강세 위치에 하나, '-mente'에 하나 해서 두 개의 강세가 있다. 그러나 형용사 원형, 즉 형용사 남성형 단수를 그대로 부사로 사용하기도 한다:

그는 빨리 뛴다. Corre rápidamente./Corre rápido.

'reciente'(최근의)의 부사는 'recientemente'이나 형용사 앞에서는 어미 '-mente'가 탈락되어 'recién'이 된다:

신혼부부 recién casados

의문사 interrogativo

의문사에는 'qué, quién, cuándo, cuál, cómo, dónde, cuánto'가 있으며 이 중 'qué, cuál, cuánto'는 대명사와 형용사의 기능이 있으며, 'quién'은 대명사의 기능만 있고 'cuándo, cómo, dónde'는 부사의 기능을 한다. 복수가 가능한 것으로는 'quién-quiénes, cuál-cuáles, cuánto-cuántos, cuánta-cuántas'가 있다.

이게 뭐야?	¿Qué es esto?
어떤 사람에 대해 말하는 거야?	¿De qué persona hablas?
어떤 것이 네 코트니?	¿Cuál es tu abrigo?
어느 코트가 네 것이니?	¿Cuál abrigo es tuyo?
어떤 것들이 네 코트니?	¿Cuáles son tus abrigos?
어느 코트들이 네 것이니?	¿Cuáles abrigos son tuyos?
얼마입니까?	¿Cuánto es?
얼마입니까?	¿Cuántos son?
얼마나 많은 사람들이 왔니?	¿Cuánta gente ha venido?
얼마나 많은 사람들이 왔니?	¿Cuántas personas han venido?
너는 누구니?	¿Quién eres?
너희는 누구니?	¿Quiénes sois vosotros?

지시사 demostrativo

지시사는 문장 내에서 대명사적 기능과 형용사적 기능을 한다.

지시사 중성형(neutro)

명사의 성과 수에 상관없이 사용하는 지시사 중성형은 화자에게서 가까운 것부터 'esto'(이것), 'eso'(그것) 그리고 'aquello'(저것)가 있다:

형용사적 용법(uso adjetival del demostrativo)

성 \ 수		단수	복수
이	남성	este	estos
	여성	esta	estas
그	남성	ese	esos
	여성	esa	esas
저	남성	aquel	aquellos
	여성	aquella	aquellas

대명사적 용법(uso pronominal del demostrativo)

성 \ 수	단수	복수
남 성	este(이것)	estos(이것들)
여 성	esta(이것)	estas(이것들)
남 성	ese(그것)	esos(그것들)
여 성	esa(그것)	esas(그것들)
남 성	aquel(저것)	aquellos(저것들)
여 성	aquella(저것)	aquellas(저것들)

➡ 전자(前者) aquel, 후자(後者) este

관계사 relativo

선행사가 표현되어 있는 것(con antecedente expreso)과 선행사가 표현되어 있지 않은 것(sin antecedente expreso)이 있다. 선행사가 표현되어 있지 않은 것은 관계사 자체가 선행사를 내포하는 것으로 본다.

∷ que, el que, la que, los que, las que

선행사로 사물이나 사람을 받는다. 관계절의 문맥상 필요한 경우 'que'앞에 전치사를 쓸 수 있다. 또한 'que'앞에 쉼표를 찍으면 설명적(계속적)용법이 된다:

사람들은 멀리서 살고 있었는데 올 수가 없었다.

Las personas, que vivían lejos, no podían venir.

멀리 살고 있던 사람들은 올 수가 없었다.

Las personas que vivían lejos no podían venir.

∷ quien, quienes

선행사로 사람을 받는다. 관계절의 문맥상 필요한 경우에 'quien'앞에 전치사를 사용할 수 있다. 선행사 없이 사용되기도 한다. 관계사 'quien'자체에 '사람'이라는 선행사가 포함되어 있는 것으로 간주되는 경우 'quien'은 '특정관사 + que'로 대체될 수 있다:

하늘은 스스로 돕는 자를 돕는다. A quien madruga Dios le ayuda.

Al que madruga Dios le ayuda.

∷ cuyo, cuya, cuyos, cuyas

'~의'라는 뜻으로 선행사가 'cuyo'뒤에 나오며, 뒤에 나오는 선행사의 성과 수에 'cuyo'를 일치시킨다:

나는 자기 아버지가 스페인 사람인 사람은 아무도 모른다.

No conozco nadie cuyo padre es de España.

donde

선행사로 장소를 받으며 'en que'로 대체할 수 있다. 관계절의 문맥상 필요한 경우 'donde' 앞에 전치사를 사용할 수 있다:

내가 저녁 먹으러 가는 식당은 중국집이야. El restaurante a donde voy a cenar es de chino.

cuando

선행사로 시간을 나타내는 낱말을 받는다:

그녀가 돌아오는 날이 오늘이야. Es hoy cuando regresa ella.

lo que(lo cual)

선행사로 앞 문장 전체를 받는다:

그는 항상 늦는데 이것이 나를 화나게 한다.

El viene siempre tarde, lo que me fastidia.

como

선행사로 방법에 관련된 낱말(el modo, el método, la manera 등)을 받는다. 그러나 선행사 없이도 사용된다:

나는 네가 가르치는 방법이 맘에 든다.

A mí me gusta la manera como me enseñas.

A mí me gusta como me enseñas.

cuanto, cuantos, cuanta, cuantas

선행사로 'todo'를 받는다. 선행사 없이 사용되기도 한다:

나는 내가 가진 모든 것을 너에게 주었다.

Te he dado todo lo que tengo.

Te he dado todo cuanto tengo.

Te he dado cuanto tengo.

Te he dado todos los que tengo.

Te he dado todos cuantos tengo.

Te he dado cuantos tengo.

그들은 원하는 모든 사람들을 초대하였다.

Invitaron todas las personas que querían.

Invitaron todas cuantas querían.

Invitaron cuantas querían.

sea ~ sea ~

'어떻게든'의 뜻이며 항상 이런 형식을 취한다.
'sea quien sea'(누구든), 'sea donde sea'(어디든), 'sea como sea'(어떻든), 'sea cuando sea'(언제든), 'sea cual sea'(어느 것이든), 'sea cuanto sea'(얼만큼이든) 등이 있다. 접속법 현재 대신 'sea quien fuera' 또는 'fuera quien fuera' 등 접속법 과거를 사용할 수도 있다.

cuanto más ~ tanto más ~

여기서 'cuanto'는 문맥에 따라 대명사적 기능 또는 부사적 기능을 하며, 주로 'tanto'와 함께 '~하면 할수록 더욱 ~하다'는 뜻이 된다. '적게 ~할수록 더욱 적게 ~한다'는 뜻으로는 'cuanto menos ~ tanto menos ~'를 사용하면 된다.

불특정사 indefinido

불특정사는 특정하지 않은 것을 표현하는 것들로 문장 내에서 대명사, 형용사, 또는 부사적 기능을 한다.

'mucho'(많음), 'poco'(조금), 'algo'(조금), 'nada'(아무것도 아님), 'alguno'(어떤 것), 'ninguno'(아무것도 없음), 'otro'(다른 것), 'todo'(모든 것), 'demasiado'(지나침), 'tanto'(그만큼), 'alguien'(누군가), 'nadie'(아무도 아님), 'cualquiera'(어떤 것), 'ambos'(둘 다), 'cada'(각각) 등이 있다. 이 중 'alguien'과 'nadie'는 대명사적 기능만 한다:

나는 그것을 조금 밖에 말하지 못한다.	Lo hablo poco. (부사적)
나는 조금 가지고 있다.	Tengo poco. (대명사적)
적은 수의 사람들이 있다.	Hay poca gente. (형용사적)

cualquiera

'cual + quiera'가 한 낱말로 굳어진 것으로 '어느 누구(것)이든지'라는 뜻을 갖는다. 이 외에도, 'quienquiera'(누구든지), 'dondequiera'(어디든지), 'comoquiera'(어떻게든지), 'cuandoquiera'(언제든지), 'cuantoquiera'(얼마든지)가 있다. 뒤에 절이 오게 되면 접속법을 사용한다. 'cualquiera'의 복수형은 'cualesquiera'이고 'quienquiera'의 복수형은 'quienesquiera'이다. 'cualquiera'와 'quienquiera'는 모두 사람에게 사용할 수 있으며 'cualquiera'를 사용하면 좀 더 지시적이다. 'cualquiera'는 명사 앞에서 어미 '-a'가 탈락되어 'cualquier'가 된다:

어떤 책이든지	cualquier libro/un libro cualquiera
어떤 일이든지	cualquier cosa/una cosa cualquiera
➡ 각각은	cada cual

전치사 preposición

스페인어에는 23개의 전치사가 있다. 문장 내에서 2개 이상의 전치사가 함께 쓰이기도 하며, 다른 낱말들과 함께 전치사구를 형성하여 다양한 기능을 수행한다:

a(~에/~로/~를/~까지)	ante(~앞에)	bajo(~아래)	cabe(~가까이)
con(~과 함께)	contra(~에 반하여)	de(~의/~부터)	desde(~부터)
durante(~동안)	en(~에)	entre(~사이에)	hacia(~를 향하여)
hasta(~까지)	mediante(~통하여)	para(~위하여/~까지)	por(~때문에/~에 의하여)
según(~에 의하면)	sin(~없이)	so(~아래에)	sobre(~위에/~에 관하여)
tras(~뒤에)	versus(~에 반하여/~에 대한)		vía(~통하여)

➡ excepto(~제외하고), menos(~제외하고), salvo(~제외하고), incluso(~포함하여) 등도 전치사의 기능을 한다.

2개 또는 그 이상의 전치사로 이루어진 전치사구나 다른 낱말과 함께 이루어진 전치사구 등이 있다. 이들은 전치사의 뜻을 모두 표현한다:

de a	desde por	hasta con	para con
de entre	en contra	hasta por	por bajo
de por	hasta en	hasta sin	por entre

전치사 외의 낱말의 뜻이 주가 된다:

acerca de ~에 관하여	debajo de ~아래에	en vez de ~대신에	junto a ~옆에
alrededor de ~주위에	debido a ~때문에	encima de ~위에	lejos de ~멀리
a punto de ~할 때	delante de ~앞에	enfrente de ~정면에	por debajo de ~아래에서
cerca de ~가까이에	detrás de ~뒤에	frente a ~정면에	por detrás de ~뒤에서

접속사 conjunción

문장과 문장을 연결짓는 기능을 한다. 접속사 하나로 사용되기도 하고, 다른 낱말들과 'que'가 합쳐진 많은 접속사구가 사용되기도 한다.

y	그리고
o	또는
si	만약
pero, mas	그러나
luego, pues	그러므로
cuando	~할 때
mientras	~동안, 반면에
no A sino B	A가 아니라 B
no solo A sino también B	A뿐만 아니라 B도
ni A ni B	A도 아니고 B도 아닌
como	~으로서, ~때문에
o A o B, ya A ya B, bien A bien B	A든지 B든지
porque	왜냐하면
aunque	비록 ~이지만
ya que, puesto que	~이기 때문에
para que, a fin de que	~위하여
siempre que, con tal que	~조건으로
en cuanto	~하자 마자

감탄사 interjectivo

고유의 감탄사 외에 다른 낱말들도 감탄사로 사용되기도 하여 감탄문을 만들며 이외에 감탄문의 형식도 있다:

¡ah!, ¡ay!, ¡bah!(젠장!), ¡ca!, ¡cáspita!(저런!), ¡ea!, ¡guay!(아아!), ¡hola!(야!), ¡huy!(저런!), ¡oh!, ¡ojalá!(제발!), ¡ox!(워이!), ¡puf!(싫어!), ¡quia!(글쎄!), ¡sus!(잘해!), ¡uf!(우아!), ¡tate!(정지!), ¡zape!(쉿!), ¡pum!(꽝!), ¡zas!(착!), ¡alto!(정지!) 등

아! 이렇게 불행할 수가!	¡Ah! ¡Qué desgracia!
도대체 나에게는 무엇이 중요한 거지?	¡Bah!, ¿a mí qué me importa?
자, 조용히 해라!	¡Ea, a callar!
잠깐, 이제 알았다!	¡Tate, ya caigo!

감탄문의 형식은 'qué', 'cuán', 'cómo' 등과 만들어진다:

얼마나 예쁜 아이인가!	¡Qué niña tan guapa!/¡Qué guapa es la niña!
얼마나 달리는지!	¡Cómo corre!
얼마나 빨리 하는지!	¡Cuán rápido lo hace!

➡ 'cuán'을 사용하여 부사적인 감탄문 형식을 만드는 것이 보통이나 'cuánto'를 사용하여 형용사적인 감탄문 형식을 만들기도 한다:

얼마나 기쁜지!	¡Cuánta alegría tengo!

문장 oración

문장은 크게 단문(simple)과 복문(compuesta)으로 나눌 수 있으며, 복문은 접속사 'que'를 사이에 두고 주절(oración principal)과 종속절(oración subordinada)로 나뉜다. 복문인 경우, 주절과 종속절 사이의 시제 일치(concordancia de tiempo)에 유의해야 한다. 또한 긍정문(afirmativa), 부정문(negativa), 의문문(interrogativa), 감탄문(exclamativa), 명령문(imperativa)등으로 나눌 수도 있다. 또는 자동문, 타동문, 인칭문, 비인칭문 등 다양하게 나누어 볼 수 있다. 긍정문은 긍정을 표현하며, 주어가 나오고 그 뒤에 동사가 나온다. 부정문을 만들기 위한 부정어 'no'는 문장 내에서 동사 앞에 위치한다. 의문문은 문장 앞뒤에 의문부호(¿ ?)를 붙이고, 문장 내에서 주어와 동사의 위치가 바뀌게 되나, 회화체에서는 긍정문을 그냥 끝을 올려서 말하기도 한다. 감탄문은 문장 앞뒤에 감탄부호(¡ !)를 붙이고, 문장 앞에 감탄문을 이끄는 'qué, cómo, cuán' 등의 낱말 뒤에 동사가 오고, 그 뒤에 주어가 나오게 된다. 또한 능동문에 대해 수동문이 있으며 수동문은 'se'를 사용하거나 'ser + 과거분사'를 사용하여 만든다.

긍정문	(Yo)Voy a la oficina.
부정문	(Yo)No voy a la oficina.
의문문	¿Vas (tú) a la oficina?
감탄문	¡Qué niña tan guapa eres (tú)!
명령문	Dime.
수동문	María es amada de todos.
직접화법	Él dice: Voy a la oficina.
간접화법	Él dice que va a la oficina.

∷ 직접화법과 간접화법(estilo directo e indirecto)

'직접 대놓고 하는 화법'을 '말을 전하는 화법'으로 표현하고자 할 때 접속사 'que'로 두 문장을 연결시키게 되며, 이때 주의할 점은 시제 일치와 시간의 부사 등이다. 즉, 직접화법에서 '지금'이라고 하면 간접화법에서는 '그 때'가 되기 때문이다.

내가 그를 부산에서 만났을 때, 나에게 물었다: "전에 여기 와 보신 적이 있으세요?"

Cuando lo vi en Busan, me dijo: "¿Ha estado aquí antes?"

내가 그를 부산에서 만났을 때 그는 내가 전에 그곳에 와 본 적이 있느냐고 물었다.

Cuando lo vi en Busan me preguntó si yo había estado allí antes.

그는 내게 말했다: "제 아버지는 5일 전에 홍콩에서 돌아오셔서 어제 다시 일본으로 떠나셨습니다."

Me dijo: "Mi padre volvió de Hong Kong hace cinco días y de nuevo partió ayer para Japón."

그는 자기 아버지가 5일 전에 홍콩에서 돌아와서 그 전날 다시 일본으로 떠났다고 내게 말했다.

Me dijo que su padre había vuelto de Hong Kong hace cinco días y de nuevo había partido para Japón un día antes.

선생님께서 말씀하셨다: "태양은 동쪽에서 떠서 서쪽으로 진다."

El maestro dijo: "El sol sale del Este y se pone en el Oeste."

선생님께서는 태양은 동쪽에서 떠서 서쪽으로 진다고 말씀하셨다.

El maestro dijo que el sol sale del Este y se pone en el Oeste.

el español en temas

주제

temas

주제

01 인류 el ser humano

- 1-1 현생 인류의 행동 양식(el ser humano y el comportamiento moderno)
- 1-2 마음과 뇌(la mente y el cerebro humano)
- 1-3 인류의 확산과 화석(la expansión de la humanidad y los fósiles)
- 1-4 인간 언어(el lenguaje humano)

1-1 현생 인류의 행동 양식 (el ser humano y el comportamiento moderno)

También son conocidos bajo la denominación genérica de "hombres", aunque ese término es ambiguo se usa también para referirse a los individuos de sexo masculino y en particular a los varones adultos. Los seres humanos poseen capacidades mentales que les permiten inventar, aprender y utilizar estructuras lingüísticas complejas, lógicas, matemáticas, escritura, ciencia y tecnología. Los humanos son animales sociales, capaces de concebir, transmitir y aprender conceptos totalmente abstractos. No se tiene evidencia de que exista otra forma de vida con dichas capacidades— o superiores— en el universo.

Se consideran «Homo sapiens» de forma indiscutible a los que poseen tanto las características anatómicas de las poblaciones humanas actuales como lo que se define como «comportamiento moderno».(wikipedia.org)

El uso de adornos personales es un comportamiento humano ampliamente extendido. La aparición del comportamiento humano moderno significó el más importante cambio en la evolución de la mente humana, dando lugar a que el ingenio creativo humano le llevaría a dominar su entorno paulatinamente. Una revolución humana que nos hizo como somos hoy.

Las innovaciones que fueron apareciendo consisten en una gran diversidad de herramientas de piedra, en el uso de hueso, asta y marfil, en entierros con bienes funerarios y rituales, construcción de viviendas, diseño de las fogatas, evidencia de pesca, cacería compleja, aparición del arte figurativo y el uso de adornos personales. (wikipedia.org)

1-1

'사람'을 종족적으로 표현하는 것이기도 하다. '사람'이란 스페인어 단어는 '남자' 또는 '성년 남자'를 표현하기도 한다. 인간은 지적 능력이 있으므로 창조하거나 배우거나 할 수 있으며 복잡한 언어 구조를 이해하고, 논리적 생각을 하며, 수학, 글쓰기 및 기술을 사용할 수 있다. 인간은 사회적 동물로 추상적인 개념을 인지하고, 전달하며, 또한 배울 수 있다. 우주 안에 이런 능력이 있는 다른 종이 - 더 우월한 - 존재한다는 증거는 없다. '호모사피엔스'는 현생 인류의 특징뿐만 아니라 «현대 인류의 행동 양식»을 갖추고 있다.

사람이 몸에 장식을 하는 것은 현생 인류의 행동 양식이 광범위하게 적용된 것으로, 이런 행동 양식의 출현은 '마음'의 진화에서 가장 중요한 전환점이 되었다. 이로 인해 인간은 천재적인 창의적 능력으로 주변 환경을 점차적으로 지배해왔다. 현재의 우리가 있도록 만든 인간의 혁명인 것이다. 새로운 발명품들이 나타나기 시작하였다. 돌로 만든 각종 도구들을 만들었으며, 뼈와 뿔, 상아를 사용하였고, 장례 때 각종 물품을 함께 매장하였으며, 주거지를 만들고, 불을 피우는 방법을 모색하였으며, 물고기를 잡고, 복잡한 조리 도구를 만들었으며, 벽화 예술이 등장하였고, 개인적인 장신구를 사용하였다.

el comentario de expresiones

Denominación genérica: Clasificación por género.(masculino o femenino)

Paulatinamente: Gradualmente. **Antónimo:** Súbitamente.

Arte figurativo: Arte que se define por la representación de figuras. Contrario al arte abstracto.

1-2 마음과 뇌(la mente y el cerebro humano)

La mente se refiere colectivamente a aspectos del entendimiento y conciencia que son combinación de capacidades como el raciocinio, la percepción, la emoción, la memoria, la imaginación y la voluntad. La mente, para los materialistas, es un resultado de la actividad del cerebro.
El término pensamiento define todos los productos que la mente puede generar incluyendo las actividades racionales del intelecto o las abstracciones de la imaginación; todo aquello que sea de naturaleza mental es considerado pensamiento, bien sean estos abstractos, racionales, creativos, artísticos, etc. Junto con los cetáceos superiores(delfines y ballenas), los hominidos de los géneros Gorilla y los elefantes, alcanza el mayor desarrollo en la escala evolutiva y aún muchas de sus interacciones nos son desconocidas.(wikipedia.org)

El encéfalo, protegido por el cráneo, tiene tres regiones principales: el tronco cerebral-que se prolonga con la médula espinal-, el cerebelo y el cerebro, que ocupa el 90% del encéfalo. El primero controla procesos vitales involuntarios como el funcionamiento del sistema circulatorio o la respiración. La coordinación de los músculos corresponde al cerebro. En el cerebro, compuesto por dos hemisferios unidos por el llamado cuerpo calloso, se realizan los procesos intelectuales. El hemisferio cerebral izquierdo controla el pensamiento lógico y el lenguaje, mientras que el derecho se relaciona con la actividad artística e imaginativa.(2009 pequeño Espasa Ilustrado)

1-2

마음이란 인간의 이해를 총체적으로 일컫는 말이다. 또한 추리력, 지각력, 감성, 기억력, 상상력 및 의지의 종합적 능력을 말한다. 유물론자들에게 마음이란 뇌활동의 결과물이다. '생각'이라는 말은 지적 활동이나 상상에 의한 추상적 개념까지를 포함한 마음이 만들어 내는 모든 것을 정의한다. '생각'이란 모든 자연스러운 마음의 활동으로 추상적이거나, 논리적이거나, 창의적이거나, 예술적이거나 한 모든 것을 말한다. 돌고래나 고래 등 고등한 고래류와 고릴라, 코끼리 등이 현저한 진보를 이루었으나, 아직 그 대부분의 간섭 현상은 밝혀지지 않았다.

두개골은 머리 뼈로 보호되며 3부분으로 구성되어 있다. 뇌의 중앙은 척수로 연결되는 뇌로 두개골의 90%를 차지한다. 뇌는 순환기나 호흡기의 기능에서 반사 작용을 관장한다. 근육의 움직임도 뇌와 연결되어 있다. 뇌는 두 개의 반구가 톱니처럼 연결되어 있으며 지적 활동을 한다. 좌뇌는 논리나 언어를 관장하며 우뇌는 예술이나 상상력과 연관되어 있다.

el comentario de expresiones

Referirse a: v. Aludir o hacer mención.

El encéfalo: Conjunto de órganos que forman parte del sistema nervioso de los vertebrados y están contenidos en la cavidad del cráneo.

El raciocinio: Ideas o razonamientos pensados por una persona.

Pensamiento lógico: Idea racional. **Antónimo:** Pensamiento ilógico.

Procesos vitales involuntarios: Conjunto de fases sucesivas que es propio de la vida y sin voluntad.

Involuntarios: Sin voluntad, no se pueden controlar.

1-3 인류의 확산과 화석(la expansión de la humanidad y los fósiles)

Según la teoría 'fuera de África', hubo una gran migración de África hacia Eurasia hace 70,000 años que produjo la paulatina dispersión por todos los continentes. Según los estudios genéticos y los descubrimientos paleontológicos, se estima que hace 60,000 años hubo una migración costera por el Sur de Asia, de pocos miles de años, que posibilitó la colonización posterior de Australia, Extremo Oriente y Europa. En Occidente hubo un centro de expansión en el Medio Oriente que está relacionado con el hombre de Cromañón y la población temprana de Europa; probable causa de la extinción del hombre de Neandertal.(wikipedia.org)

La paleontología es la ciencia que estudia los fósiles. Los fósiles son restos de plantas y animales de eras remotas que, más o menos petrificados, se encuentran en los depósitos sedimentarios de la corteza terrestre. Su ámbito es muy amplio, ya que se extiende desde que la vida empezó a desarrollarse en el planeta, primero en el agua y luego en la tierra firme. Los fósiles más antiguos-sencillas impresiones de organismos unicelulares-tienen alrededor de 3.500 millones de años. En función del tipo de fósiles que investigue, la Paleontología se divide en especialidades: la Paleobotánica se centra en el estudio de los fósiles vegetales, la Paleozoología, estudia los restos fósiles de animales y finalmente, la Paleoantropología se centra en el estudio de los fósiles humanos.(2009 pequeño Espasa Ilustrado)

1-3

'아프리카로부터의 이주'라는 이론에 의하면 7만 년 전에 인류는 아프리카로부터 유라시아로 이주하였다. 이로부터 인류는 각처로 이주하게 되었다. 유전학과 고고학에 의해 인류가 6만 년 전에 아시아 해안가로 이주하였다는 것과 그 몇 천 년 후에 호주와 극동 지역 및 유럽으로 이주하였음이 밝혀지게 되었다. 동양에서는 중동 지역이 인류 이주의 중심 지역이었으며, 크로마뇽인과 유럽의 초기 인류와 관련이 있다. 아마 이로 인해 네안데르탈인이 멸종되었을 것이다.

고생물학은 화석을 연구하는 학문이다. 화석은 동물과 식물의 유해들로 오랜 시간에 걸쳐 지구 단층의 퇴적물과 함께 석화된 것을 말한다. 인류가 지구에서 살기 시작한 이래, 화석은 아주 넓은 장소에 분포되어 있으며, 먼저 물 속에서 이루어졌고 후차적으로 육지에서 이루어지게 되었다. 가장 오래된 것은 단세포 생물 화석으로 약 35억년 전의 것이다. 고생물학은 화석의 종류에 따라 분류된다: 고고식물학은 식물의 화석을 연구하며, 고고동물학은 동물의 화석을 연구하고 고고인류학은 인간의 화석을 연구한다.

el comentario de expresiones

La colonización: Establecimiento de colonos en un territorio para controlarlos o civilizarlos.

Descubrimientos paleontológicos: Encuentro o hallazgo de fósiles y restos que han dejado los organismos.

Remotas: Lejanas. **Antónimo:** Cercanas.

Ilustrado: Que contiene dibujos.

1-4 인간 언어(el lenguaje humano)

El lenguaje designa todas las comunicaciones basadas en la interpretación, incluyendo el lenguaje humano, pero la mayoría de las veces el término se refiere a lo que los humanos utilizan para comunicarse, es decir, a las lenguas naturales. El lenguaje es universal y es usado por naturaleza en las personas y en los animales. Sin embargo, filósofos como Martin Heidegger consideran que el lenguaje propiamente tal es solo privativo del hombre. Es famosa la tesis de Heidegger según la cual el lenguaje es la casa del ser(Haus des Seins) y la morada de la esencia humana.
Actualmente la especie humana muestra esta faceta hablando en torno a 6,000 idiomas diferentes, si bien más del 50 % de los 7,000 millones de personas que actualmente conforma la colectividad humana, sabe hablar al menos una de las siguientes ocho lenguas: chino mandarín, español, inglés, árabe, hindi, portugués, bengalí y ruso.(wikipedia.org)

La lengua es un sistema arbitrario de signos compartido por los miembros de una comunidad para comunicarse entre sí. Es una noción que hay que distinguir de la de habla, que es el uso que los hablantes hacen de la lengua, bien mediante el lenguaje oral o por medio de la escritura. La lengua es el modo de comunicación más rico que el ser humano tiene a su alcance y el principal vehículo para la transmisión de la cultura. Pero su poder va más allá: la lengua nos proporciona las categorías con las que aprehendemos la realidad.(2009 pequeño Espasa Ilustrado)

1-4

'자연 언어'란 모든 의사 소통을 가능하게 하는 것을 말한다. 그 중 인간의 언어는 '자연 언어'에 비해 인간끼리의 의사 소통을 위해 사용하는 것을 말한다. '자연 언어'는 자연적인 것으로 당연히 인간과 동물, 모두가 사용한다. 그러나 '마틴 하이데거'와 같은 철학자는 '자연 언어라 할 지라도 언어는 인간의 고유한 것'이라고 말한다. 하이데거는 그의 유명한 논문에서 '언어는 존재의 집이며, 인간 본연의 안식처다'라고 말한다. 현재 인류는 약 6천 개의 다른 언어를 말하고 있으며 70억 인구 중 반 이상이 집단적 주거를 하고 있으며, 이들은 최소한 다음의 한 가지 언어를 할 줄 안다: 만다린 중국어, 스페인어, 영어, 아랍어, 인도어, 포루투갈어, 벵갈어, 러시아어, 등.

언어는 일정 사회에서 서로 소통을 하기 위해 약속한 임의적인 기호 체계이다. 언어는 언어를 사용하는 각 개인이 소리나 글자를 통해 표현하는 것들의 총체라 할 수 있다. 인간은 언어를 통해 문화를 전수하게 된다. 이 뿐만 아니라 우리는 언어를 통해 현실을 배우게 된다.

el comentario de expresiones

El término: Palabra o vocablo que expresa una idea, y que generalmentte es propia de una actividad o disciplina determinada.

La morada de la esencia humana: Es la estancia del principio fundamental de la composición de los cuerpos.

Esta faceta: Una de las caras de algo.

El lenguaje oral: Utiliza un lenguaje coloquial, informal. **Antónimo:** Lenguaje escrito.

주제

02 인체 el cuerpo humano

2-1 인체와 물(el cuerpo humano y el agua)

El cuerpo humano es la estructura física y material del ser humano. Un adulto tiene 206 huesos, mientras que el de un recién nacido está formado por cerca de 303 huesos ya que algunos, sobre todo los de la cabeza, se van fusionando durante la etapa de crecimiento.
El cuerpo humano se compone de cabeza, tronco y extremidades; los brazos son las extremidades superiores y las piernas las inferiores; cabe mencionar que el tronco se divide en tórax y abdomen y es el que da movimiento a las extremidades superiores, inferiores y a la cabeza.
Proporción de los principales elementos químicos del cuerpo humano: Hidrógeno 10,0%, Oxígeno 65,0%, Carbono 19,37%, Nitrógeno 3,2%, Calcio 1,38%, Fósforo 0,64%, Cloro 0,18%, Potasio 0,22%, Hierro 0,00005 %(wikipedia.org)

El agua es el principal componente del cuerpo humano, que posee 75% de agua al nacer y cerca del 65% en la edad adulta. Aproximadamente el 65% de dicha agua se encuentra en el interior de las células y el resto circula en la sangre y baña los tejidos. Es imprescindible para la existencia del ser humano, que no puede estar sin beber agua más de cinco o seis días sin poner en riesgo su vida. El cuerpo pierde agua por medio de los excrementos, la transpiración y la exhalación del vapor de agua en nuestro aliento, en función del grado de actividad, temperatura, humedad u otros factores. Parte del agua que se encuentra en nuestro cuerpo es expulsada por la orina o a través de la saliva o sudor.(wikipedia.org)

2-1

인체는 인간의 물리적이고 물질적인 구조물이다. 성인 인체는 206개의 뼈로 되어 있는 반면, 갓 태어난 아기는 약 303개의 뼈로 되어 있고, 이 중에 어떤 것들은 성장하면서 융합된다.

인체는 머리와 몸통과 사지로 구성되어 있다; 팔이 윗부분이고 다리가 아랫부분이다; 몸통은 흉곽과 복부로 나뉘는데 머리와 사지를 움직이도록 해준다.

인체의 주된 화학적 성분: 수소 10.0%, 산소 65,0%, 탄소 19,37%, 질소 3,2%, 칼슘 1,38%, 인 0,64%, 염소 0,18%, 칼륨 0,22%, 철 0,00005%

물은 인체의 주된 구성 성분으로 태어날 때는 75%를, 어른이 되어서는 65%를 차지한다. 이 65%의 물은 거의 세포에 저장되고, 나머지는 피를 통해 흐르며 또 피부를 씻어낸다. 물은 인간의 생존에 필수적인 것으로 5~6일 동안 물을 마시지 않으면 생명이 위태로워진다. 수분은 사람의 운동량, 기온, 습도, 그리고 여러 다른 요인과 함께 배변, 호흡을 통한 배출활동 등을 통해 빠져나간다. 또한 소변이나 침 또는 땀을 통해 배출된다.

el comentario de expresiones

Componer: v. Formar una cosa juntando y ordenando varias.

Principal: adj. Que tiene el primer lugar en estimación o importancia.

La transpiración: Líquido transparente que se expulsa a través de la piel.

La exhalación: Cuando sale el aire de los pulmones. **Antónimo:** Inhalación.

2-2 뇌(el cerebro)

La gigantesca red de comunicaciones que es nuestro sistema nervioso está controlada por un centro de operaciones que puede considerarse como el órgano más complejo y fascinante que existe: el cerebro. Además de coordinar los procesos vitales básicos, es el responsable de las funciones propias de la vida consciente tales como el pensamiento, el lenguaje, la memoria y las emociones. La capacidad de procedimiento y almacenamiento de información del cerebro humano todavía supera a los más potentes ordenadores. Aunque es posible que en el futuro se fabriquen ordenadores potentísimos, la gran ventaja de nuestro cerebro seguirá siendo su capacidad de adaptación al medio, su creatividad.

El peso medio de un cerebro humano adulto es de 1,4 kg y contiene alrededor de 100.000 millones de neuronas. Hay animales, como las ballenas o los elefantes, que poseen cerebros de mayor tamaño. Pero el cerebro humano es el más grande en proporción al cuerpo.

El funcionamiento del cerebro es posible merced a las células nerviosas, las neuronas. Pueden tener formas y tamaños diferentes, pero todas se caracterizan por su capacidad de conducir corriente eléctrica a través de su membrana. También pueden realizar un intercambio de sustancias químicas con otras neuronas a través de espacios de conexión conocidos como sinapsis. Mediante las complejas redes de neuronas del sistema nervioso el cerebro envía y recibe mensajes en forma de impulsos eléctricos al resto del cuerpo.(2009 pequeño Espasa Ilustrado)

2-2

우리의 거대한 신경 체계는 아주 복잡한 중앙 시스템에 의해 통제된다. 그것이 뇌이다. 기본적인 생체의 전 과정을 관장할 뿐만 아니라 생각, 언어, 기억 및 감정의 지각 기능을 관장한다. 우리의 뇌가 정보를 저장하고 처리하는 능력은 그 어떤 컴퓨터보다 강력하다. 미래에 강력한 컴퓨터가 나올지라도 우리의 뇌는 주변에 적용하는 능력, 즉 창의력을 계속 발전시킬 것이다.

성인의 평균 뇌 무게는 1.4kg이며 약 1,000억 개의 뉴런으로 구성되어 있고, 고래나 코끼리 등의 뇌와 같이 크다. 그러나 인간의 뇌는 신체의 비율로 보아 가장 크다고 할 수 있다.

뇌의 기능은 뇌세포, 즉 뉴런에 기인한다. 뇌의 형태와 크기는 모두 다르나, 뇌막을 통해 전기파를 유도하는 능력은 같다. 또한 시냅스라 알려져 있는 연결 고리를 통해 다른 뉴런과의 화학적 교류도 하게 된다. 신경 체계의 복잡한 뉴런 망을 통해 뇌는 신체의 다른 부분에 전기파 형태로 정보를 주고 받는다.

el comentario de expresiones

Gigantesco: adj. Que es mucho más grande de lo normal.

Coordinar: v. Reunir medios, esfuerzos, etc., para una acción común.

Merced a: Gracias a. **Antónimo:** Por culpa de.

Se caracterizan por su capacidad: Se definen por su conjunto de cualidades. Especialmente en el cumplimiento de una función.

Los procesos vitales básicos: Procesos que sirven para diferenciar a los seres vivos de los inanimados.

2-3 혈액 순환(la circulación de la sangre)

La sangre, sustancia vital para nuestro organismo, se distribuye por el cuerpo a través del aparato circulatorio. Bombeada por los latidos de ese músculo especial que es corazón, recorre una intrincada red de vasos sanguíneos para proporcionar alimento a cada una de nuestras células.

El aparato circulatorio humano es un circuito continuo que está configurado por el corazón y una larguísima red de arterias, vasos capilares y venas. El corazón es un músculo hueco dividido por un tabique en dos partes independientes. Cada parte tiene dos cavidades: una superior o aurícula y otra inferior o ventrículo. Las venas llevan sangre pobre en oxígeno procedente del cuerpo hasta la aurícula derecha, de allí pasa al ventrículo del mismo lado y es bombeada a los pulmones para que se oxigene. La sangre regresa luego al corazón por las venas pulmonares, que desembocan en la aurícula izquierda, y pasa al ventrículo izquierdo. Allí es bombeada por la arteria aorta hacia el resto del cuerpo, que de esta forma se mantiene abastecido de oxígeno, imprescindible para el funcionamiento celular.

A lo largo de su recorrido la sangre realiza otras funciones, además de la oxigenación o función respiratoria. En los intestinos recoge los alimentos que servirán para nutrir a las células del cuerpo(función nutritiva), y en los riñones expulsará los desechos y sustancias nocivas procedentes del metabolismo celular para que sean expulsadas por la orina(función excretora). También desempeña un papel clave en el mantenimiento de la temperatura.(2009 pequeño Espasa Ilustrado)

2-3

피는 인체의 중요한 물질로 순환계를 통해 인체 곳곳에 전달된다. 심장 근육은 수축과 이완을 반복하여 각 세포에 영양분을 공급하는데 이는 혈관을 통해 전달된다. 우리의 순환계는 심장과 많은 동맥, 정맥, 그리고 모세혈관을 통해 끊임없이 흐른다.

심장은 심벽을 통해 두 개로 나뉘며, 각각 다시 두 개의 방으로 나뉜다. 이는 심방과 심실이다. 정맥은 산소가 부족한 피를 인체로부터 우심방으로 가져가며 여기서 다시 우심실로 보내진다. 여기서 폐로 보낸 뒤 산소를 공급 받는다. 이는 폐정맥을 통해 다시 심장의 좌심방과 좌심실로 보내진다. 그곳으로부터 대동맥을 통해 피는 인체의 각 부분으로 전달되며 이를 통해 세포들에게 필요한 산소를 공급하게 된다. 피가 인체를 순환하는 동안 산소 공급이나 호흡 외에도 장에서는 영양분을 흡수하며, 신장에서는 소변을 통해 찌꺼기를 배출하게 된다. 또한 피는 체온을 유지하는 중요한 기능을 담당한다.

el comentario de expresiones

La sustancia: Parte más importante de una cosa, en la que reside su interés.

Los latidos: Cada uno de los golpes producidos por el movimiento alternativo de dilatación y contracción del corazón.

Bombeada: v. Bombear; Elevar agua u otro líquido por medio de una bomba que lo impulsa.

Sustancias nocivas: Es toda cosa susceptible de ser introducida en un organismo y obrar mal desde él. **Antónimo:** Sustancias benignas o beneficiosas.

2-4 소화와 소화 기관(la digestión y el aparato digestivo)

La digestión es el proceso que hace posible que la comida que ingerimos sea descompuesta y que nuestro organismo pueda asimilar la energía y los nutrientes que contienen los alimentos. La digestión tiene lugar en el tracto digestivo, que va desde la boca al ano. Con él están conectados órganos como el hígado y el páncreas.
En la boca, ya en el momento en que al masticar trituramos la comida, ciertas sustancias de la saliva inician la descomposición de los hidratos de carbono en azúcares más simples. Se forma así, con ayuda de la lengua, el bolo alimenticio, que por el esófago pasa al estómago. Al tragar la comida, la tráquea queda cubierta por una tapa llamada epiglotis para impedir que los alimentos se desvíen hacia el aparato respiratorio. Una vez en el estómago, el potente jugo gástrico, producido por la mucosa estomacal, descompone el alimento, elimina las bacterias y facilita el trabajo de las enzimas.
La descomposición del alimento prosigue en el primer tramo del intestino delgado, o duodeno, gracias a la acción de la bilis producida por el hígado y los jugos del páncreas, que hacen posible la digestión de sustancias como las grasas. En otra parte del intestino delgado(íleon), las grasas y otras sustancias son absorbidas, mientras que los nutrientes atraviesan sin dificultad la superficie intestinal, recubierta de mucosas y finos vasos sanguíneos; llegan así a la sangre, que los transporta al hígado, donde son procesados. El agua y la fibra pasan al intestino grueso(colon), donde en parte son absorbidos, en tanto que las bacterias allí existentes descomponen la fibra no digerida. Los residuos semisólidos forman las heces, que pasan al recto y finalmente son expulsadas por el ano.(2009 pequeño Espasa Ilustrado)

2-4

소화는 우리가 섭취한 음식물을 잘게 부수어 인체 기관이 필요한 에너지와 영양을 얻게 한다. 소화는 입에서 항문에 이르는 소화 기관에 의해 이루어진다. 소화에는 간과 췌장도 관련된다.

입에서는 음식물을 씹어 잘게 부순다. 이때 침은 탄수화물을 분해하여 단당체로 만든다. 혀에 의해 침과 섞인 음식물은 식도를 통해 위로 간다.

음식물을 삼킬 때 기관은 후두개로 덮혀 호흡기로 음식물이 들어가는 것을 막는다. 위에서는 위산으로 음식물을 분해하며, 박테리아를 죽여 효소의 활동을 돕는다. 위에서 분해된 음식물은 소장으로 간다. 소장에서는 간과 췌장에서 분비된 담즙과 함께 지방 등이 다시 분해된다. 소장은 또한 분해된 지방 등의 영양분을 쉽게 섭취하여 정맥을 통해 피에 전달한다. 또한 간으로도 전달한다. 물과 섬유질은 대장으로 간다. 대장에서 약간의 영양분이 섭취되며 섬유질은 그곳에 있는 박테리아에 의해 분해된다. 여기서 약간 고체화된 찌꺼기는 직장으로 가서 바로 항문을 통해 배출된다.

el comentario de expresiones

Trituramos: v. Triturar. Desmenuzar o moler una materia sólida en trozos pequeños.

La descomposición: Separación de una cosa en las diferentes partes.

Los residuos semisólidos: El material de consistencia blanda y untuosa que pierde utilidad tras haber cumplido con su misión en el cuerpo. **Antónimo de sólido:** Líquido.

2-5 인체 구조(el sistema del cuerpo humano)

Un sistema es un grupo de órganos asociados que concurren en una función general y están formados predominantemente por los mismos tipos de tejidos. Por ejemplo: el sistema esquelético, el sistema cardiovascular, el sistema nervioso, etc.
Sistema inmunitario: defensa contra agentes causantes de enfermedades.
Sistema tegumentario: piel, pelo y uñas.
Sistema nervioso: recogida, transferencia y procesado de información. Formado por el sistema nervioso central(encéfalo y médula espinal) y el sistema nervioso periférico(nervios de todo el cuerpo).
Sistema cardiovascular: formado por el corazón, arterias, venas y capilares.
Sistema linfático: formado por los capilares, vasos y ganglios linfáticos, bazo, timo y médula ósea.
Sistema endocrino: comunicación dentro del cuerpo mediante hormonas. Está formado por las glándulas endocrinas que sintetizan hormonas y las vuelcan al medio interno(sangre, linfa, líquido intersticial) como son hipófisis, tiroides, timo, suprarrenales, páncreas y gónadas y por células secretorias que se encuentran en órganos que no son propiamente glándulas, pero segregan hormonas como ocurre con el riñón y el corazón.
Sistema muscular: movimiento del cuerpo.
Sistema óseo: apoyo estructural y protección mediante huesos.
Sistema articular: formado por las articulaciones y ligamentos asociados que unen el sistema esquelético y permite los movimientos corporales.(wikipedia.org)

2-5

인체 구조는 생체 기관들이 서로 연결된 것으로, 같은 종류의 조직들로 훌륭하게 형성되어 있다. 골격계, 심혈관계, 신경계 등이 있다.

면역계: 질병을 일으키는 주범에 대항한다.

표피층: 피부, 머리카락, 손톱 및 발톱.

신경계: 정보를 수집, 전달하고 처리한다. 중추 신경 시스템(뇌와 골수)과 연결 신경 시스템(몸 전체의 신경)에 의해 이루어진다.

심혈관계: 심장, 동맥, 정맥 그리고 모세 혈관에 의해 이루어진다.

림프계: 모세 혈관, 림프관, 림프절, 비장, 흉선, 그리고 골수에 의해 이루어진다.

내분비계: 호르몬에 의한 인체 내의 상호 소통으로 내분비선에 의해 이루어진다. 내분비선은 호르몬을 통합하고 인체 안의 통로(피, 림프, 내부 액)를 통해 분출시킨다. 뇌하수체, 갑상선, 부신, 췌장, 그리고 생식선 등이 통로가 되며, 신장이나 심장처럼 분비선이 아니므로 호르몬을 생산하지 않는 기관들은 분비 세포가 그 통로가 된다.

근육계: 인체의 움직임을 이룬다.

골계: 뼈에 의해 인체를 지탱하고 보호한다.

관절계: 뼈와 뼈를 이어 주는 관절에 의해 이루어지며 인체의 움직임을 가능하게 한다.

el comentario de expresiones

El sistema: Conjunto de órganos que intervienen en alguna de las principales funciones vegetativas y animales.

Formado por: Compuesto por.

No son propiamente: No coincide de manera exacta con lo que significa.

2-6 인체 기관(el aparato del cuerpo humano)

Un aparato es un grupo de órganos que desempeñan una función común y sus órganos no tienen predominio de ningún tejido, por ejemplo el aparato digestivo o como el aparato locomotor integrado por los sistemas muscular, óseo, articular.

Aparato digestivo: procesador de la comida; boca, faringe, esófago, estómago, intestinos y glándulas anexas. Permite la conversión de los alimentos en moléculas asimilables mediante las enzimas.

Aparato excretor o urinario: eliminación de sustancias tóxicas y desechos del cuerpo mediante la orina. Órganos: riñones(que contienen las unidades anatomo-funcionales llamadas nefronas), uréteres, vejiga, uretra.

Aparato reproductor: los órganos sexuales(masculinos y femeninos)

Aparato respiratorio: son los órganos y cavidades empleados para el intercambio de gases respiratorios; fosas nasales, faringe, laringe, tráquea, bronquios, bronquíolos y pulmones. Dentro de los pulmones encontramos los alvéolos que son la unidad anatómico-funcional del sistema.

Aparato locomotor: conjunto de los sistemas esquelético, articular y muscular. Estos sistemas coordinados por el sistema nervioso permiten la locomoción.

Aparato circulatorio: conjunto de vasos sanguíneos(venas, arterias y capilares) y linfáticos.(wikipedia.org)

2-6

인체의 기관은 일반적인 기능을 하며, 인체 조직의 특별한 기능을 하지는 않는다. 예를 들어 소화기관은 근육, 뼈, 관절 등과 함께 동력 기관으로서의 여러 구조를 포함한다.

소화 기관: 음식물을 소화시키며, 입, 인두, 식도, 위, 장, 그리고 관련 분비선으로 되어 있다. 효소를 통해 음식물을 분자 수준으로 변환시킨다.

배설 기관: 소변을 통해 유해 물질이나 찌꺼기를 제거한다. 관련 신체 기관으로는 신장(해부학적 신장 기능이라 불리는 것들을 포함), 수뇨관, 방광, 그리고 요도가 있다.

생식 기관: 남성과 여성의 생식 기관을 말한다.

호흡 기관: 호흡 시 공기를 들이쉬고 내쉬는 신체 기관과 구멍들로, 비강, 인두, 후두, 기관, 기관지, 기관 절지, 그리고 폐가 있다. 또한 폐 구조의 해부학적 기능을 담당하는 치조가 있다.

동력 기관: 뼈, 관절, 그리고 근육의 총체적 구조로 신경계에 의해 동력이 가동된다.

순환기관: 혈관(정맥, 동맥, 모세 혈관)과 임파선으로 되어 있다.

el comentario de expresiones

El predominio: Superioridad, poder que se tiene sobre algo o alguien.

El Procesador de la comida: Lleva a cabo o dirige el proceso del alimento.

Las Cavidades: Espacio hueco en el interior de un cuerpo o en una superficie.

Coordinados: v. Coordinar. Disponer ordenadamente una serie de cosas. **Antónimo:** Descoordinar.

2-7 유전자(ADN)

Animación de parte de una estructura de ADN de doble hélice.
El ácido desoxirribonucleico, abreviado como ADN, es un ácido nucleico que contiene instrucciones genéticas usadas en el desarrollo y funcionamiento de todos los organismos vivos conocidos y algunos virus, y es responsable de su transmisión hereditaria. La función principal de la molécula de ADN es el almacenamiento a largo plazo de información. Muchas veces, el ADN es comparado con un plano o una receta, o un código, ya que contiene las instrucciones necesarias para construir otros componentes de las células, como las proteínas y las moléculas de ARN. Los segmentos de ADN que llevan esta información genética son llamados genes, pero las otras secuencias de ADN tienen propósitos estructurales o toman parte en la regulación del uso de esta información genética.(wikipedia.org)

Es la capacidad que tiene el ADN de hacer copias o réplicas de su molécula. Este proceso es fundamental para la transferencia de la información genética de generación en generación. Las moléculas se replican de un modo semiconservativo. La doble hélice se separa y cada una de las cadenas sirve de molde para la síntesis de una nueva cadena complementaria. El resultado final son dos moléculas idénticas a la original. En algunos virus el ARN es el material de la herencia y experimenta autoduplicación; pero básicamente se encuentra en los ribosomas(ácido ribonucléico ribosómico) y como ácido de transferencia y mensajero.(monografías.com)

2-7

'DNA'는 이중 나선 구조로 되어 있으며 디옥시리보 핵산의 줄임말로, 모든 생명체, 때로는 바이러스 종류의 기능과 진화에 관련된 유전체로 유전 정보를 관장하는 핵산이다. 'DNA' 분자의 주된 기능은 정보를 오랫동안 저장하는 것이다. 많은 경우, 'DNA'는 설계도, 처방전, 혹은 기호 체계로 간주되는데, 이는 'RNA' 분자와 단백질 같은 다른 세포를 구성하는데 필요한 정보를 가지기 때문이다. 'DNA' 각각은 '유전자'라고 불리는 모든 유전 정보를 가지고 있으며, 'DNA'의 연결 구조는 이 유전 정보의 활용 법칙이나 구조에 관여한다.

'DNA'는 분자 구조를 복제하는 능력이 있다. 이는 세대 간에 유전 정보를 전달하는 기본적인 과정이다. 분자 구조는 반 보존적 형태로 복제된다. 이중 구조는 서로 분리되어 새롭게 보조 연쇄 구조를 위한 기본 틀의 역할을 한다. 마지막으로 원형과 같은 분자 구조를 복제하게 된다. 어떤 바이러스들은 'RNA' 자체가 유전 형질로 자가 복제를 하기도 한다. 그러나 기본적으로 리보솜이 있으며 여기에서 전달 물질과 정보가 이루어진다.

el comentario de expresiones

Doble hélice: Dos veces la cantidad de aspas que al girar con fuerza alrededor de un eje desplazan el fluido en el que están.

Almacenamiento: v. Almacenar; Acumula o guarda para poder disponer de ellas cuando se necesite o convenga.

Mensajero: Lleva una información. **Antónimo:** Destinatario.

주제

03 질병과 의학 la enfermedad y la medicina

3-1 질병(la enfermedad)

El término enfermedad proviene del latín infirmitas, que significa literalmente "falta de firmeza". La definición de enfermedad según la Organización Mundial de la Salud(OMS), es la de "Alteración o desviación del estado fisiológico en una o varias partes del cuerpo, por causas en general conocidas, manifestada por síntomas y signos característicos, y cuya evolución es más o menos previsible".

La salud y la enfermedad son parte integral de la vida, del proceso biológico y de las interacciones medioambientales y sociales. Generalmente, se entiende a la enfermedad como la pérdida de la salud, cuyo efecto negativo es consecuencia de una alteración estructural o funcional de un órgano a cualquier nivel.(wikipedia.org)

Se pueden clasificar las enfermedades según varios criterios:

Agudas: generalmente las que duran menos de tres meses

Subagudas: generalmente las que duran entre tres y seis meses

Crónicas: generalmente las que duran más de seis meses

Esporádica: afecta a muy pocas personas y aparecen de forma ocasional

Endemia: afecta frecuentemente a una región concreta de forma habitual y mantenida en el tiempo

Epidemia: es un incremento significativamente elevado en el número de casos de una enfermedad con respecto al número de casos esperados, dentro de un área geográfica delimitada

Pandemia: es una epidemia que afecta a zonas geográficas extensas(hasta llegar a la distribución mundial) generalmente durante un tiempo concreto(wikipedia.org)

3-1

질병이란 단어는 라틴어의 '건강이 아님'에서 유래한 것으로, 글자 그대로 '건강 부족'을 뜻한다. '세계 보건 기구'에서의 질병에 대한 정의는 '몸의 한 곳 또는 여러 곳이 생리학적 이상을 보이는 것으로 보통은 잘 알려진 원인으로 인해 발생하며, 증상이나 특징적 조짐을 보이고, 그 진행은 어느 정도 예측할 수 있다.'이다.

건강이나 질병은 삶, 생물학적 과정, 환경과 사회의 상호 작용 등과 밀착되어 있는 부분이다. 보통 질병이란 건강을 잃어버리는 것으로 이해되며, 이는 정도의 차이는 있으나 인체 기관이 구조나 기능면에서 이상을 보이는 부정적 결과라 할 수 있다.

질병은 여러 가지 기준에 의해 분류할 수 있다.
급성: 주로 3개월 이내를 말한다.
중간: 주로 3개월에서 6개월을 말한다.
만성: 주로 6개월 이상을 말한다.
산발적: 산발적으로 적은 사람에게 발생한다.
풍토병: 특정 지역에 상습적으로 일정 기간 발생한다.
전염병: 일정 지역에서 예상 밖에 괄목할 정도의 확산을 보인다.
유행성 전염병: 넓은 지역(때로는 전세계)에서 일정 기간 발생한다.

el comentario de expresiones

Desviación: Que se aparta de lo general o habitual.

Área geográfica delimitada: Zona de la geografía que marca con claridad los límites de un país o de un terreno.

Incremento: v. Incrementar; Aumentar. **Antónimo:** Disminución.

3-2 에이즈와 에볼라 바이러스(el VIH y el ébola)

El virus de la inmunodeficiencia humana(VIH) es un lentivirus(de la familia Retroviridae), causante del síndrome de inmunodeficiencia adquirida(sida). En la infección por VIH que produce en sus estados avanzados el sida se adquiere a través del intercambio de fluidos como la sangre, el semen, la mucosa vaginal y la mucosa anal. Otros fluidos como las lágrimas y la saliva contienen el virus en menores cantidades, de manera que la probabilidad de adquirir el VIH a través de ellos es prácticamente nula.(wikipedia.org)

La enfermedad por el virus del Ébola(EVE) o fiebre hemorrágica del Ébola(FHE), también conocida como enfermedad del Ébola o simplemente como ébola, es una enfermedad causada en el ser humano por el virus del Ébola. Normalmente los síntomas comienzan entre los dos días y las tres semanas después de haber contraído el virus, con fiebre, dolor de garganta, dolores musculares, y dolor de cabeza. Por lo general, siguen náuseas, vómitos, y diarrea, junto con fallo hepático y renal. En ese momento, algunos pacientes empiezan a sufrir complicaciones hemorrágicas.
El virus puede contraerse por contacto con la sangre o los fluidos corporales de animales infectados(generalmente monos o murciélagos de la fruta). No se ha documentado la transmisión aérea en el entorno natural. Se cree que los murciélagos de la fruta son portadores del virus y pueden contagiarlo sin resultar afectados.(wikipedia.org)

3-2

'인간 면역 결핍 바이러스'는 레트로바이러스 군의 렌티바이러스로 '후천적 면역 결핍증'(AIDS)의 원인이다. '인간 면역 결핍 바이러스'에 의한 감염이 진행되면 에이즈를 발병시키는데, 이는 피, 정액, 질 점막, 그리고 항문 점막과 같은 곳에서 액체의 접촉에 의해 감염된다. 눈물이나 침과 같은 종류의 액체에는 바이러스가 미량 포함되어 있어서 이 정도의 바이러스로 감염될 확률은 거의 없다.

'에볼라 바이러스', 또는 '에볼라 출혈열 바이러스'에 의한 질병은 '에볼라 병' 또는 단순하게 '에볼라'로 알려져 있으며, '에볼라 바이러스'로 인해 인간에게 생기는 질병이다. 보통 병의 증후는 감염 후 2일에서 3주 사이에 나타나며, 열, 목구멍 통증, 근육통, 두통 등의 증세를 보인다. 그 후, 일반적으로 어지럼증, 구토, 설사 등을 동반하며, 간과 신장이 파괴된다. 이 때, 환자에 따라 각종 출혈이 발생하기도 한다. 이 바이러스는 이미 감염된 동물(일반적으로 원숭이나 과일박쥐)의 피나 체액을 통해 감염된다. 주위 환경으로부터 감염된다는 것은 보고된 바 없다. 과일박쥐는 이 바이러스의 숙주로 자신들은 감염되지 않으면서 다른 것들에게 이 바이러스를 감염시킬 수 있다. 사람이 한 번 감염되면 다른 사람을 감염시킬 수 있다.

el comentario de expresiones

Inmunodeficiencia humana: Estado del organismo consecuente a una deficiencia funcional del sistema inmunitario de defensa.

Causante: Culpable. Que provoca una situación.

Portadores del virus: Que lleva o trae el virus hacia el infectado.

3-3 슈퍼 박테리아(la superbacteria)

Un grupo de científicos ha identificado una cepa emergente de la salmonela que ya ha sido calificada como superbacteria por su elevada resistencia al antibiótico ciprofloxacina, que suele usarse en las infecciones severas.(elmundo.es/04/08/2011)

El sistema de salud de la Universidad de California UCLA ha informado de que siete pacientes están infectados por la cepa de una bacteria resistente a los fármacos y potencialmente mortal, y que más de 100 podrían haber estado también expuestos a ella.

Los pacientes estuvieron potencialmente expuestos a la enterobacteria resistente a las carbapenemas(ERC) entre octubre y enero, período en el que el microorganismo pudo haber contribuido a la muerte de dos pacientes, señaló en centro de un comunicado.

El texto no especificaba en qué lugar ocurrió la infección, pero el diario «Los Angeles Times» ha informado de que ocurrió en el Centro Médico Ronald Reagan de la UCLA en Los Ángeles.

Según el Times la Universidad conoció el mes pasado el brote de la superbacteria, que podría haberse extendido a través de una endoscopia especial que se inserta en la garganta. Según el periódico, un total de 179 personas podrían haber estado expuestas. Funcionarios públicos estatales y locales fueron informados de inmediato, según el comunicado de la UCLA, y los equipos infectados fueron retirados.

La UCLA ha señalado que ya ha contactado a más de 100 pacientes potencialmente expuestos y ofreció 'kits' gratuitos de prueba que analizarán más tarde.(abc.es/19/02/2015)

3-3

과학자들은 살모넬라균의 출현을 확인하였고 이를 슈퍼박테리아로 분류하였다. 이는 염산시프로플록사신 다제항생제에 매우 높은 내성을 갖고 있으며 보통 심각한 감염을 일으킨다. 캘리포니아대학교(UCLA)의 의료진은 7명의 환자가 감염되었으며, 사망에 이를 수 있다고 한다. 또한 100명 이상이 감염될 소지가 있다고 한다. 이들은 10월에서 1월 사이에 항생제에 내성을 가진 슈퍼박테리아에 노출되었을 것이며, 이 기간에 두 명이 해당 바이러스에 의해 사망에 이르렀다고 한 매체가 전했다. 이 매체는 정확히 언제, 어디서 감염되었는지는 밝히지 않았으나, L.A 타임지는 UCLA의 로널드 레이건 병원에서 어떤 일이 발생하였는지 발표하였다. 발표에 따르면 해당 대학 측이 지난 달, 목으로 내시경을 삽입할 때 슈퍼박테리아에 감염되었을 수도 있다는 것을 인지했다고 한다. 또한 179명이 노출되었다고 전했다. 중앙 공무원과 L.A 지방 공무원들은 대학 측으로부터 즉각 연락을 받았으며, 감염된 의료진은 철수했다고 전했다. UCLA 측은 100명이 넘는 감염 가능성이 있는 환자들과 접촉하였으며, 이들에게 검사를 위한 키트를 무료로 제공했고, 후에 분석할 것이라고 전했다.

el comentario de expresiones

Una cepa: Colonia microbiana procedente de un solo germen obtenido de un enfermo, y multiplicado por pases sucesivos en diferentes medios de cultivo.

Potencialmente expuestos: v. Exponer. Poner algo de forma que pueda ser visto de forma que no existe, pero tiene la posibilidad de ser.

Endoscopia: Exploración o examen visual de las cavidades o los conductos internos del cuerpo humano.

3-4 의학(la medicina)

La medicina(del latín medicina, derivado a su vez de mederi, que significa 'curar', 'medicar'; originalmente ars medicina que quiere decir «arte de los médicos») es la ciencia dedicada al estudio de la vida, la salud, las enfermedades y la muerte del ser humano, e implica el arte de ejercer tal conocimiento técnico para el mantenimiento y recuperación de la salud, aplicándolo al diagnóstico, tratamiento y prevención de las enfermedades. La medicina forma parte de las denominadas ciencias de la salud. (wikipedia.org)

La Medicina debe aspirar a ser honorable y dirigir su propia vida profesional; ser moderada y prudente; ser asequible y económicamente sostenible; ser justa y equitativa; y a respetar las opciones y la dignidad de las personas.
Los valores elementales de la Medicina contribuyen a preservar su integridad frente a las presiones políticas y sociales que defienden unos fines ajenos o anacrónicos. Los fines de la Medicina son:
La prevención de enfermedades y lesiones y la promoción y la conservación de la salud.
El alivio del dolor y el sufrimiento causados por males.
La atención y curación de los enfermos y los cuidados a los incurables.
La evitación de la muerte prematura y la búsqueda de una muerte tranquila.(wikipedia.org)

3-4

의학은 라틴어의 '치료하다', '투약하다' 등의 '의술'로부터 유래한 단어로, 인간의 생명, 건강, 질병, 죽음 등을 연구하고, 이러한 전문 지식을 활용하여 건강을 유지하고 회복시키거나, 진단에 활용하여 질병을 치료, 예방하는 것을 말한다. 즉, 의학은 '건강학'의 일종이다.

의학은 명예로와야 하며 전문직을 수행해야 한다; 절도 있고 신중해야 한다; 성취할 수 있어야 하며 경제성이 있어야 한다; 정의롭고 공정해야 한다; 사람들의 선택과 존엄성을 존중해야 한다. 의학의 기본 가치는 다른 목적 혹은 시대 착오적 목적으로 인한 정치-사회적 압력으로부터 정체성을 지켜내는 것이다.

의학의 사명은 다음과 같다:

질병과 상해의 예방, 건강 증진과 유지

병으로 인한 괴로움과 고통의 경감

환자를 돌보고 치료하며, 불치병 환자에 대한 배려

이른 사망을 피하고 평온한 사망에 대한 모색

el comentario de expresiones

Ejercer: Realizar las funciones propias de una profesión.

Fines ajenos o anacrónicos: Meta que no es propia o que es propio o característico del pasado y sin embargo se da en la actualidad.

Prevención: Tomar precauciones o medidas por adelantado para evitar un daño. **Antónimo:** Confiarse.

3-5 대체 의학과 예방 의학(la medicina alternativa y preventiva)

Medicina alternativa es toda práctica que afirma tener los efectos sanadores de la medicina. Consiste en un amplio rango de prácticas, productos y «terapias». Ejemplos incluyen prácticas médicas nuevas y tradicionales como homeopatía, naturopatía, quiropraxia, curación energética, varias formas de acupuntura, medicina tradicional china, medicina ayurvédica, curación divina, junto a otros tratamientos que no son parte de la medicina científica.

La medicina complementaria es medicina alternativa empleada junto a la medicina basada en la evidencia bajo la creencia, no probada por métodos científicos, que complementa el tratamiento. MAC(CAM en inglés) es la abreviación para medicina alternativa y complementaria. La medicina integrativa es la combinación de prácticas y métodos de la medicina alternativa con la medicina científica.(wikipedia.org)

La medicina preventiva es la especialidad médica encargada de la prevención de las enfermedades basada en un conjunto de actuaciones y consejos médicos. Salvo excepciones, es muy difícil separar la medicina preventiva de la medicina curativa, porque cualquier acto médico previene una situación clínica de peor pronóstico. El campo de actuación de la medicina preventiva es mucho más restringido que el de la Salud pública, en la que interviene esfuerzos organizativos de la comunidad o los gobiernos.

La medicina preventiva se aplica en el nivel asistencial tanto en atención especializada u hospitalaria como atención primaria. Tiene distintas facetas según la evolución de la enfermedad, y se pueden distinguir tipos de prevención en medicina. (wikipedia.org)

3-5

대체 의학은 의학 분야에서 치료 효과가 있는 모든 사례를 인정하는 것이나 과학적 방법에 의한 검증은 없다. 사례에는 전통의 술과 현대의술이 모두 포함된다. 예를 들면, 에너지 치료, 여러 종류의 침 치료, 중국 전통 치료, 아유르베다 치료, 영성 치료, 및 과학적 의학 분야에는 없는 치료들이다. 또한 과학적인 의학에 의해 검증되지는 않았더라도 확실한 믿음 하에 사용되고 있는 보조의학도 대체의학의 일부로 보조적 치료에 사용된다. 'MAC'(영어로 CAM)는 '대체 및 보조 의학'의 약자이다. 과학적 의학과 더불어 실례와 대체 의학적 방법을 모두 합치면 '통합 의학'이 된다.

예방 의학은 질병을 예방하기 위한 전문 분야로 전문적 의학 지식과 처치에 근거한다. 치료 의학과의 분리가 모호하기도 하다. 그 이유는 의료 행위는 발병을 해야 이루어지기 때문이다. 예방 의학은 '공중 보건'에 비해 훨씬 제한적이다. 그 이유는 정부나 단체들에 의한 종합적 지원이 필요하기 때문이다. 예방 의학은 보조적으로 이루어진다. 일차 진료나 전문적 진료에서도 마찬가지이다. 예방 의학은 질병의 진행 정도에 따라 여러 단계로 구분되므로 여러 가지로 나눌 수 있다.

el comentario de expresiones

Medicina alternativa: aquellas prácticas medicinales que queden por fuera o que no sean reconocidas por la medicina occidental y que puedan tener como base otras culturas medicinales.

Pronóstico: Predicción de la evolución de un proceso o de un hecho futuro.

Restringido: v. Restringir. No permitir algo. **Antónimo:** Permitido

3-6 의학 분야(las especialidades médicas)

Alergología	알레르기학
Análisis clínicos	임상적 분석
Anatomía patológica	병리 해부학
Anestesiología y reanimación	마취학&소생
Angiología y cirugía vascular	맥관학&혈관외과
Bioquímica clínica	생화학과
Cardiología	심장학
Cirugía cardiovascular	심혈관외과
Cirugía general y del aparato digestivo	외과&소화기관
Cirugía oral y maxilofacial	구강외과&얼굴성형외과
Cirugía ortopédica y traumatología	정형외과&외상학
Cirugía pediátrica	소아과
Cirugía plástica	성형외과
Cirugía torácica	흉부외과
Dermatología	피부과
Endocrinología y nutrición	내분비학&영양학
Epidemiología	역학(전염병학)
Estomatología y Odontología	구강외과&치과
Farmacología clínica	약리학
Gastroenterología	소화기병학
Genética	유전자
Geriatría	노인병학
Hebiatría	청소년과
Hematología	혈액학
Hepatología	간질환학
Hidrología médica	광수학
Infectología	감염학

Imunología	면역학
Medicina de emergencia	응급 의학
Medicina del sueño	수면 의학
Medicina del trabajo	직업 전문 의학
Medicina deportiva	스포츠 의학
Medicina familiar y comunitaria	가정 의학
Medicina física y rehabilitación	신체 재활 의학
Medicina forense	법 의학
Medicina intensiva	집중 의학
Medicina interna	내과
Medicina nuclear	핵 의학
Medicina preventiva	예방 의학
Microbiología y parasitología	미생물학&기생충학
Nefrología	신장병학
Neonatología	신생아학
Neumología	호흡기병학
Neurocirugía	신경외과
Neurofisiología clínica	신경 생리학
Neurología	신경내과
Obstetricia y ginecología	산파술&산부인과
Oftalmología	안과
Oncología médica	종양학
Oncología radioterápica	방사선 요법 종양학
Otorrinolaringología	이비인후과
Pediatría	소아과
Proctología	항문과
Psiquiatría	정신의학

Radiología o Radiodiagnóstico	방사선 의학
Reumatología	류머티즘학
Salud pública	공공 보건학
Traumatología	외상학
Toxicología	독극물학
Urología	비뇨기과
Ingeniería biomédica	생물 공학

주제

04 가족 la familia

4-1 가족과 족보학(la familia y la genealogía)

Desde que nacemos, los seres humanos vivimos rodeados de muchas personas. El primer grupo humano al que pertenecemos es la familia, célula fundamental de la sociedad. Según la Declaración Universal de los Derechos Humanos, es el elemento natural, universal y fundamental de la sociedad, tiene derecho a la protección de la sociedad y del Estado.(wikipedia.org)

La familia supone por un lado una alianza, el matrimonio, y por el otro una filiación, los hijos. Según expone Claude Lévi, la familia tiene su origen en el establecimiento de una alianza entre dos o más grupos de descendencia a través del enlace matrimonial entre dos de sus miembros. La familia está constituida por los parientes, es decir, aquellas personas que por cuestiones de consanguinidad, afinidad, adopción u otras razones diversas, hayan sido acogidas como miembros de esa colectividad. (wikipedia.org)

Genealogía es un estudio y seguimiento de la ascendencia y descendencia de una persona o familia. También se llama así al documento que registra dicho estudio, generalmente expresado como árbol genealógico. El objetivo principal en genealogía es identificar todos los ascendientes y descendientes en un particular árbol genealógico y recoger datos personales sobre ellos. Como mínimo estos datos incluyen el nombre de la persona y la fecha y/o lugar de nacimiento, matrimonio y muerte.(wikipedia.org)

4-1

사람은 나서부터 다른 사람과 어울려 살게 된다. 우리가 속하게 되는 첫 그룹은 가정으로 사회를 구성하는 기본 단위가 된다. '세계 인권 선언문'에 의하면 가정이란 사회를 이루는 자연적이고 근본적이며 세계적인 것으로 사회와 국가의 보호를 받을 권리가 있다.

가족은 한 편으로는 유대, 즉 결혼이며 다른 한 편으로는 연대, 즉 자녀가 된다. 클로드 레비에 의하면 가족이란 결혼을 통해 이룬 후손들 간에 이루어지는 유대에 기원한다고 한다. 가족은 친족, 즉 혈족, 인척, 입양 또는 여러 다른 이유의 사람들로 구성되어 가족이라는 공동체의 구성원이 된다.

'족보학'은 한 사람이나 한 가정의 선조와 자손을 연구하고, 추적하는 학문이다. 또한 이러한 연구의 기록을 의미하기도 한다. 이 연구를 보통 '계통수'라 부른다. '족보학'의 주된 연구는 특정한 '계통수' 내에서 모든 선조와 자손을 맞추어보고, 그에 관해 개인적인 정보를 수집하는 것이다. 이 자료에는 최소한 성명, 출생일 과/또는 출생지, 혼인 그리고 사망일이 기록된다.

el comentario de expresiones

La ascendencia y descendencia de una persona o familia: Los antepasados y la progenie(hijos, etc.) de un individuo.

Árbol genealógico: Cuadro descriptivo que muestra las relaciones, orígenes y descendencia de una familia.

Datos personales: Aquella información relativa al individuo que lo identifica.

4-2 입양과 부양권(la adopción y el derecho de alimentos)

Se entiende por adopción o filiación adoptiva al acto jurídico mediante el cual se crea un vínculo de parentesco entre dos personas, de tal forma que establece entre ellas una relación de paternidad y/o maternidad. Hace mucho tiempo la adopción se veía como un acto de caridad, hoy en día la adopción es una solución para que los menores puedan volver a tener una familia y las parejas o personas solicitantes puedan vivir o disfrutar la experiencia de tener un hijo.(wikipedia.org)

En derecho de familia, el derecho de alimentos se puede definir como la facultad jurídica que tiene una persona, denominada alimentista o acreedor alimentario, para exigir de otra, denominada deudor alimentario, lo necesario para subsistir, en virtud del parentesco consanguíneo, de la adopción, del matrimonio o del divorcio, en determinados casos. Los alimentos comprenden la comida, el vestido, la habitación, la atención médica y hospitalaria, los gastos para la educación de los menores y para proporcionarles oficio, arte o profesión adecuados a sus circunstancias personales. (wikipedia.org)

4-2

입양은 법적 행위로 이를 통해 두 사람 사이에 부자 관계가 성립되는 것을 의미한다. 이로 인해 이 두 사람 사이에 '부' 와/또는 '모'의 관계가 생긴다. 오래 전에는 입양이 선행의 한 형태로 여겨졌으나, 요즘은 하나의 해결책이 되었다. 어린 아이들은 이를 통해 가정의 품으로 돌아갈 수 있으며, 부부 또는 입양 신청자들은 자녀를 갖는 기쁨을 갖게 된다.

가정의 권리 중 부양권은 개인이 갖는 법적인 것으로 부양의 권리를 가진 자는 부양의 의무를 가진 자에게 생존에 필요한 것들을 요구할 수 있다. 이는 혈통이나 입양, 또는 부부나 이혼자 모두에게 해당된다. 여기서 부양이란 음식, 의복, 주거, 의료 및 어린 아이들의 교육과 그들에게 맞는 능력 및 예술성을 갖추도록 하는 것을 뜻한다.

el comentario de expresiones

Entender: v. Comprender, captar el sentido de algo.

Vínculo de parentesco: Unión por consanguinidad.(lazos de sangre)

Subsistir: Mantenerse en el mismo estado o situación en que estaba. **Antónimo:** Desaparecer.

Acreedor: adj. Que tiene derecho a pedir el cumplimiento de alguna obligación o la satisfacción de una deuda.

Proporcionar: v. Poner a disposición de uno lo que necesita o le conviene.

Adecuados a: Acordes a, en sintonía.

4-3 세계 가정의 날(Día Internacional de la Familia)

La Asamblea General de las Naciones Unidas decide que el 15 de mayo de cada año se celebre el Día Internacional de la Familia. Esta fecha fue proclamada en 1993 por la Asamblea General de las Naciones Unidas haciendo eco de la importancia que la comunidad internacional le otorga a la familia. El Día Internacional de la Familia es la ocasión propicia para promover la concienciación y un mejor conocimiento de los procesos sociales, económicos y demográficos que afectan a este importante núcleo de la sociedad.

Día Internacional del Migrante: 18 de diciembre
Día Internacional de las Personas con Discapacidad: 3 de diciembre
Día Universal del Niño: 20 de noviembre
Día Internacional de las Personas de Edad: 1 de octubre
Día Internacional de la Mujer: 8 de marzo
Día Internacional de la Eliminación de la Violencia contra la Mujer: 25 de noviembre
Año Internacional de la Familia: 1994

4-3

유엔 총회는 매년 5월 15일을 '가정의 날'로 기념할 것을 결정하였다. 이 날은 1993년 유엔 총회에서 반포되었으며, 이로 인해 국제 사회에서 가정의 중요성이 인식되게 되었다. '세계 가정의 날' 제정은 사회의 중요한 기본 핵심인 가정에 영향을 미치는 사회, 경제 그리고 인구 등의 제반 과정에 대한 보다 나은 이해와 인식을 고취시키는 적절한 기회가 되었다.

세계 이민자의 날: 12월 18일
세계 장애우의 날: 12월 3일
세계 어린이의 날: 11월 20일
세계 성인의 날: 10월 1일
세계 여성의 날: 3월 8일
세계 여성 학대 금지의 날: 11월 25일
세계 가정의 해: 1994년

el comentario de expresiones

Celebre: v. Celebrar; Realizar un acto social con solemnidad o formalidad.

Proclamada: v. Proclamar; Hacer público, publicar en voz alta.

Ocasión propicia: Es el momento en el tiempo mejor o de mayor conveniencia.

Otorga: v. Otorgar; Dar algo. **Antónimo:** Quitar.

Promover la concienciación: Hacer adquirir conciencia sobre algo.

Demográfico: adj. De la demografía o relativo a ella.

Migrar: v. Emigrar, cambiar el lugar de residencia.

주제

05 사회 la sociedad

5-1 사회성과 인구(la socialización y la población)

La socialización es el proceso mediante el cual el ser humano aprende e interioriza, en el transcurso de su vida, los elementos socioculturales de su medioambiente, los integra a la estructura de su personalidad, bajo la influencia de experiencias y de agentes sociales significativos, y se adapta así al entorno social en cuyo seno debe vivir. También es la asunción o toma de conciencia de la estructura social en la que un individuo nace, y aprende a diferenciar lo aceptable(positivo) de lo inaceptable(negativo) en su comportamiento que se le llama socialización.(wikipedia.org)

Población humana, en geografía y sociología es el grupo de personas que viven en un área o espacio geográfico. Población biológica es el conjunto de individuos de la misma especie que habita una extensión determinada en un momento dado.
Para la demografía, centrada en el estudio estadístico de las poblaciones humanas, la población es un conjunto renovado en el que entran nuevos individuos -por nacimiento o inmigración- y salen otros -por muerte o emigración. La población total de un territorio o localidad se determina por procedimientos estadísticos y mediante el censo de población.(wikipedia.org)

La igualdad de oportunidades es una idea de justicia social que propugna que un sistema es socialmente justo cuando todas las personas potencialmente iguales tienen básicamente las mismas posibilidades de acceder al bienestar social y poseen los mismos derechos políticos y civiles.(wikipedia.org)

5-1

사회성이란 사람이 일생을 통해 배우고 자기 것으로 만드는 것이다. 자기 주변의 사회문화적 요소들을 경험과 의미 있는 사회 주체들 속에서 체질화하여 받아들이고 그 속에서 살게 되는 것이다. 그러므로 사람은 태어나 자신이 속한 사회에서 사회성을 통해 자신의 행동의 옳고 그름을 분별하는 것을 배우고 사회 구조를 인식하거나 고양시키게 된다.

인구란 사회, 지리학적으로 같은 곳에 거주하는 사람의 집단을 말한다. 생물학적 인구란 일정 기간, 일정 장소에 거주하는 같은 종의 개개인의 집단을 말한다. 인구 통계에 의한 인구는 출생이나 이민을 온 사람에 의한 새로운 유입과 죽음이나 이민을 떠난 사람에 의한 새로운 유출을 포함한다. 한 지역의 인구는 통계와 인구 조사에 의한 방법으로 결정된다.

기회의 균등이란 사회 정의 차원의 개념으로 모든 사람은 기본적으로 동등한 사회 복지의 혜택을 받을 권리와 동등한 정치적, 사회적 권리를 갖는다.

el comentario de expresiones

Interioriza: v. Interiorizar; Hacer propia una cosa o asentarla de manera profunda e íntima en la mente o el corazón, especialmente un pensamiento o un sentimiento.

Bienestar social: Conjunto de factores o elementos que participan a la hora de determinar la calidad de vida de una persona y que en definitivas cuentas son también los que le permitirán a esta gozar y mantener una existencia tranquila, sin privaciones y con un constante en el tiempo estado de satisfacción.

5-2 고용과 노동 인구(el empleo y la población activa)

Empleo es el trabajo realizado en virtud de un contrato formal o de hecho, individual o colectivo, por el que se recibe una remuneración o salario. Al trabajador contratado se le denomina empleado y a la persona contratante empleador.
En un sentido amplio, el término "empleo" se utiliza como antónimo de desempleo y designa todo trabajo por el cual se genera un ingreso. Es decir que incluye además del trabajo asalariado, trabajo autónomo y en general el realizado por la población ocupada, es decir por la parte de la población activa que efectivamente está trabajando para obtener un beneficio económico. En la mayoría de las estadísticas se incluye en la población activa ocupada a integrantes de las unidades económicas familiares que participan en la producción. El debate de estos conceptos y categorías lleva a sostener que el trabajo doméstico también hace parte del empleo y debe reconocerse el valor que genera.(wikipedia.org)

La población activa de un país es la cantidad de personas que se han integrado al mercado del trabajo. Está compuesta por todos los habitantes en edad laboral que o bien trabaja en un empleo remunerado(población ocupada) o bien se halla en plena búsqueda de empleo(población en paro). Por tanto la población activa se divide en dos grupos, los empleados y los desempleados. No se considera población activa la que realiza un trabajo sin remunerar, por ejemplo, el cuidador del propio hogar o el estudiante, porque no busca en el mercado de trabajo un empleo remunerado. (wikipedia.org)

5-2

고용이란 공식적인 계약에 의해 일을 하는 것으로 개인이나 단체가 할 수 있다. 그로 인해 일정 보수나 월급을 받는다. 계약된 근로자를 피고용인이라 하며 계약을 하는 사람을 고용인이라 한다. 넓은 의미에서 고용에 반대되는 용어는 실업이며, 고용은 수입이 발생하는 모든 종류의 일을 일컬을 수 있다. 즉, 봉급자, 자영업자 등 일반적으로 사람에 의해 행해지는 것들이며, 다시 말해, 경제적 이익을 얻기 위한 목적으로 노동 인구에 의해 이루어지는 일을 말한다. 대부분의 통계에 의하면 생산적인 일에 참여하는, 즉 경제 활동을 하는 가족 단위 모두를 총체적으로 노동 인구라 한다. 이에 대한 개념이나 범주에 관해서는 이론의 여지가 많으며 이는 가사 노동도 노동으로서 경제적 가치를 창출한다고 봐야 하는 가이다.

한 나라의 노동 인구는 노동 시장에 참여하고 있는 인구를 말한다. 노동 인구란 적정 노동 연령의 사람이 급여를 받고 있거나, 현 실직자로 급여를 받는 직장을 구하고 있는 사람을 뜻한다. 따라서 노동 인구는 직장인과 실직자, 둘로 구분할 수 있다. 급여를 받지 않고 일하거나, 자신의 가사를 돌보거나, 학생이거나 하면 노동 인구에 포함되지 않는다. 왜냐하면 이들은 노동 시장에서 급여를 받는 일자리를 찾지 않기 때문이다.

el comentario de expresiones

Remuneración: Compensación económica a cambio de un trabajo.

Trabajo doméstico: Trabajo hecho en casa exclusivamente.

Edad laboral: La edad permitida para ejercer un trabajo de forma legal.

5-3 노동 조건과 노동 조합(las condiciones de trabajo y el sindicato)

La seguridad y salud laboral tiene por objeto la aplicación de medidas y el desarrollo de las actividades necesarias para la prevención de riesgos derivados del trabajo. De esta materia se ocupa el convenio 155 de la OIT(Organización Internacional del Trabajo) sobre la seguridad y salud de los trabajadores y medioambiente del trabajo. Se construye en un medioambiente de trabajo adecuado, con condiciones de trabajo justas, donde los trabajadores y trabajadoras puedan desarrollar una actividad con dignidad y donde sea posible su participación para la mejora de las condiciones de salud y seguridad.(wikipedia.org)

Los sindicatos, tras reunirse con sus afiliados, informarles y llegar a acuerdos previos o tomar conciencia de las necesidades del momento, negocian en nombre de estos(negociación colectiva) los salarios y condiciones de trabajo(jornada, descansos, vacaciones, licencias, capacitación profesional, etc.) dando lugar al contrato colectivo de trabajo.

El sindicato tiene como objetivo principal el bienestar de sus miembros, es decir, asegurar condiciones dignas de seguridad e higiene laboral y generar mediante la unidad, la suficiente capacidad de negociación como para establecer una dinámica de diálogo social entre el empleador y los trabajadores. La libertad sindical de los trabajadores para crear, organizar, afiliarse, no afiliarse o desafiliarse, cambiar de sindicato es libre y sin injerencias del Estado, patrones, empleadores u otros sindicatos.(wikipedia.org)

5-3

근로자의 건강과 안전을 위해서는 작업으로 인해 발생할 수 있는 위험을 방지하기 위해 필요한 방법과 적절한 조치를 취해야 한다. 근로자의 건강과 안전 및 근무 환경에 대해서 '세계 노동 기구' 협약 제155조에 나와 있다. 적절한 근무 환경이란 적합한 근무 조건으로, 남녀 근로자가 존엄성을 갖고 근무할 수 있어야 하며, 자신들의 건강과 안전을 보다 나은 조건으로 향상시키는데 참여할 수 있어야 한다.

노동 조합은 조합원들이 모여 당시의 필요에 따라 서로 의논하여 사전 협의를 한 후에 노동 조합의 이름으로 급여와 근무 조건(시간, 휴식, 휴일, 면허, 전문 기능 등) 등에 관해 사주와 단체 협약을 하게 된다.

노동 조합은 조합원의 복지를 최우선으로 한다. 즉, 노동의 안전과 위생을 확실히 하며, 이에 대한 충분한 교섭을 통해 고용인과 피고용인 간의 활발한 소통을 이루어 낸다. 근로자의 노동 조합 결성의 자유는 노동 조합을 조직하고 연대하며, 또는 연대하지 않거나 노동 조합을 이탈하거나 다른 노동 조합으로 바꾸는 등의 자유를 말하며 정부나, 후원자, 고용인 또는 다른 노동 조합의 간섭을 받지 않는다.

el comentario de expresiones

Salud laboral: La condición sanitaria de una persona en el trabajo.

Medioambiente de trabajo adecuado: Una atmósfera o clima propicio.

Condiciones dignas: Circunstancias que merecen respeto, responsables, que se hacen valer.
Antónimo: Indignas.

5-4 파업과 파업의 종류(el paro y sus tipos)

La huelga es una forma de protesta en la que sus participantes se abstienen de realizar la actividad que realizan normalmente en perjuicio de aquéllos a los que dirigen sus reivindicaciones o sus quejas. El tipo más importante y extendido es la huelga laboral o paro que es la suspensión colectiva de su actividad por parte de los trabajadores con el fin de reivindicar mejoras en las condiciones de trabajo o manifestarse contra recortes en los derechos sociales; según la Organización Internacional del Trabajo, es uno de los medios legítimos fundamentales de que disponen los ciudadanos y específicamente los trabajadores(a través del movimiento sindical y las organizaciones sindicales) para la promoción y defensa de sus intereses económicos y sociales.(wikipedia.org)

Las huelgas, como modo de protesta y reivindicación, pueden clasificarse del siguiente modo:
Huelga laboral, internacionalmente es reconocida como un derecho fundamental de los trabajadores, constitutivo de la libertad sindical. Generalmente consiste en dejar de trabajar con el objetivo de conseguir ventajas laborales o sociales.
Huelga de consumo es una forma de protesta que consiste en dejar de consumir bienes y servicios para apoyar una huelga laboral o con otros fines reivindicativos.
Y además hay Huelga de hambre, Huelga de vientres, Huelga sexual, con el objetivo de alcanzar ciertos objetivos políticos o sociales y Huelga de estudiantes.(wikipedia.org)

5-4

파업이란 구성원들이 자신들의 취약점이나 불만을 개선해주지 않는 사람들에게 해를 끼치기 위해 일을 하지 않는 식의 행위를 하는 시위의 한 형태이다. 그 중 가장 중요하고 널리 알려져 있는 것으로는 노동 파업이나 노동 태업으로 노동 조건의 개선이나 근로자의 사회적 지위 박탈에 대한 시위로 근로자가 단체 행동을 하는 것이다. 국제 노동 기구(ILO)에 따르면 이는 세계 시민, 특히 노동자들(노동 단체나 노동 조합을 통한)이 자신들의 사회, 경제적 이익을 방어하거나 증진시킬 수 있도록 이들에게 주어지는 기본권 중 하나이다.

파업은 표현이나 목적에 따라 아래와 같이 분류할 수 있다.
노동 파업: 세계적으로 파업은 노동자의 기본권으로 잘 알려져 있는 것으로 결성권을 기본으로 하고 있다. 일반적으로 노동 조건이나 사회적 조건을 개선하기 위해 일을 하지 않는 것을 말한다.
불매 파업: 노동 파업이나 다른 조건의 개선을 돕기 위해 구매나 서비스를 하지 않는 형태의 의사 표현이다.
이 외에 단식 파업, 생계형 파업, 성 파업, 학생 파업 등이 있다.

el comentario de expresiones

Se abstienen: v. Abstenerse; Dejar de hacer o de tomar algo.

Los medios legítimos: Hecho o establecido de acuerdo con la ley.

Fines reivindicativos: Finalidad de protestar para pedir algo.

A través de: loc. prepos. Por medio de, por conducto de.

5-5 기대 수명과 출산율(la esperanza de vida y la tasa de natalidad)

La esperanza de vida o expectativa de vida es la media de la cantidad de años que vive una determinada población absoluta o total en un cierto periodo. Se suele dividir en masculina y femenina, y se ve influenciada por factores como la calidad de la medicina, la higiene, las guerras, etc., si bien actualmente se suele referir únicamente a las personas que tienen una muerte no violenta.
La esperanza de vida al nacer es una estimación del promedio de años que viviría un grupo de personas nacidas el mismo año si los movimientos en la tasa de mortalidad de la región evaluada se mantuvieran constantes. Es uno de los indicadores de la calidad de vida más comunes, aunque resulta difícil de medir. Algunos economistas han propuesto usarlo para medir el retorno de la inversión en el capital humano de una región por organismos o instituciones internacionales.
La definición de esperanza de vida del PNUD(ONU) es la siguiente: «Años que un recién nacido puede esperar vivir si los patrones de mortalidad por edades imperantes en el momento de su nacimiento siguieran siendo los mismos a lo largo de toda su vida"».(wikipedia.org)

Tasa bruta de Natalidad, tasa bruta de reproducción o tasa de natalidad, en demografía, sociología y geografía de la población, es una medida de cuantificación de la fecundidad, que refiere a la relación que existe entre el número de nacimientos ocurridos en un cierto período y la cantidad total de efectivos del mismo periodo. (wikipedia.org)

5-5

기대 수명이란 일정 기간, 일정 사람들이 사는 햇수의 평균치를 말한다. 이는 남자와 여자로 나누거나 환경적 요인, 즉 의료, 위생, 전쟁 등의 요인을 참작하거나 단순히 자연사를 다루기도 한다. 기대 수명은 사람이 태어나면, 같은 시대, 같은 지역의 사망률과 비교하여 그 사람이 살게 될 기한을 예측하는 것이다. 주로 삶의 질을 일반적 기준으로 삼는데, 물론 이는 측정이 어렵기도 하다. 일부 경제학자들은 어떤 지역 사람들의 국제 기구나 단체에 투자하는 자금과 관련된 수치를 계산할 때 이 기대 수명을 사용할 것을 제안하기도 한다. 유엔 개발 계획(UNDP)의 기대 수명에 대한 정의는 다음과 같다: 갓 태어난 아기의 기대 수명은 그 아기가 태어나서부터 살 동안 사망률을 지배하는 요인이 같다고 봤을 때, 그 아기가 살 수 있는 햇수를 기대해보는 것이다.

순 출산율은 인구학, 사회학 그리고 지리학적으로 출산 숫자의 평균으로 일정 기간 출생자 중에서 생존자로 결정된다.

el comentario de expresiones

La expectativa: Esperanza o posibilidad de conseguir una cosa.

Se ve influenciada: Verse afectado por la influencia de algo o alguien.

Edades imperantes: Edad que impera en un lugar o en un momento determinados.

Cuantificación: Acción de cuantificar.

A lo largo de: loc. prepos. Durante.

Medir: v. Igualar y comparar una cosa no material con otra.

Constante: adj. Perdurable o que no cambia.

El retorno: Vuelta al lugar o a la situación en que se estuvo.

5-6 공공 서비스(el servicio público)

Servicio público es la actividad desarrollada por una institución pública o privada con el fin de satisfacer una necesidad social determinada. Los servicios públicos son el conjunto de actividades y prestaciones permitidas, reservadas o exigidas a las administraciones públicas por la legislación en cada Estado, y que tienen como finalidad responder a diferentes imperativos del funcionamiento social, y, en última instancia, favorecer la realización efectiva de la igualdad y del bienestar social. Suelen tener un carácter gratuito, ya que los costes corren a cargo del Estado. Tienen una presencia especialmente significativa en los países que siguen modelos político-económicos orientados hacia el bienestar social, v.g., estado social, estado del bienestar, etc.

En la vida cotidiana de cualquier sociedad medianamente desarrollada podemos hallar innumerables servicios públicos, desde los más antiguos como el correo, hasta los más modernos y cuestionados como la televisión. Ellos son los siguientes:

Servicios de educación(escuelas, institutos, universidades, etc.)

Empresas postales

Empresas de telefonía(comunicación)

Empresas de gas y/o electricidad(energéticas)

Empresas constructoras(carreteras, infraestructuras, puertos, rutas, etc.)

Servicios bancarios

Hoy en día gracias a la tecnología podemos nombrar también un número de empresas modernas considerable, desde radio emisoras y televisoras hasta empresas de acceso a Internet entre otras que podrían encuadrarse bajo la definición de servicio público, aunque hay quienes discrepan con su inserción en el mismo rubro.(wikipedia.org)

5-6

공공 서비스는 일정 사회적 필요를 충족시키기 위한 목적으로 공공 기관이나 사설 기관에 의해 행해지는 행위를 말한다. 공공 서비스는 각국의 법령에 의해 행정 기관에 허가, 보유 또는 요구되는 총체적 행위나 관심을 일컫는다. 그 목적은 사회 전반에서 요구되는 사항, 최종적으로 사회 평등과 사회 복지의 효율적 실행에 있다. 이 자금은 정부가 부담하므로 주로 무료 혜택의 성격을 갖는다. 이것이 중요한 이유는 사회 복지, 즉 국가의 복지 또는 복지 국가의 의미를 갖기 때문이다. 어느 정도 발전한 사회의 일상에서는 수많은 공공 서비스를 찾아볼 수 있는데 오랜 전통을 갖고 있는 우편 서비스로부터 가장 현대적이고 논란이 많은 텔레비전 서비스 등이 있다. 이들 중에는:

교육(초등, 중등, 대학 등)

우편

전화(통신)

가스나 전기(에너지)

건설(고속도로, 기간 시설, 항만, 도로 등)

은행 등이 있다.

요즘은 기술의 발달로 방송 매체로부터 인터넷까지 수많은 회사들이 공공 서비스의 영역을 차지하고 있다.

el comentario de expresiones

Prestaciones: Acción de prestar un servicio, una ayuda.

Responder a diferentes imperativos: Responder a lo que se manifiesta como orden o imposición.

Sociedad medianamente desarrollada: Sociedad que se desarrolla de forma intermedia o moderada.

5-7 이집트 시위(la protesta en Egipto)

Los egipcios han salido a las calles para protestar a favor y en contra del golpe militar que el pasado día tres derrocó a Mohamed Mursi.(01:29)
Fue el ejército quien convocó para hoy a la población e inmediatamente los Hermanos Musulmanes decidieron también sacar a las calles a sus seguidores en defensa de Mursi contra quien un juez ha dictado prisión preventiva.(01:42)
Vamos a ver la situación ahora porque ya hay víctimas mortales como les contábamos.(01:46)
Cristina Sánchez, buenas tardes.(01:47)

Sí, buenas tardes, la tensión se ha ido acumulando a lo largo de los últimos días y finalmente ha estallado este viernes en el que confluyen en las calles de distintas ciudades de Egipto marchas a favor y en contra del depuesto presidente Mursi.(02:00)
Seguidores y detractores se han enfrentado en Alejandría dejando esta hora dos muertos y diecinueve heridos.(02:06)
Mientras en la capital, el Cairo, la plaza Tahrir vuelve a ser el epicentro de las concentraciones en apoyo a las nuevas autoridades del país respondiendo así al llamamiento hecho esta semana por el jefe de las fuerzas armadas y ministro de Defensa Abdul Fatah al-Sisi.(02:25)

Todos tenemos que salir hoy a la calle para denunciar el terrorismo y la violencia y responder a la llamada del general al-Sisi.(02:32)
Hoy culmina nuestra revolución.(02:34)

Por su parte los seguidores de Mohamed Mursi siguen concentrados en Ciudad Nasr acampados desde el pasado tres de julio.(02:41)
A ellos se han unido hoy miles de personas.(02:43)

Al-Sisi es un militar, su trabajo es proteger al pueblo.(02:56)
No llamará a la gente a manifestarse en las calles.(02:59)

Y todo en un día en el que la justicia egipcia ha ordenado prisión preventiva para el expresidente bajo la acusación de colaborar con Hamás para perpetrar acciones enemigas contra el país.(03:10)
Algo que ha negado el movimiento islamista palestino y que los Hermanos Musulmanes han calificado de ridículo.(03:16)

Gracias, Cristina.(03:17)
Abber Abdel Hafez es profesora de lengua y literatura española en la Universidad del Cairo, hola, buenas tardes.(03:24)

Buenas tardes.(03:25)

¿Cuál es la situación ahora en el Cairo con manifestaciones a favor y en contra del depuesto presidente Mohamed Mursi, imagino que habrá mucha tensión?(03:32)

Bueno, más que tensión, que se ha concentrado mucha gente en la plaza de Tahrir, en la plaza de Itihadeya, es decir de todos los sectores que apoyan al último movimiento del ejército egipcio.(03:51)
Así que yo creo que es más concentración contra el expresidente Mursi que la concentración que está a favor del expresidente Mursi.(04:04)

Desde fuera de Egipto se observa una división de la sociedad entre partidarios de Mursi y partidarios del ejército.(04:10)

Bueno, no es una cuestión de partidarios de Mursi y partidarios del ejército.(04:14)
Bueno, hay partidarios de Mursi y hay partidarios también del país.(04:18)
Últimamente el año que fue el período de la gobernación del presidente Mursi, pues,

las ciudades egipcias sufrían de muchos poblemas no solamente a nivel económico sino también a nivel de la seguridad nacional y eso es lo que apareció en las últimas denuncias contra el presidente.(04:39)
Bueno, son casos que todavía por investigar, pero también tuvimos muchos problemas, tuvimos muchos problemas en la parte del Sinaí, que es una cuestión de una seguridad nacional.(04:53)
Entonces más que una división entre la gente que apoya a Mursi y la gente que está en contra de Mursi.(04:58)
Es una división entre la gente que apoya el islam político y la gente que apoya la seguridad nacional del país.(05:05)

¿Ha dejado de ser imparcial el ejército, primero quitando a Mursi y ahora convocando a la población para que le apoye, para que apoye el ejército?(05:13)

Yo creo que la situación del ejército egipcio está... es una situación muy equilibrada porque desde el primer día del estallido de la revolución del veinticinco, pues yo creo que el ejército estaba en un punto equidistante entre las fuerzas políticas.(05:29)
Pero ahora había que haber una intervención del ejército como una vértebra del país porque como digo es requisito.(05:40)
La situación ahora cuenta no solamente con unos problemas económicos, con unos problemas a nivel de la sociedad o sociales sino son unos problemas que tienen que ver con la seguridad nacional del país y eso merece y necesita la intervención del ejército como una fuerza nacional del país porque lo que pasó en Egipto en el treinta de junio no fue un golpe militar como dicen los medios de comunicación sino más bien fue una inclinación del ejército egipcio hacia la voluntad del mismo pueblo egipcio.(06:13)

¿Cuál puede ser el camino para salir de esta crisis?(06:16)

El camino para salir de esta crisis es dejar claro a todos los pueblos egipcios y a todo el mundo que el habla <mezcla> entre la religión y la política no sirven para nuestro país, por lo menos en esta época, también hacer una Constitución formidable, ¡qué complejo con las necesidades de este país!, que empieza un proceso serio para establecer los cuatro esloganes, perdona, de la revolución del veinticinco que son dignidad, pan, justicia y igualdad social, trabajar para estos cuatro principios, no para la religión ni para otra cosa.(06:59)

Gracias, Abber Abdel Hafez por estas declaraciones.(07:03)
(Cinco Continentes /26/07/2013)

5-7

지난 3일 모하메드 무르시 대통령이 축출되었습니다. 이집트 시민들은 쿠데타를 옹호하거나 반대하기 위해 길거리로 나섰습니다.

정부군은 오늘 시민들을 소집하였으며, 즉각 무슬림 형제단도 해임된 무르시 대통령을 옹호하기 위해 추종자들을 길거리로 내보내기로 결정하였습니다. 해임된 무르시 대통령은 재판에 의해 가택연금이 선고되어 있는 상태입니다.

이미 말씀 드린 대로 생명을 잃은 희생자들이 생겼으므로 현재 상태가 어떤지 알아보겠습니다.

끄리스띠나 산체스 기자, 안녕하세요?

네, 안녕하세요? 최근 긴장이 고조되고 있는 가운데 결국 이번 주 금요일 충돌이 시작되어 이집트의 여러 도시에서는 무르시 전 대통령의 옹호파들과 반대파들이 길거리를 휩쓸고 있습니다.

알렉산드리아 접전에서는 현재 2명이 죽고 19명이 부상을 입었습니다.

반면 수도 카이로의 타흐리르 광장은 시민들의 집결장소가 되었으며, 이는 현 정부를 지지하기 위한 것으로 이번 주 이집트군 참모총장과 국방부 장관인 압둘 팟타흐 시시에 의해 소집되었습니다.

오늘 우리 모두는 테러와 폭력을 고발하기 위해 길거리로 나가야 하며, 시시 장군의 명령에 따를 것입니다.

오늘 우리의 혁명은 최고조에 이를 것입니다.

모하메드 무르시 전 대통령 추종자들은 지난 7월 3일부터 진영지인 나세르시티에 계속 집결하고 있습니다.

오늘은 수천 명이 모였습니다.

시시는 군인입니다. 그의 임무는 국민을 보호하는 것입니다.

사람들에게 거리에서 시위를 하라고 명령하지는 않겠죠.

하루 아침에 이집트 재판부는 무르시 전 대통령이 하마스를 도와 이적 행위를 했다는 이유로 사전 구속시켰습니다.

팔레스타인계 이슬람 저항운동 단체는 일부 부인하였으며, 무슬림 형제단은 웃기는 일이라고 논평하였습니다.

고맙습니다. 끄리스띠나 기자.

카이로 대학교 스페인 어문학과의 아비르 압델 하훼스 교수님의 말을 들어보시겠습니다. 안녕하세요?

안녕하세요?

모하메드 무르시 전 대통령의 옹호파와 반대파가 시위를 하고 있는 카이로의 현재 상황은 어떻습니까? 제 생각에는 큰 긴장이 있으리라 보는데요.

네, 긴장 이상입니다. 많은 사람들이 타흐리르 광장과 이티하데야 광장에 모여있습니다. 그러니까 최근의 이집트 군을 옹호하는 집단들 전체가 모여 있다고 말씀드릴 수 있습니다.

제 생각에는 무르시 전 대통령의 옹호파들 보다 반대파들이 더 많은 것 같습니다.

이집트 밖에서는 무르시 전 대통령 추종자들과 군부 추종자들로 사회가 분리된 것으로 보고 있습니다만.

무르시 전 대통령 추종자들이냐 군부 추종자들이냐의 문제는 아닙니다.

무르시 전 대통령 추종자들이 있고 국가 추종자들이 있습니다.

최근 그러니까 무르시 전 대통령 재임기간 동안 이집트의 도시들은 많은 문제점들을 가지고 있었습니다. 단지 경제적인 차원뿐만 아니라 국가 치안 차원에서도 그렇습니다. 이것은 최근 대통령을 고발하는 데도 나타났습니다.

아직 더 두고 봐야 할 일이지만요. 그 외에도 많은 문제들이 있습니다. 특히 시나이 반도에 많은 문제점들이 있습니다. 국가 치안의 문제지요.

그러니까 무르시 옹호파냐 무르시 반대파냐의 분리 이상이지요.

이슬람 정치를 옹호하느냐 국가의 안전을 옹호하느냐의 분리입니다.

군부가 객관성을 잃은 걸까요? 처음에는 무르시를 제거하고 지금은 자신들 군부를 지지하라고 시민들을 소집하고 있는데요.

이집트 군부의 상황은 아주 공평하다고 보여집니다. 25일 이집트 혁명이 발발한 첫날부터요. 왜냐하면 제가 보기에 군대는 정치 집단들 사이에서 중립적 위치에 있었거든요.

그러나 현재 군부는 국가의 중추로서 개입을 하지 않을 수 없게 된 거죠. 저도 그것은 꼭 필요한 것이라고 생각합니다.

현재의 상황을 경제나 사회적 문제로만 볼 것이 아니라 국가 안전의 문제로 보아야 합니다. 군대는 국가의 힘이기 때문에 군대의 개입은 당연합니다. 지난 7월 30일은 언론매체에서 보도하듯이 쿠데

타가 아니었고 오히려 이집트 국민의 의지를 군대가 반영한 것이었습니다.

이 위기에서 벗어날 방법이 무엇일까요?

이 위기에서 벗어나는 길은 모든 이집트 국민과 세계의 모든 사람들에게 정치와 종교가 혼합되어 있는 것이, 최소한 지금 시점에서 아무 도움도 되지 못한다는 것을 천명하는 것입니다. 또한 훌륭한 헌법을 제정하는 것입니다. 정말 우리나라에 필요한 것이 복잡하죠? 즉 다음의 4가지 구호를 이루기 위해 진실되게 시작해야 합니다. 25일 발발한 이집트 혁명은 존엄, 생존, 정의, 그리고 사회적 평등입니다. 이 네 가지 원칙을 실현하기 위한 것이지 종교를 위한 것도 아니요 정치를 위한 것도 아닙니다.

아비르 압델 하훼스 교수님, 이렇게 정리해주셔서 감사합니다.

주제

06 교육 la educación

6-1 교육과 교육을 받을 권리 (la educación y el derecho a la educación)

La educación es un proceso de socialización y endoculturación de las personas a través del cual se desarrollan capacidades físicas e intelectuales, habilidades, destrezas, técnicas de estudio y formas de comportamiento ordenadas con un fin social.

La educación formal hace referencia a los ámbitos de las escuelas, institutos, universidades, módulos donde se reconoce la participación por medio de certificados de estudios. La educación no formal se refiere a los cursos, academias, e instituciones, que no se rigen por un particular currículo de estudios, estos tienen la intención de educar, pero no se reconoce por medio de certificados.(wikipedia.org)

Declaración Universal de los Derechos Humanos, Art. 26:

Toda persona tiene derecho a la educación. La educación debe ser gratuita, al menos en lo concerniente a la instrucción elemental y fundamental. La instrucción elemental será obligatoria. La instrucción técnica y profesional habrá de ser generalizada; el acceso a los estudios superiores será igual para todos, en función de los méritos respectivos.

La educación tendrá por objeto el pleno desarrollo de la personalidad humana y el fortalecimiento del respeto a los derechos humanos y a las libertades fundamentales; favorecerá la comprensión, la tolerancia y la amistad entre todas las naciones y todos los grupos étnicos o religiosos, y promoverá el desarrollo de las actividades de las Naciones Unidas para el mantenimiento de la paz. Los padres tendrán derecho preferente a escoger el tipo de educación que habrá de darse a sus hijos.(un.org)

6-1

교육이란 사람들로 하여금 사회성을 키우고 문화 내적 체득을 하도록 하는 과정으로, 이를 통해 육체 및 지성, 솜씨와 재능, 수업 방식 및 사회가 요구하는 행동 양식을 개발하게 된다.

공교육은 학교, 연구소, 대학 등에서 이루어지며, 이런 기관에서는 학업에 대한 증명서를 제공한다. 공교육이 아닌 교육은 여러가지 코스들과 아카데미나 연구소에서 이루어지며 특정한 교과목을 요구하지는 않는다. 이런 과정들은 교육적인 목적은 있으나, 증명서를 주지는 않는다.

세계 인권 선언문, 제 26조:
모든 사람은 교육을 받을 권리를 가진다. 교육은 무료여야 하며, 최소한 기본적이고 기초적인 교육에 관한 한, 그래야 한다. 그러므로 초등 교육은 의무 교육이어야 한다. 기술이나 전문 교육은 누구에게나 주어져야 하며, 고등 교육도 그 혜택 면에서 모두에게 공정해야 한다.
교육의 목적은 전인격을 함양시키며, 인권과 기본적 자유를 존중하도록 보강하는데 있다; 그리하여 국가간, 종족간, 종교간의 이해와 관용, 그리고 우애를 도모하고, 세계 평화를 위한 UN의 활동을 증진시킨다.
부모는 자녀를 위해 선호하는 교육을 선택할 권리를 가진다.

el comentario de expresiones

Proceso de socialización y endoculturación: Conjunto de fases sucesivas de influjo entre una persona y sus semejantes y del aprendizaje parcialmente consciente y parcialmente inconsciente, a través de la cual la generación de más edad invita, induce y obliga a la generación más joven a adoptar los modos de pensar y comportarse tradicionalmente.

6-2 스페인 교육 제도(el sistema educativo en España)

De acuerdo con la Constitución, existe un reparto de competencias en materia educativa entre las diversas entidades y Administraciones presentes en el Estado. Básicamente, la Administración central se reserva la competencia exclusiva para regular la estructura de los distintos niveles educativos y las condiciones de obtención, expedición y homologación de los títulos académicos y profesionales.

En el sistema educativo español se distinguen cinco grandes tipos de educaciones:

La educación infantil(entre los 0 y los 6 años), de carácter no obligatorio.

La educación primaria(entre los 6 y los 12 años, aproximadamente), que tiene carácter obligatorio y, por tanto, es gratuita en instituciones públicas, a excepción de la compra de libros y materiales educativos: comprende, cursadas de forma sucesiva, la educación primaria(6 cursos) y la educación secundaria obligatoria(conocida como «la ESO», 4 cursos, entre los 12 y los 16 años aproximadamente).

La educación secundaria postobligatoria, que alude a cinco enseñanzas independientes entre ellas y que exigen para ser cursadas la posesión del título de la ESO: el bachillerato(2 cursos), la formación profesional de grado medio, las enseñanzas profesionales de artes plásticas y diseño de grado medio, y las enseñanzas deportivas de grado medio.

La educación superior(con distintos criterios para acceder dependiendo de la enseñanza elegida), que comprende, de forma independiente entre ellas, la enseñanza universitaria, las enseñanzas artísticas superiores, la formación profesional de grado superior, las enseñanzas profesionales de artes plásticas y diseño de grado superior y las enseñanzas deportivas de grado superior.

Las enseñanzas de régimen especial, que son la de idiomas, las artísticas y las deportivas.(wikipedia.org)

6-2

스페인 헌법에 의해 여러 기관과 단체에 교육 과정이 있다. 기본적으로 교육부는 각종 교육 관련 학위의 취득, 수여 등의 동질화를 위해 다양한 교육 수준을 특별히 조정한다.

스페인에는 크게 5 단계의 교육이 있다:

영유아 교육(0세~6세), 의무적이지 않다.

초등 교육(6세~12세), 공공 교육 기관에서는 무료이나 교제비는 별도이다.

처음 6년 과정과 ESO로 알고 있는 12세부터 16세까지의 약 4년 과정은 의무 교육이다.

중등 교육 과정에서 별도의 부차적인 의무 교육으로는 5년 과정이 있는데 ESO 취득을 위한 과정은 필수이다: 2년의 대학 예비 과정은 조형, 설계, 스포츠에서 중급 정도의 프로 과정이다.

고등 교육은 선택적으로 이루어지며 대학 교육, 고급 예술 교육, 고급 전문 교육, 고급 수준의 조형, 설계, 스포츠 교육 등이다.

특별한 교육으로는 언어, 예술, 스포츠가 있다.

el comentario de expresiones

Homologación de los títulos académicos: Acción de homologar. Un certificado de estudios.

La educación secundaria postobligatoria: La educación que viene tras la ESO(Educación secundaria obligatoria). **Antónimo de obligatorio:** Optativo

Las enseñanzas de régimen especial: Son aquellas enseñanzas no integradas en los niveles, etapas o ciclos que constituyen el régimen general, que tienen validez académica en todo el territorio nacional.

주제

07 주거 la vivienda

7-1 주거와 집(la vivienda y la casa)

La vivienda es una edificación cuya principal función es ofrecer refugio y habitación a las personas, protegiéndolas de las inclemencias climáticas y de otras amenazas. Otras denominaciones de vivienda son: apartamento, aposento, casa, domicilio, estancia, hogar, lar, mansión, morada, piso, etc.
El derecho a la vivienda digna se considera uno de los derechos humanos.(wikipedia.org)

Casa es una edificación construida para ser habitada. Puede organizarse en una o varias plantas: normalmente no superando las tres alturas. Puede también disponer de un sótano, o un semisótano, y de una cubierta superior transitable denominada azotea o terraza. Si dispone de terreno suficiente, puede contar también con patio y jardín.
Es el lugar en que históricamente se desarrollaron las actividades y relaciones específicas de la vida social o familiar, desde el nacimiento a la muerte de muchos de sus componentes. Sirve de refugio contra la lluvia, el viento y demás agentes meteorológicos, y protege de posibles intrusos, humanos o animales. Además es el lugar donde almacenar los enseres y propiedades de sus habitantes.
También se denomina casa a algunos edificios destinados a servicios comunitarios, como la Casa consistorial, la casa de beneficencia, la casa de empeños, la casa de maternidad, la casa de socorro; a sedes institucionales principales, como la Casa Blanca o la Casa Rosada, o incluso a las de mala reputación, como las casas de camas, casas de citas, etc.
En contraposición a la casa, se suele denominar piso(apartamento o departamento) a la vivienda unifamiliar que forma parte de una edificación mayor, normalmente de varias alturas.(wikipedia.org)

7-1

주거는 사람들에게 피난처나 머물 곳을 제공하여 악천후나 기타 재해로부터 사람들을 보호하는 것을 주된 기능으로 하는 건축물이다. 주거에 관한 다른 명칭으로는 아파트, 숙소, 집, 주소지, 체류지, 가정, 가신, 맨션, 거주지, 집 등이 있다.
적당한 곳에 살 권리는 하나의 인권으로 간주된다.

집은 주거용으로 건축된 건물이다. 여러 개의 층으로 만들 수 있다: 보통은 3개 층을 넘지 않는다. 또한 지하나 반 지하를 둘 수 있고, 개폐식 천장이 있는 옥상이나 테라스를 둘 수 있다. 대지가 충분하면 마당이나 뒷마당을 둘 수도 있다.
역사적으로 집은 가족이나 사회가 태어나서 죽을 때까지 모든 행위와 관계를 발전시켜 온 곳이다. 집은 비나 바람, 기타의 자연 재해로부터 혹은 침입자나 동물들로부터 사람을 보호한다. 또한 주거지의 집기나 소유물을 집재하는 곳이기도 하다.
또한 공공 서비스를 하는 곳에 '집'이라는 명칭을 붙인다. 시청, 구호 시설, 전당포, 산후조리원, 고아원 등에 사용하거나 공공 건물, 즉 백악관이나 아르헨티나의 정부청사 등에도 이를 사용한다. 그 외에 러브텔이나 유흥장 등 좋지 않은 장소에 사용하기도 한다. 집 대신 '삐소'(아파트 또는 데파트)를 사용하기도 한다. 핵가족의 주거 형태이며 여러 개의 층에 여러 세대가 산다.

el comentario de expresiones

Las inclemencias: Dureza y rigor en el tiempo climatológico de las estaciones, especialmente en el invierno.

La morada: Estancia o residencia en un lugar durante algún tiempo.

Unifamiliar: adj. Que corresponde a una sola familia.

7-2 집의 구성(la composición de casa)

La distribución varía en función de su uso. Las destinadas a vivienda se componen básicamente de:
Cuarto de estar, dormitorios(en número variable), cuarto de baño(uno o varios) y cocina.
También se dispone en muchos casos de:
Comedor, vestíbulo, escaleras, pasillos o distribuidores, y garaje.
Y salas complementarias para actividades específicas, como:
Despacho, estudio, biblioteca, sala de juegos, sala de fumadores, sauna, etc.
Zonas auxiliares de trabajo:
Lavadero, tendedero, oficio, etc.
Zonas auxiliares de almacenamiento:
Bodega, despensa, vestidor, trastero, desván, etc.
De estancia al exterior:
Terrazas o solárium, etc.
Y en su entorno puede disponer de:
Patio ajardinado con:
Piscina, pérgolas, invernadero, pistas de juego, etc.(wikipedia.org)

7-2

집의 구성은 기능에 따라 달리 한다.
주거용은 기본적으로: 거실, 침실, 욕실, 부엌 등.
그 외에: 식당, 공연장, 에스컬레이터, 복도, 발전소, 주차장 등.
부속 건물과 특정 용도 용으로: 사무실, 서재, 도서관, 놀이방, 흡연실, 사우나 등
작업 보조 공간으로는: 세탁장, 건조장, 사무용 등.
저장 부속 공간으로는: 양조실, 식품 보관실, 드레스 룸, 창고, 옥탑방 등
외부와 연결된 곳으로는: 테라스, 썬텐룸 등
그 외에 주변에는: 정원에 있는 수영장, 정자, 온실, 운동실 등

el comentario de expresiones

La distribución: Disposición de las partes de un todo.

Destinadas: v. Destinar; Señalar o determinar una cosa para algún fin o efecto.

Componer: v. Formar una cosa juntando y ordenando varias.

Cuarto: Habitación.

Cuarto de baño: Cuarto de aseo, Habitación destinada al aseo corporal.

Vestíbulo: Sala de un edificio o pieza de una casa inmediata a la puerta principal de entrada.

Zonas auxiliares: Lugares para la asistencia o que sirven de ayuda.

Pérgolas: Protegen el espacio para comer en el exterior.

주제

08 관광 el turismo

8-1 관광과 문화 관광(el turismo y el turismo cultural)

Según la Organización Mundial del Turismo, el turismo consiste en los viajes y estancias que realizan personas en lugares distintos a su entorno habitual, por un período mínimo de un pernocte(una noche de estadía como unidad) y como máximo 365 días, por ocio, negocios u otros motivos. El turismo como tal, nace en el siglo XIX, como una consecuencia de la Revolución Industrial, con desplazamientos cuya intención principal es el ocio, descanso, cultura, salud, negocios o relaciones familiares. Estos movimientos se diferencian por su finalidad de otros tipos de viaje motivados por guerras, movimientos migratorios, conquista, comercio, entre otros. (wikipedia.org)

Es el que precisa de recursos históricos-artísticos para su desarrollo como museos y monumentos, incluso el llamado patrimonio inmaterial: idiomas, folklore, costumbres, gastronomía, música, literatura, religión, historia, etc.. Es más exigente y menos estancional. El turismo cultural puede ser un positivo instrumento de desarrollo local y regional, entendido esto último desde una visión socio-económica que permita una equitativa distribución de los beneficios en las comunidades anfitrionas.(wikipedia.org)

8-1

세계 관광 기구에 의하면 관광은 자신이 있던 곳에서 다른 곳으로의 여행과 체류를 말하며 최소한 하루에서 최대 365일의 기간 동안 여가, 사업, 또는 기타의 목적을 갖는다. 관광은 산업 혁명의 결과로 19세기에 생겼으며 여가, 휴가, 문화, 건강, 사업차, 또는 가족끼리 떠나는 것이다. 이는 전쟁이나 이민, 정벌, 상업 등으로 떠나는 것과는 그 목적에서 다르다.

문화 관광은 박물관이나 유적 등 역사-예술적인 탐사를 의미하며, 비물질적 전통 관광도 포함한다. 즉, 언어, 전통, 관습, 조리, 음악, 문학, 종교, 역사 등이다. 문화 관광은 체류일자는 적으나 훨씬 더 집중적이다. 문화 관광은 한 지역이나 한 지방의 발전에 긍정적인 수단이 되기도 한다. 사회-경제 차원에서 방문지에서의 부의 공정한 분배를 가능하게 하기 때문이다.

el comentario de expresiones

Distinto: adj. Que no es igual ni semejante.

Artístico: adj. De las artes, especialmente de las bellas artes, o relativo a ellas.

Pernocte: Pasar la noche en un lugar(Hotel u otros)

Desplazamientos: Ir de un lado a otro.

Visión socio-económica: Visión que engloba la sociedad y la economía.

Equitativa distribución: Repartición justa.

Comunidades anfitrionas: Las que reciben a un invitado, evento o un acontecimiento.

8-2 숙박과 호텔(el alojamiento y el hotel)

El concepto de alojamiento o alojamiento humano es más amplio que la palabra vivienda. Deriva de la inglesa housing y la francesa logement. Contempla a la vivienda, pero incluye a muchos más tipos de habitación humana como el apartamento individual, la residencia colectiva para estudiantes u obreros jóvenes, los lugares para ancianos, los orfanatos, entre otros.(wikipedia.org)

Los elementos básicos de un cuarto de hotel son una cama, un armario, una mesa pequeña con silla al lado y un lavamanos.

Otras características pueden ser un cuarto de baño, un teléfono, un despertador, un televisor, y conexión inalámbrica a Internet. Además los mini-bares(que incluyen a menudo un refrigerador pequeño) pueden proveer de comida y bebidas, también pueden contener botanas y bebidas y lo necesario para preparar té y café.

Estos elementos básicos que un hotel debe tener pueden ser limitados(que tengan estas cosas solamente) o completos(que la habitación u hotel tengan más servicios que estas instalaciones básicas). Según lo que contengan y la calidad que brinden se clasifican en la mayoría de países con estrellas, o bien con diamantes, también hay un método de clasificar un hotel según letras(de la A a la F). Estas son las cualidades de cada una de la clasificación de un hotel:

*****	De Lujo(diseño y servicio de muy alta calidad)
****	Muy Bueno(diseño y servicio de alta calidad)
***	Bueno
**	Superior
*	Normal

(wikipedia.org)

8-2

인간에게 있어 숙박은 주거보다 광범위한 개념이다. 영어의 'housing'과 불어의 'logement'에서 유래하였으며, 주거와 비슷하나 훨씬 더 많은 종류의 숙박 형태를 갖는다. 예를 들어, 독신자 아파트, 학생이나 젊은 근로자들을 위한 기숙사, 노인들이나 고아들을 위한 숙박 시설 등이다.

호텔 방의 기본적인 비품은 침대, 옷장, 작은 테이블, 양쪽의 의자, 세면대 등이다.
그 외에, 욕실, 전화기, 자명종, 텔레비전, 무선 인터넷 등이 있다. 또한 미니 바(주로 작은 냉장고 포함)는 먹을 것과 음료수, 또는 물병과 차나 커피를 만들기 위해 필요한 것들을 제공한다. 이런 기본적인 것들을 모두 갖춘 호텔도 있고, 이 중 몇 가지만을 갖춘 호텔도 있다. 대부분의 나라들은 무엇을 갖추고 있는지와 서비스의 품질에 따라 호텔의 등급을 매기는데, 별 또는 다이아몬드, 때로는 글자(A부터 F까지)로 표시한다.
등급에 따른 호텔의 분류는 다음과 같다:
별 5개: 초특급(최고급의 시설과 서비스)
별 4개: 준특급(고급의 시설과 서비스)
별 3개: 특급
별 2개: 고급
별 1개: 보통

el comentario de expresiones

Deriva: v. Derivar; Provenir de.

Según lo que contengan y la calidad que brinden: Depende del nivel del servicio del mismo.

Cualidades: Rasgo, componente permanente, diferenciado, peculiar y distintivo de la naturaleza o la esencia de una persona o cosa que contribuye a que algo sea lo que es y como es.

주제
09 예술 el arte

9-1 건축, 신체 예술, 디지털 예술 (la arquitectura, el arte corporal y el arte digital)

Arquitectura: es el arte de proyectar y construir edificios. Denominada a veces como el "arte del espacio", la arquitectura es un proceso técnico y de diseño que procura mediante diversos materiales la construcción de estructuras que organizan el espacio para su utilización por el ser humano. Inicialmente destinada a la construcción de viviendas, con el tiempo se ha ido diversificando en distintas tipologías con fines muy diversos, desde espacios de culto religioso hasta instalaciones militares, pasando por edificios públicos(ayuntamientos, escuelas, universidades, hospitales, bibliotecas, museos, etc.), fábricas, instalaciones deportivas, obras de ingeniería(puentes, carreteras), estaciones de transporte(ferrocarriles, puertos, aeropuertos), etc. Igualmente, la arquitectura ha asumido con el tiempo diversas competencias, como el urbanismo, el paisajismo, obras de salud pública(alcantarillado, canalizaciones), etc. (wikipedia.org)

Arte corporal: es el que utiliza el cuerpo humano como soporte. Incluye actividades como el maquillaje, el vestuario, la peluquería, el tatuaje, el piercing, etc.(wikipedia.org)

Arte digital: es el realizado por medios digitales, como el vídeo o la informática, vinculado a menudo a las instalaciones, o que utiliza diversos soportes, como Internet, un ejemplo son los videojuegos.(wikipedia.org)

9-1

건축: 건물을 설계하고 건설하는 예술이다. 또는 '공간 예술'이라고도 하며 공간을 인간의 용도에 맞춰 구성하여 다양한 재료로 건설하기 위한 설계 및 일련의 기술이다. 처음에는 주거용을 건설하기 시작하여 다양한 목적에 맞는 다양한 타입으로 다각화되어 왔다. 종교 예식을 위한 공간에서부터 군사용 설치물, 공공 건물(시청사, 학교, 대학교, 병원, 도서관, 박물관 등), 공장, 경기장, 공사(교각, 도로), 터미널(철로, 항만, 공항)등을 건설한다. 또한 시간이 흐르면서 다양한 경쟁력을 갖추어 도시 계획, 조경, 공공 보건 시설(하수, 터널)등을 건설하게 되었다.

신체 예술: 인간의 신체가 중심이 되는 예술로 화장, 의상, 미용, 문신, 피어싱 등이 있다.

디지털 예술: 디지털 기기를 사용하는 것으로, 비디오, 컴퓨터 등의 기기를 사용하며, 종종 인터넷이나 비디오 게임을 활용하기도 한다.

el comentario de expresiones

Proyectar: v. Hacer un proyecto de aequitectura o ingeniería.

Diversificar: v. Hacer múltiple y diverso lo que era único y uniforme.

El culto: Homenaje que se tributa a Dios, a la Virgen y a los santos.

Fin: Objeto, motivo, finalidad.

9-2 순간 예술, 장식 예술, 인쇄 예술 (el arte efímero, las artes decorativas y las artes gráficas)

Arte efímero: es el que tiene una duración determinada en el tiempo, ya que en la génesis de su concepción estriba ya el hecho de que sea perecedero. Incluye diversas formas de arte conceptual y de acción, como el happening y la performance. También engloba diversas actividades como la gastronomía, la perfumería, la pirotecnia, etc. Un punto esencial de este tipo de actividades es la participación del público. (wikipedia.org)

Artes decorativas o aplicadas: término aplicado preferentemente a las artes industriales, así como a la pintura y la escultura, cuando su objetivo no es el de generar una obra única y diferenciada, sino que buscan una finalidad decorativa y ornamental.(wikipedia.org)

Artes gráficas: son las que se realizan por medio de un proceso de impresión; así, son artes gráficas tanto el grabado como la fotografía, el cartelismo o el cómic, o cualquier actividad artística que utilice un medio impreso. En su realización intervienen, por un lado, la creación de un diseño y, por otro, su traslado a un determinado sustrato – como el papel – . Las artes gráficas aparecieron con la invención de la imprenta por Johannes Gutenberg hacia 1450, agrupando todos los oficios que se relacionaban con la impresión tipográfica. Más tarde, la necesidad de generar impresiones de mejor calidad propició la aparición de la preprensa o fotomecánica.(wikipedia.org)

9-2

순간 예술: 정해진 일정 시간 동안 행해지며, 개념 자체가 이미 일정 시간이 지나면 사라지게 되는 것을 상정한다. 예를 들어 '해프닝'이나 '퍼포먼스'등이다. 또한 요리, 향수, 불꽃 등으로 광범위하게 적용된다. 이 예술의 핵심은 관중과 함께 한다는 것이다.

장식 예술 또는 적용 예술: 주로 산업 예술에 적용되며, 그림이나 조각 등이 그 작품 자체를 만드는 데 있지 않고 장식적인 목적에 있는 것을 말한다.

인쇄 예술: 인쇄를 통해 표현되는 예술로, 새긴 것, 사진, 포스터 또는 희곡 등이며, 인쇄를 통한 예술 행위 모두를 말한다. 그 과정에서 스케치 등에는 재료로 종이 등이 삽입된다. 인쇄 예술은 1450년 요한 구텐베르그가 인쇄술을 발명함으로써 출현하게 되었고, 활자에 의한 모든 인쇄가 이에 포함되었으며, 이제는 보다 질 좋은 인쇄를 위해 사진술을 적절히 활용한다.

el comentario de expresiones

Efímero: adj. Pasajero, que dura poco.

Duración determinada: Tiempo ya decidido con antelación.

Perecedero: Algo con fecha de caducidad. **Antónimo:** Perenne.

Proceso de impresión: Reproducción sobre papel, tela, etc., de un texto, dibujo o figura mediante procedimientos mecánicos o digitales.

Por medio de: Por lo que puede servir para determinado fin.

Utilice: v. Utilizar; Aprovecharse o servirse de algo o alguien.

9-3 산업 예술, 작업 예술, 영화 예술 (las artes industriales, las artes y oficios, y la cinematografía)

Artes industriales: son las desarrolladas con una elaboración industrial o artesanal, pero persiguiendo una cierta finalidad estética, sobre todo en la elaboración de determinados objetos como vestidos, viviendas y utensilios, así como diversos elementos de decoración. Muchas artes decorativas son también industriales. (wikipedia.org)

Artes y oficios: son las que comportan un trabajo manual, que puede tener un carácter artesanal o industrial. Engloba diversas actividades como la cerámica, la corioplastia, la ebanistería, la forja, la jardinería, la joyería, el mosaico, la orfebrería, la tapicería, la vidriería, etc.(wikipedia.org)

Cinematografía: técnica basada en la reproducción de imágenes en movimiento, el cine surgió con el invento del cinematógrafo por los hermanos Lumière en 1895. Si bien en principio únicamente suponía la captación de imágenes del natural, como si fuese un documental, enseguida la cinematografía evolucionó hacia la narración de historias mediante la utilización de guiones y procesos técnicos como el montaje, que permitían rodar escenas y ordenarlas de forma que presentase una historia coherente. Con la incorporación de elementos tomados del teatro el cine alcanzó un grado de auténtica artisticidad.(wikipedia.org)

9-3

산업예술: 산업이나 수공예의 공정과 함께 발전되어 왔으며 미학적인 목적을 추구하여, 의상, 집, 집기 등 장식용 요소를 가미하여 만드는 것을 말한다. 대부분의 장식 예술품은 산업 예술품이기도 하다.

작업 예술: 손으로 하는 작업을 말하며, 수공예나 산업 공정이 포함된다. 도자기 공예, 목조 공예, 철 세공, 원예, 보석 공예, 모자이크 공예, 금 · 은 세공, 양탄자 직조, 유리 공예 등이 속한다.

영화 예술: 동작 이미지를 다시 복원하는 기술을 바탕으로 1895년 루미에르 형제에 의해 영화가 출현하게 되었다. 처음에는 기록 영화처럼 사실에 근거한 동작의 이미지만을 복원할 수 있었다. 점차 시나리오를 통해 이야기를 만들고, 편집 기술의 발전으로 촬영을 하고 이를 일관성있는 작품으로 만들어낼 수 있게 되었다. 연극적 요소를 가미함으로써 영화는 진정한 예술에 이르게 되었다.

el comentario de expresiones

Desarrolladas: v. Desarrollar; Progresar una comunidad humana.

Sobre todo: loc. adv. Con especialidad, mayormente.

Finalidad estética: Tiene un aspecto bello o artístico.

Engloba: Incluye varios elementos o individuos en una sola unidad o conjunto, o considerar que forman parte de él.

Captación de imágenes: v. Capturar; Apresar una imagen.

Artisticidad: Relacionado con el arte, con sentido artístico.

9-4 소묘, 스케치(el dibujo y el diseño)

Dibujo: representación gráfica realizada por medio de líneas, trazos y sombras, elaborados mediante lápiz, pluma u objetos similares. El dibujo está en la base de casi cualquier obra artística, pues la mayoría de obras pictóricas se realizan sobre un esbozo dibujado sobre el lienzo, sobre el que posteriormente se pinta; igualmente, muchas esculturas son diseñadas primero en dibujo, e incluso la arquitectura se basa en planos dibujados. Aparte de esto, el dibujo tiene una indudable autonomía artística, siendo innumerables los dibujos realizados por la mayoría de grandes artistas a lo largo de la Historia.(wikipedia.org)

Diseño: es la traza o delineación de cualquier elemento relacionado con el ser humano, sea un edificio, un vestido, un peinado, etc. Utilizado habitualmente en el contexto de las artes aplicadas, ingeniería, arquitectura y otras disciplinas creativas, el diseño se define como el proceso previo de configuración mental de una obra, mediante esbozos, dibujos, bocetos o esquemas trazados en cualquier soporte. El diseño tiene un componente funcional y otro estético, ha de satisfacer necesidades, pero ha de agradar a los sentidos. Comprende multitud de disciplinas y oficios dependiendo del objeto a diseñar y de la participación en el proceso de una o varias personas o especialidades.(wikipedia.org)

9-4

소묘 예술: 소묘란 연필이나 펜 또는 기타 유사한 것을 사용하여 선과 획, 그림자로 표현하는 것을 말한다. 소묘는 거의 모든 예술 작업에 사용된다. 그림을 그릴 때, 처음에는 화폭에 소묘를 하고 후에는 칠을 하게 된다. 또한 조각을 할 때도 소묘로 스케치를 하게 되며, 건축도 밑작업으로 소묘를 하게 된다. 그러나 소묘는 그 자체의 예술성을 가지므로, 역사적으로 유명한 화가 대부분이 수많은 소묘 작품을 그렸다.

스케치: 건물, 의복, 헤어 스타일 등 인간과 관련된 어떠한 것이라도 선과 획으로 스케치를 하게 되며, 이를 공학, 건축, 그리고 각종 예술적 작품에 적용하게 된다. 그러므로 스케치는 사전에 마음 속에 떠오르는 작품에 대한 구상을 어떤 것에라도 그리는 것을 말한다. 스케치는 나름의 구성 요소와 미학적 요소가 있다. 즉, 필요를 만족시켜야 하지만 동시에 그 의미를 충족시켜야 한다. 스케치 하고자 하는 대상의 수 많은 특징과 기능성을 이해하고 작업에 참여할 사람들과 전문성을 고려해야 한다.

el comentario de expresiones

Gráfico: adj. De la escritura o la imprenta o relativo a ellas. Que se representa por figuras o signos. Que expresa las cosas con la misma claridad que un dibujo.

Base: Fundamento o apoyo principal en que descansa alguna cosa.

Obras pictóricas: Obras de pintura, de arte.

Proceso previo: Proceso anterior al actual.

Disciplinas creativas: Conjunto de reglas para crear y conseguir resultados originales.

9-5 조각, 사진(la escultura y la fotografía)

Escultura: es el arte de modelar figuras en volumen, mediante diversos materiales como el barro, la piedra, la madera, el metal, etc. Es un arte espacial, donde el autor se expresa mediante volúmenes y formas dimensionales. En la escultura se incluyen todas las artes de talla y cincel, junto con las de fundición y moldeado, y a veces el arte de la alfarería. Puede ser en talla exenta –también llamada de bulto redondo– o en relieve sobre diversas superficies.(wikipedia.org)

Fotografía: es una técnica que permite capturar imágenes del mundo sensible y fijarlas en un soporte material –una película sensible a la luz–. Se basa en el principio de la cámara oscura, con la cual se consigue proyectar una imagen captada por un pequeño agujero sobre una superficie, de tal forma que el tamaño de la imagen queda reducido y aumentada su nitidez. La fotografía moderna comenzó con la construcción del daguerrotipo por Louis-Jacques-Mandé Daguerre, a partir de donde se fueron perfeccionando los procedimientos técnicos para su captación y reproducción. Pese a tomar sus imágenes de la realidad, la fotografía fue enseguida considerada un arte, pues se reconoce que la visión aportada por el fotógrafo a la hora de elegir una toma o encuadre es un proceso artístico, realizado con una voluntad estética.(wikipedia.org)

9-5

조각: 조각은 진흙, 돌, 나무, 금속 등 다양한 재료로 형상을 만드는 작업으로, 공간적 형태를 만들어 낸다. 조각에는 조각칼이나 끌 등으로 만들어 내는 모든 종류의 작품과 주물과 형틀에 의한 작품, 때로는 도자기 작품도 포함된다. 또한 조각되어지지 않은 '있는 그대로'의 형태나 여러 종류의 재질 위에 얹혀진 부조도 포함된다.

사진: 사진은 움직이는 것들의 이미지를 포착하여 특정한 재질(빛에 예민한 필름) 위에 고정시키는 기술이다. 처음에는 암상자에서 포착한 이미지를 작은 구멍을 통해 인화지에 투사하여 이미지가 복원되고 선명하게 되도록 하였다. 현대의 사진술은 '루이 자크 망드 다게르'의 다게로타입(은판 사진술) 개발로 시작되었다. 이로 인해 사진을 찍는 것과 현상하는 기술이 조금 더 완성되었다. 사진은 실세계의 이미지를 포착하는 것임에도 불구하고, 사진이 예술로 인정되는 것은 장면을 포착하고 영상화 하는 데는 사진 작가가 영감에 의해 미학적 관점으로 작업을 하기 때문이다.

el comentario de expresiones

Arte de modelar: Arte de dar forma.

El arte de la alfarería: Arte en el que se fabrican objetos de barro cocido.

Proyectar: v. Pensar una cosa o una acción y diseñarla gráficamente o establecer el modo y el conjunto de medios necesarios para llevarla a cabo.

Aumentada su nitidez: Hacerse mayor su visión de manera clara.

9-6 판화, 그림책(el grabado y la historieta)

Grabado: el grabado es una técnica de elaboración de estampas artísticas mediante una plancha de madera o metal trabajada según diversos procedimientos: aguafuerte, aguatinta, calcografía, grabado al buril, grabado a media tinta, grabado a punta seca, linograbado, litografía, serigrafía, xilografía, etc.(wikipedia.org)

Historieta: la historieta o cómic es una representación gráfica mediante la cual se narra una historia a través de una sucesión de viñetas, en las que mediante dibujos – en color o blanco y negro – y textos enmarcados en unos recuadros llamados "bocadillos" se va presentando la acción narrada, en un sentido lineal. Derivada de la caricatura, la historieta se desarrolló a partir del siglo XIX sobre todo en medios periodísticos, en tiras insertadas generalmente en las secciones de entretenimiento de los periódicos, aunque pronto adquirieron autonomía propia y empezaron a ser editadas en forma de álbumes. Aunque comenzó dentro del género humorístico, posteriormente aparecieron historietas de todos los géneros, alcanzando gran éxito a nivel popular durante el siglo XX.(wikipedia.org)

9-6

판화: 판화는 다양한 과정에 의해 나무나 금속 등에 예술적 그림을 그려 넣는 것이다. 부각, 에쿼틴트, 동판 인쇄, 끌로 새기기, 메조틴트, 드라이 포인트, 리노 판화, 석판화, 실크 스크린, 목판화 등이 있다.

그림책: 작은 이야기나 재미있는 이야기들이 작은 컷들로 이어져 하나의 이야기를 완성하며, 이 컷들에는 그림이 들어 있고 흑백이나 색으로 칠해져 있다. 이 네모난 컷들을 '샌드위치'라 부르는데 이를 통해 이야기가 전개된다. '풍자 만화'로 시작하여 발전한 '그림책'은 19세기부터는 신문, 특히 신문의 '오락'란에 삽화로 실리기 시작했고 빠르게 제 위치를 찾아 독자적인 시리즈물로 출간하게 되었다. 처음에는 재미있는 이야기로 시작하였으나 후에는 여러 장르의 이야기로 발전하였으며, 20세기에는 대중적 인기를 차지하게 되었다.

el comentario de expresiones

Grabado al buril: Es una técnica de huecograbado en la que se dibuja sobre una plancha de metal excavando líneas sobre una matriz.

Grabado a media tinta: Es un tipo de estampación realizado por el método del grabado en hueco que logra reproducir matices y claroscuros.

Grabado a punta seca: Es una técnica similar a la del grabado al buril. El artista dibuja la imagen sobre una lámina de zinc, cobre, sin tratar, o de acrílico.

Autonomía propia: Facultad de la persona o la entidad que puede obrar según su criterio, con independencia de la opinión o el deseo de otros.

Nivel popular: El nivel de la gente, del pueblo en general.

9-7 그림, 춤(la pintura y la danza)

Pintura: es el arte y técnica de crear imágenes a través de la aplicación de pigmentos de color sobre una superficie, sea papel, tela, madera, pared, etc. Se suele dividir en pintura mural(fresco, temple) o de caballete(temple, óleo, pastel), e igualmente puede clasificarse según su género(retrato, paisaje, bodegón, etc). La pintura ha sido durante siglos el principal medio para documentar la realidad, el mundo circundante, reflejando en sus imágenes el devenir histórico de las distintas culturas que han sucedido a lo largo del tiempo, así como sus costumbres y condiciones materiales. (wikipedia.org)

Danza: la danza es una forma de expresión del cuerpo humano, que consiste en una serie de movimientos rítmicos al compás de una música – aunque esta última no es del todo imprescindible – . Entre sus modalidades figura el ballet o danza clásica, aunque existen innumerables tipos de danzas rituales y folclóricas entre las diversas culturas y sociedades humanas, así como infinitud de bailes populares. Las técnicas de danza requieren una gran concentración para dominar todo el cuerpo, con especial hincapié en la flexibilidad, la coordinación y el ritmo.(wikipedia.org)

9-7

그림: 그림은 종이, 헝겊, 나무, 벽 등에 채색을 통해 이미지를 그려내는 예술이다. 벽화(프레스코화, 템페라화)와 캔버스화(템페라화, 유화, 파스텔화)로 분류하거나, 장르별(초상화, 풍경화, 정물화 등)로 분류하기도 한다. 그림은 당시의 실제 상황이나 주변을 묘사함으로써 시간의 흐름에 따른 서로 다른 관습이나 생활 조건 등 다양한 문화를 보여주는 기록물로서의 역할을 수 세기 동안 해왔다.

춤: 춤은 신체로 표현되는 예술로 음악에 맞추어 이뤄지는 일련의 유연한 몸동작을 말한다. 그러나 음악이 꼭 필요한 것은 아니다. 춤의 유형에는 발레 또는 고전 무용이 있고, 또한 다양한 문화와 사회 속에서 수많은 예식을 위한 춤과 토속적인 춤이 있다. 또한 헤아릴 수 없이 많은 대중 춤이 있다. 춤을 추기 위한 기술로는 몸을 통제하기 위한 고도의 집중이 필요한데, 특히 유연성, 조화, 그리고 리듬이 중요하다.

el comentario de expresiones

Documentar: v. Probar una cosa con documentos.

Imágenes: La imagen; Figura, representación de una persona o cosa. **Imagen real:** La que se forma por acción de los rayos de luz en el foco real de un espejo cóncavo o de una lente convergente. **Imagen virtual:** La que se forma aparentemente detrás de un espejo. **Ser la viva imagen de alguien:** Parecerse mucho a alguien.

Consiste en: v. Consistir; Estar compuesto o formado por una cosa.

9-8 연극, 합창, 교향악(el teatro, el canto coral y la música sinfónica)

Teatro: es un arte escénico que tiene por objetivo la representación de un drama literario, a través de unos actores que representan unos papeles establecidos, combinado con una serie de factores como son la escenografía, la música, el espectáculo, los efectos especiales, el maquillaje, el vestuario, los objetos de atrezzo, etc. Se realiza sobre un escenario, siendo parte esencial de la obra el dirigirse a un público. El teatro puede incluir, en exclusiva o de forma combinada, diversos tipos de modalidades escénicas, como la ópera, el ballet y la pantomima.(wikipedia.org)

Canto coral: es el realizado por un grupo de voces, bien masculinas o femeninas, o mixtas, que interpretan una canción o melodía de forma conjunta, aunando sus voces para ofrecer una sola voz musical. Entre las diversas formas de canto coral figura el canto gregoriano.(wikipedia.org)

Música sinfónica: la música es el arte de organizar sensible y lógicamente una combinación coherente de sonidos y silencios utilizando los principios fundamentales de la melodía, la armonía y el ritmo. En su vertiente sinfónica, se considera que es la música instrumental interpretada por una orquesta formada por los principales instrumentos de viento(madera y metal), cuerda y percusión.(wikipedia.org)

9-8

연극: 문학 작품의 공연을 목적으로 하는 것으로, 배우는 정해진 역할을 연기하고, 그 외에 극본, 음악, 무대, 특수 효과, 분장, 의상 등이 어우러진다. 무대 위에서 공연되며, 이 무대가 관객들한테는 가장 기본적인 요소가 된다. 연극은 오페라, 발레, 판토마임 등을 단독으로 또는 혼합하여 무대에 올릴 수도 있다.

합창: 합창은 여러 사람이 하며, 남자, 여자, 또는 혼성으로 노래를 하는데, 서로 어우러져 하나의 음악적 소리를 내게 된다. 여러 종류의 합창이 있는데, 그 중에 '그레고리 성가'가 대표적이다.

교향악: 교향악은 아주 정교하게 멜로디와 화음, 리듬이 잘 어우러져 소리와 휴지가 통일된 조합을 이룬다. 교향악에서는 취주악기(목관, 금속), 현악기, 타악기가 합주된다.

el comentario de expresiones

Arte escénico: Arte representado en un escenario.(El teatro)

Parte esencial: Momento o fragmento fundamental. **Antónimo de esencial:** Prescindible, insignificante.

La pantomima: Representación teatral en la que los actores no se expresan con palabras, sino únicamente con gestos.

Sensible: adj. Que tiene sensibilidad o capacidad de percibir sensaciones o de sentir emociones.

La vertiente: Cada aspecto o punto de vista desde los que se puede analizar algo.

9-9 오페라, 서사문, 시(la ópera, la narrativa y la poesía)

Ópera: es un arte donde se combina la música con el canto, sobre la base de un guion(libreto) interpretado según los principios de las artes escénicas. La interpretación es realizada por cantantes de diversos registros vocales: bajo, barítono, tenor, contralto, mezzosoprano y soprano.(wikipedia.org)

Narrativa: es el arte de escribir en prosa, recreando en palabras sucesos reales o ficticios, que el escritor dispone de forma adecuada para su correcta comprensión por el lector, con finalidades informativas o recreativas, expresadas con un lenguaje que puede variar desde un aspecto descriptivo hasta otro imaginario o de diversa índole. Entre las diversas formas de narrativa se encuentran la novela y el cuento.(wikipedia.org)

Poesía: es una composición literaria basada en la métrica y el ritmo, dispuesta a través de una estructura de versos y estrofas que pueden tener diversas formas de rima, aunque también pueden ser de verso libre. Su contenido puede ser igualmente realista o ficticio, aunque por lo general la poesía siempre suele tener un aspecto evocador e intimista, siendo el principal vehículo de expresión del componente más emotivo del ser humano.(wikipedia.org)

9-9

오페라: 오페라는 음악 예술로 가사가 있는 노래와 함께 무대에서 공연된다. 여러 종류의 음성의 조합으로 구성된다: 베이스, 바리톤, 테너, 콘트라알토, 메조소프라노, 소프라노 등.

서사문: 서사문은 산문의 형식으로 사실적이거나 또는 꾸며낸 이야기를 글로 표현한다. 작가는 독자가 자신의 이야기를 잘 이해할 수 있는 형식을 취한다. 그러므로 이야기가 사실적이거나 꾸며낸 것이거나 거기에 적합하게 표현된다. 서사문에는 소설이나 콩트가 있다.

시: 시는 운율과 리듬에 기초하여 시구와 시연의 구조를 가지고 다양한 각운을 만든다. 물론 자유시도 있다. 내용은 사실적일 수도 있고 허구적일 수도 있다. 주로 시는 사람의 가장 감성적인 부분을 표현하므로, 우리에게 항상 감동적이고 친밀하다.

el comentario de expresiones

Bajo: Da el tono de voz bajo.

Barítono: Más grave que la de tenor y más aguda que la de bajo.

Tenor: más aguda bajo la cual están la voz de barítono y la de bajo.

Contralto: más aguda bajo la cual están la voz de barítono y la de bajo y tenor.

Mezzosoprano: Bajo esta tiene a todas las voces excepto la de soprano.

Soprano: Es la voz femenina más aguda, bajo la cual están la voz de mezzosoprano y la de contralto.

주제

10 조리 la gastronomía

10-1 조리와 식단(la gastronomía y la dieta)

La gastronomía es el estudio de la relación del hombre con su alimentación y su medio ambiente o entorno. El gastrónomo es el profesional que se encarga de esta ciencia. A menudo se piensa erróneamente que el término gastronomía únicamente tiene relación con el arte culinario y la cubertería en torno a una mesa. Sin embargo, esta es una pequeña parte del campo de estudio de dicha disciplina: no siempre se puede afirmar que un cocinero es un gastrónomo. La gastronomía estudia varios componentes culturales tomando como eje central la comida.(wikipedia.org)

Una dieta es la cantidad de alimento que se le proporciona a un organismo en un periodo de 24 horas, sin importar si cubre o no sus necesidades de mantenimiento, en resumen es el conjunto de nutrientes que se absorben luego del consumo habitual de alimentos.
Popularmente, y en el caso de los humanos, la dieta se asocia erróneamente a la práctica de restringir la ingesta de comida para obtener solo los nutrientes y la energía necesarios, y así conseguir o mantener cierto peso corporal.
La dieta humana se considera equilibrada si aporta los nutrientes y energía en cantidades tales que permiten mantener las funciones del organismo en un contexto de salud física y mental. Esta dieta equilibrada es particular de cada individuo y se adapta a su sexo, edad, peso y situación de salud. No obstante, existen diversos factores(geográficos, sociales, económicos, patológicos, etc.) que influyen en el equilibrio de la dieta.
Las dietas, se utilizan para el tratamiento y prevención de diversas patologías(dietoterapia) y para adaptar la alimentación a diversas situaciones fisiológicas.(wikipedia.org)

10-1

조리란 사람의 영양과 환경 또는 주변과의 관계를 연구하는 분야이다. 조리사는 이 분야의 전문가이다. 종종 '조리'를 단지 식사와 관련된 조리법과 식사 테이블 장식으로만 오해하기도 한다. 그러나 '조리'는 조리법과 관련된 분야의 일부분이다: 항상 조리사를 요리사와 동일시하지는 않는다. 조리는 음식을 중심으로 다양한 문화적 요소들을 연구한다.

식단은 24시간 동안 인체의 기관에 주어지는 음식을 말한다. 필요량이 채워졌는지의 여부는 중요하지 않고 보통으로 섭취한 음식물을 통해 흡수하게 되는 영양소의 총합을 일컫는다.
인간의 경우, 일반적으로 식단은 필요한 만큼의 영양소나 에너지를 취하기 위해 음식물을 제한하여 섭취함으로써 어떤 특정한 체중에 도달하거나 유지하는 것으로 잘못 이해되고 있다.
인간에게 있어 균형 잡힌 식단이란 육체적 건강과 정신적 건강이 어우러져 인체 기관의 기능을 유지할 수 있는 정도의 분량으로 영양소와 에너지를 제공하는 것이다. 균형 잡힌 식단은 개인, 성, 나이, 체중, 건강 상태에 따라 다른 특성을 갖는다. 또한 다양한 요소(지리적, 사회적, 경제적, 병리학적, 등)에 의해 영향을 받는다.
식단은 여러 가지 병리학적 치료와 예방에 활용되는데 이를 식이요법이라 한다. 또한 다양한 생리적 상태에 적용하기도 한다.

el comentario de expresiones

Arte culinario: Actividad directamente relacionada con la preparación de alimentos y la habilidad profesional propia para hacerlo.

Campo de estudio: Lugar donde se dan los estudios o investigaciones de un tema.

Eje central: Idea fundamental o asunto primordial.

10-2 건강 식단(una dieta saludable)

Un aspecto que hay que señalar respecto a la dieta es que esta es colectiva, es decir, adaptada a las necesidades y a las características de las personas. Pero en cada etnia se sigue un patrón regular que es común a casi todos los individuos, de tal manera que se configura una dieta típica de una sociedad o cultura. Un ejemplo es la que se conoce popularmente como dieta mediterránea, atribuida al estilo de vida seguido en algunos países de la costa mediterránea. No obstante, para que cualquier dieta se considere saludable y equilibrada, se debe basar en el consumo irregular de una amplia variedad de alimentos. La razón es que no existe un único alimento que contenga todos los nutrientes necesarios. Es importante tener en cuenta que para llevar a cabo una dieta saludable no se debe de excluir ningún tipo de nutriente, y debe de ir acompañada de un régimen de actividad física para tener óptimos resultados y ser saludables cada día. Para que la población tenga una referencia sobre las pautas dietéticas más apropiadas con el fin de alcanzar y mantener un adecuado estado de salud, ciertos organismos o instituciones públicas proponen unas guías y objetivos dietéticos. En tales guías se suele recoger unos recursos gráficos, basados en la clasificación de los alimentos según sus características nutricionales predominantes, que facilitan la elaboración de una dieta equilibrada. Ejemplos de estos recursos gráficos son la pirámide alimentaria o la rueda alimentaria.(wikipedia.org)

10-2

식단은 집단적으로 사람들의 필요나 특성에 의해 결정되는 것이므로, 한 종족은 자신들에게 일상적인 식단을 공유한다. 그러므로 어느 한 사회나 문화는 자체의 전통적인 식단이 있기 마련이다. 예를 들어, 우리에게 잘 알려져 있는 '지중해 식단'은 지중해 지역 국가들의 생활 습관에 기여한다. 그럼에도 불구하고 건강하고 균형잡힌 식단이라고 하면 여러 가지 식품을 다양하게 섭취하는 것을 말한다. 그 이유는 다양한 영양소를 모두 가지고 있는 식품은 없기 때문이다. 그러므로 건강한 식단을 유지하기 위해서는 어떤 특정한 영양소를 배제해서는 안된다. 또한 최상의 건강 상태를 유지하기 위해서는 매일 적절한 운동이 병행되어야 한다. 사람들로 하여금 조금 더 적합한 '표준 식단'에 의해 적절한 건강을 지니고 유지하도록 하기 위해 특정 단체나 혹은 공공기관에서 식단의 필요성과 그에 대한 안내를 제시하고 있다. 이러한 안내는 주로 그림으로 되어 있으며, 식품을 그 주요 영양소 별로 분류하고 있으므로 손쉽게 균형잡힌 식단을 만들 수 있도록 도와준다. 이런 종류의 그림은 식품을 피라미드나 원형으로 표시한다.

el comentario de expresiones

Colectiva: De la colectividad o relativo a cualquier agrupación de individuos.

Dieta típica: Alimentación habitual de las personas.

Pauta dietética: Modo o forma que estudia como alimentarse saludablemente.

Institución pública: Fundación o establecimiento de algo, de manera que pueda ser utilizada para todas las personas que dispongan.

10-3 식품(los alimentos)

Alimentos según nuestras necesidades básicas:
Alimentos que ayudan al crecimiento: carne, pescado, legumbres y huevos.(proteínas).
Alimentos con gran aporte energético: pasta, pan, arroz y dulces.(apivegetarianismo).
Alimentos ricos en vitaminas: frutas y verduras.
Principales vitaminas:
-Vitamina A Relacionada con la vista. Leche, zanahorias, tomate.
-Vitamina B Interviene en muchas reacciones químicas. Carne, pescado, plátanos.
-Vitamina C Esencial para el crecimiento de muchos tejidos. Frutas, coliflor, papas.
-Vitamina D Interviene en el crecimiento. Huevos, pescados.
-Vitamina E Necesaria para la fertilidad. Huevos, aceites vegetales.
-Vitamina K Interviene en la coagulación de la sangre. Hígado, espinacas, lechuga.
Este ultimo grupo, lo forman aquellas substancias que permitirán a nuestro organismo utilizar correctamente las otras ya citadas y desarrollar por tanto sus funciones de modo adecuado. Se trata de substancias sin valor energético a las cuales denominamos reguladoras: son las vitaminas y determinados minerales, necesarios en cantidades muy pequeñas, pero imprescindibles para el correcto funcionamiento del metabolismo en general.(wikipedia.org)

10-3

인간에게 기본적으로 필요한 식품:
성장을 돕는 식품: 고기, 생선. 콩류, 계란(단백질)
에너지를 내는 식품: 국수, 빵, 쌀, 단 것(꿀을 포함한 채식주의)
비타민이 풍부한 식품: 과일, 야채
중요 비타민:
비타민 A 시력과 관련(우유, 당근, 토마토)
비타민 B 각종 화학 작용에 관여(고기, 생선, 바나나)
비타민 C 피부 성장에 필수(과일, 콜리 플라워, 감자)
비타민 D 성장에 관여(계란, 생선)
비타민 E 생식에 필수(계란, 식물성 기름)
비타민 K 피의 응고에 관여(간, 시금치, 상추)
비타민은 우리가 섭취한 음식물이 신체 기관에 잘 흡수되어 제 기능을 다하도록 한다. 이렇게 에너지원은 아니면서 필수적인 영양소를 '조절자'라 부르며, 비타민과 특정한 미네랄이 이에 속한다. 이런 것들은 소량이지만 없어서는 안 되는 것들로, 일반적으로 신진대사를 원활하게 한다.

el comentario de expresiones

Aporte energético: Que da o proporciona energía.

Rico en: Abundante en lo que se expresa. Que tiene muchos recursos.

Imprescindible: Cosa o persona que no puede faltar o ser reemplazado. Algo que es necesario.

Interviene: v. Intervenir; Tomar parte en un asunto.

La coagulación: Solidificación de los líquidos, especialmente de la sangre.

Citadas: v. Citar; Alegar, mencionar autores o textos para autorizar o justificar lo que se dice o se escribe.

10-4 거식증과 폭식증(la anorexia y la bulimia)

Una de las mayores paradojas de la sociedad actual consiste en que, mientras que uno de cada ocho habitantes del planeta se enfrenta cada día a la carencia de alimentos, en el mundo desarrollado no cesan de aumentar los trastornos relacionados con la alimentación. Uno de esos problemas es la obesidad, derivada del desequilibrio en la composición de la dieta y de una vida excesivamente sedentaria.(2009 pequeño Espasa Ilustrado)

Mayor gravedad tienen la anorexia y la bulimia, enfermedades nerviosas que afectan sobre todo a adolescentes y jóvenes de edades comprendidas entre los 13 y los 18 años, y con mayor incidencia sobre el sexo femenino. La consideración de la delgadez como una condición imprescindible para el éxito social está en la base de estos trastornos. El control obsesivo del peso y la percepción errónea de la propia figura que sufre la persona enferma de anorexia se traduce en un rechazo frontal de la comida. La bulimia consiste en la ingestión descontrolada y veloz de grandes cantidades de alimento, para después recurrir a formas de eliminación también bruscas y veloces(vómito provocado, uso de laxantes, ejercicios físicos, etc.). Ambas enfermedades requieren ser tratadas por profesionales competentes. De ahí la importancia de detectar cuanto antes sus síntomas y buscar la ayuda adecuada.(2009 pequeño Espasa Ilustrado)

10-4

현대 사회의 주요한 역설들 중 하나는 지구에서 8명 중 1명이 식량 부족에 직면하고 있는 반면, 발전된 국가에서는 식량과 관련된 병이 증가하는 것이 멈추지 않고 있다는 것이다. 그 문제들 중 하나는 식단의 불균형과 지나치게 움직이지 않는 생활로 인한 비만이다.

더 심각한 것은 거식증과 폭식증이다. 이는 정신적인 병들로 13세에서 18세 사이의 청소년과 젊은 층 모두에게 영향을 끼친다. 그리고 여성들에게 더욱 많이 발생한다. 사회적으로 성공하는데 있어 필수불가결한 조건으로 여겨지는 날씬함에 대한 생각이 이 병들의 원인이다. 거식증에 걸린 사람들이 겪는 몸무게에 대한 강박적인 통제와 자신의 몸매에 대한 잘못된 인식이 음식에 대한 전면적인 거부 반응을 일으킨다. 폭식증은 엄청난 양의 음식에 대해 통제되지 않으며, 빠른 소화로 이루어진다. 이 후에 음식이 빠르게 대충 소화되도록 한다(토하거나 완화제를 복용하거나 육체적인 운동을 하는 등). 두 병 모두 전문의와의 상담이 필요하다. 그 증상이 어느 정도였는지를 인식하는 것과 적절한 도움을 받는 것이 중요하다.

el comentario de expresiones

Trastorno relacionado: Acción o resultado que causa molestia debido al tema expresado.

Vida sedentaria: Que viven con poca agitación o movimiento.

Profesional competente: Profesional que conoce o sea experto en un tema. Que tiene capacidad o aptitud de ocuparse en algo.

10-5 슬로우 푸드, 음식점, 카페테리아, 패스트 푸드점 (slow food, el restaurante, la cafetería y los restaurantes de comida rápida)

Slow food(comida lenta) es un movimiento internacional nacido en Italia que se contrapone a la estandarización del gusto en la gastronomía, y promueve la difusión de una nueva filosofía que combina placer y conocimiento. Opera en todos los continentes por la salvaguarda de las tradiciones gastronómicas regionales, con sus productos y métodos de cultivación. El símbolo de slow food es el caracol, emblema de la lentitud.(wikipedia.org)

El restaurante: Establecimiento que dispone de cocina y comedor con el fin de ofrecer comidas y/o cenas mediante precio para ser consumidas en el mismo local. Se clasifican en 5, 4, 3, 2, y 1 tenedor. Aquellos que reúnen especiales características de edificación, antigüedad y localización geográfica, fijadas en las disposiciones que se establecen, podrán ser la denominación de "casas de comidas".(wikipedia.org)

La cafetería: Establecimiento que en una misma unidad espacial dispone de barra y servicios de mesa, careciendo de comedor, con el fin de ofrecer al público mediante precio y a cualquier hora del horario de apertura: helados, refrescos, bebidas en general, tapas frías o calientes, bocadillos y platos combinados/simples de elaboración sencilla y rápida en frío o a la plancha. Se clasifican en 3, 2, o 1 taza.(wikipedia.org)

Los restaurantes de comida rápida: Restaurantes informales donde se consume alimentos simples y de rápida preparación como hamburguesas, patatas fritas, pizzas, pollo, entre otros.(wikipedia.org)

10-5

'슬로우 푸드'는 이탈리아에서 시작된 세계적인 운동으로 조리에 있어서의 평준화와 반대 개념으로 행복과 지식을 함께 어우르는 신개념의 철학을 확산시키고 있다. 전세계적으로 각 지역의 전통적 조리법을 보전하여 전통 음식을 만들고, 전통 조리법을 개발한다. 느림의 상징인 달팽이가 '슬로우 푸드'의 상징이기도 하다.

음식점은 가격을 받고 점심이나 저녁을 제공하기 위해 주방과 식사할 수 있는 홀을 갖추고 있는 곳으로 포크가 몇 개인가(하나, 둘, 셋, 넷, 다섯)로 그 등급을 정한다. 음식점은 나름의 건물 양식, 전통 또는 지리적 위치 등으로 특색을 갖추고 있으며 보통은 '밥집'이라 할 수 있다.

카페테리아는 식사할 수 있는 홀은 없고, 바와 간이 테이블이 있다. 일정한 영업 시간에 가격을 받고 손님들에게 먹을 것을 제공한다: 아이스크림, 탄산 음료, 일반적인 음료, 차거나 따뜻한 간식, 샌드위치, 간단하면서 빠르게 요리하여 차거나 따뜻하게 제공할 수 있는 한 개 혹은 두어 가지 혼합 요리 등이다. 잔이 몇 개인가(하나, 둘, 셋)로 그 등급을 정한다.

패스트 푸드점은 햄버거, 감자 튀김, 피자, 닭 등 간단하고 빠르게 조리한 음식을 제공하는 곳으로 간편한 식당이다.

el comentario de expresiones

Movimiento internacional: Alteración o novedad ocurrida durante un periodo de tiempo relacionado con dos o más naciones.

Promover apertura: Iniciar o causar la propagación o extensión de algo.

Horario de apertura: Momento en el que está al servicio.

10-6 바, 식당바, 뷔페 식당, 전문 음식점 (el bar, el ristobar, el restaurante buffet y el restaurante de alta cocina)

El bar: Establecimiento que dispone de barra y que, careciendo de comedor, también puede disponer de servicio de mesa en la misma unidad espacial con el fin de proporcionar al público bebidas acompañadas o no de tapas y bocadillos, y como máximo de 1 plato del día. Aquellos que reúnen características especiales de edificación, antigüedad y localización geográfica, podrán usar la denominación de "tabernas".(wikipedia.org)

El ristobar: Establecimiento de restauración que puede ser considerado una mezcla de restaurante y bar. Ofrece generalmente tanto una gran selección de platos como de bebidas, de forma que tanto para comer como para consumir bebidas alcohólicas. Se caracterizan porque a menudo hay shows en vivo de grupos musicales o de baile. (wikipedia.org)

El restaurante buffet: Es posible escoger uno mismo una gran variedad de platos cocinados y dispuestos para el autoservicio. A veces se paga una cantidad fija y otras veces por cantidad consumida(peso o tipos de platos). Es una forma rápida y sencilla de servir a grandes grupos de personas.(wikipedia.org)

El restaurante de alta cocina: Los alimentos son de gran calidad y servicios a la mesa. El pedido es "a la carta" o escogido de un "menú", por lo que los alimentos son cocinados al momento. El costo va de acuerdo al servicio y la calidad de los platos que consume.(wikipedia.org)

10-6

바: 식사할 수 있는 홀이 없이 바와 간이 테이블이 있으며 손님들에게 음료와 안주 또는 샌드위치를 제공한다. 요리는 있어도 '오늘의 메뉴'로 한 종류뿐이다. 나름의 건물 양식, 전통 또는 지리적 위치 등으로 특색을 갖추고 있으며 보통은 주막이라 할 수 있다.

식당바: 식당과 바가 혼합된 형태로 음식은 물론 음료 또는 술을 다양하게 제공한다. 이곳에서는 주로 음악이나 춤 공연을 한다.

뷔페 식당: 뷔페 식당은 다양한 종류의 음식을 셀프로 가져다 먹는 곳이다. 일정량의 음식이나 자신이 먹은 음식량을 기준으로 가격을 정하기도 한다. 단체로 식사하기에는 빠르고 간편하다.

전문 음식점: 음식의 질과 서비스는 최상이다. '메뉴' 또는 '오늘의 메뉴'를 보고 음식을 주문하며, 조리는 주문과 동시에 이루어진다. 가격은 요리와 서비스의 정도에 따라 부가된다.

el comentario de expresiones

Unidad espacial: cantidad o magnitud del espacio.

Show en vivo: Espectáculo dado en directo o en persona.

Autoservicio: Acción en el que el cliente se sirve solo de la manera que lo desee.

A menudo: loc. adv. Muchas veces y con continuación.

La mesa: Mueble, generalmente de madera, que se cpmpone de una tabla horizontal sostenida por una o varias patas.

10-7 테마 음식점, 포장 음식, 후식점
(el restaurante temático, la comida para llevar y la repostería)

El restaurante temático: Son clasificados por el tipo de comida ofrecida. Los más comunes son según origen de la cocina, siendo los más populares en todo el mundo: La cocina italiana y la cocina china.(wikipedia.org)

La comida para llevar: Son establecimientos que ofertan una variedad de primeros platos, segundos, y una variedad de aperitivos, que se exponen en vitrinas frías o calientes, según su condición.(wikipedia.org)

La repostería, confitería o pastelería es el arte de preparar o decorar pasteles u otros postres. El término repostería es el que se utiliza para denominar al tipo de gastronomía que se basa en la preparación, cocción y decoración de platos y piezas dulces tales como tortas, pasteles, galletas, y muchos más. Suele usarse, para casi todos los alimentos de la repostería, azúcar, huevos, harina, mantequilla, vainilla, chocolate, crema y levadura.(wikipedia.org)

10-7

테마 음식점은 특정 음식의 종류에 따라 분류된다. 일반적인 방법으로는 요리의 발생국에 따른 것으로 세계적으로 유명한 '이탈리아 음식점'과 '중국 음식점'이 있다.

포장 음식점은 전채, 주요리, 간식 등의 음식을 차게 또는 뜨겁게 하여 제공한다.

'후식점'이란 '베이커리' 또는 '빵집'으로 각종 빵과 케익을 만들어 파는 곳이다. '후식점'이란 명칭은 각종 조리법을 말하는 것으로 후식을 위한 재료, 조리법, 음식 장식을 뜻한다. 단 것들로는 케익, 빵, 과자 등 여러 가지가 있으며, 재료로는 주로 설탕, 계란, 버터, 바닐라, 초콜릿, 크림, 흰자 거품 등을 주로 사용한다.

el comentario de expresiones

Temático: adj. Del tema o relativo a él.

El origen: Lugar de procedencia de una persona o cosa.

Aperitivos: El aperitivo; Bebida y comida que se toman antes de una comida principal.

Exponen: v. Exponer; Presentar o exhibir una cosa en público para que sea vista.

Basa: v. Basar; Fundar, apoyar algo sobre una base.

Clasificado: Estar ordenado o denominado por clases.

La cocción: Acción y resultado de cocer.

Tal como: Igual o semejante a algo.

Suele usarse: Acción de ser frecuente de alguna cosa o hecho.

La levadura: Cualquier masa constituida por ellos capaz de levantar o hacer fermentar el cuerpo con el que se mezcla.

주제 11

종교 la religión

11-1 종교(la religión)

Una religión es una colección organizada de creencias, sistemas culturales y cosmovisiones que relacionan a la humanidad a un tipo de existencia. Muchas religiones tienen narrativas, símbolos e historias sagradas que pretenden explicar el sentido de la vida y/o explicar el origen de la vida o el universo. A partir de sus creencias sobre el cosmos y la naturaleza humana, las personas pueden derivar una moral, ética o leyes religiosas o un estilo de vida preferido. Según algunas estimaciones, existen alrededor de 4,200 religiones vivas en el mundo e innumerables extintas.(wikipedia.org)

Muchas religiones pueden haber organizado comportamientos, clero, una definición de lo que constituye la adhesión o pertenencia, lugares santos y escrituras. La práctica de una religión puede incluir rituales, sermones, conmemoración o veneración(a una deidad, dioses o diosas), sacrificios, festivales, festines, trance, iniciaciones, oficios funerarios, oficios matrimoniales, meditación, oración, música, arte, danza, servicio comunitario u otros aspectos de la cultura humana. Las religiones pueden contener una mitología.

Una encuesta mundial de 2012 reporta el 59 % de la población mundial como "religioso" y el 36 % como no religiosos(incluido el 13 % de ateos). En promedio, las mujeres son «más religiosas» que los hombres. Algunas personas siguen múltiples religiones o varios principios religiosos al mismo tiempo, independientemente de si los principios religiosos que siguen permiten tradicionalmente el sincretismo o no.(wikipedia.org)

11-1

종교란 인간의 실존과 관련된 믿음, 문화 제도 및 우주관을 총체적으로 집대성한 것이다. 많은 종교가 인생의 의미나, 생명과 우주의 기원에 관한 얘기와 상징, 그리고 신성한 역사를 가지고 있다. 우주와 인간의 태생에 관한 자신들의 믿음으로부터 시작하여 사람들은 어떤 도덕이나 윤리, 또는 종교적 교리나 자신들이 추구하는 생활 태도를 만들게 된다. 여러 조사에 의하면 현재 세계에는 약 4,200개의 종교가 있으며, 사라진 종교도 셀 수 없을 만큼 많다고 한다.

대부분의 종교는 행동양식, 성직자, 성격 규명 및 성지와 경전을 가지고 있다. 종교행위는 형식, 기도, 기념 또는 추종하는 신이 있고 희생, 축일, 행사, 결정적 시기, 주도적 역할, 장례, 혼례, 명상, 기도, 찬송, 예술, 춤, 공동체 내의 봉사와 기타 문화적 양상을 띄고 있다. 종교는 신화를 포함하기도 한다.
2012년의 한 조사에 따르면 세계 인구의 59%가 종교인이고, 36%가 비종교인(이 중 13%는 무신론자)이다. 보통 여자가 남자보다 더 종교적이다. 어떤 사람들은 동시에 여러 개의 종교를 갖는다. 이는 제교 혼합과는 별개의 것이다.

el comentario de expresiones

Colección organizada: Se colecciona con orden y método.

Historias sagradas: Es el nombre dado por la historiografía cristiana a la intervención directa de Dios en la historia, cuya fuente documental es la Biblia.

El trance: Estado en el que se suspenden las funciones mentales normales de una persona.

11-2 불교(el budismo)

El budismo, siendo no solo una religión sino una filosofía, plantea una forma de vida, en la que está ligado al sufrimiento desde el nacimiento hasta la muerte, de tal modo que solo se puede liberar del sufrimiento a través de unos dogmas, normas o reglas por los cuales no solo dejara el sufrimiento de lado sino que alcanzara un conocimiento más allá de lo comprensible.
Al retomar la historia del budismo podemos ver cómo se empieza. Pues que su creador Siddharta Gautama crea esta filosofía o su forma de pensamiento en base a los del hinduismo tomando varias de sus prácticas, pensamientos, hasta dioses, pues el budismo no considera a un dios a buda, pero tiene como dios superior a Brahma y a buda como el representante humano de que se puede llegar a la gracia de brahma, por medio del conocimiento y la meditación profunda.(monografías.com)

Para el sufrimiento se puede decir que hay una forma de explicarlo y es por medio del "Karma" que se puede entender como dar el bien para recibir el bien, que es Causa-efecto: Cada acción produce un efecto, el que a su vez producirá otros efectos secundarios. Así, cada acción, cada pensamiento, producirá un diferente tipo de efecto, como si fueran semillas plantadas que, al encontrar en su momento los factores adecuados(tierra, sol, agua, etc.), germinarán como plantas y darán sus frutos de acuerdo a la acción que las produjo. Así que una de las reglas fundamentales del budismo es respetar todas las formas de vida.(monografías.com)

11-2

불교는 종교일 뿐만 아니라 철학으로서 삶의 방식을 제안한다. 불교에서의 삶은 태어나서 죽을 때까지 고통으로 연결되며, 일정한 교리에 의해 이 고통으로부터 해방될 뿐만 아니라 지평 너머의 세계로 들어갈 수 있다.

불교의 역사를 알면 불교의 시원을 알 수 있다. 싣달라 고타마는 힌두교를 근간으로 수행과 사고, 나아가 신들까지와 결합하여 불교를 창시하였다. 그러므로 불교에서는 브리만이나 부처를 신으로 여기는 것이 아니라 신보다 높은 존재로 여긴다.

브라만이나 부처는 인간이 깊은 명상으로 깨달음의 경지에 다달아 이루게 된다.

이 고통을 이해하기 위해서는 '카르마'를 통해야 한다. '카르마'란 선을 행해야 선을 받을 수 있다는 개념으로 '인과'에 해당한다: 모든 행위에는 결과가 있으며 동시에 부차적인 결과도 야기시킨다. 그러므로 어떤 행위나 생각이라 할지라도 서로 다른 결과를 낳게 되며 이는 마치 씨를 심는 것과 같다. 씨를 심을 때 토양, 태양, 물 등이 적당한 환경이 되어야 싹이 트고 열매를 맺는 것과 같은 이치이다. 그러므로 불교의 기본 교리는 모든 생명을 존중하는 것이다.

el comentario de expresiones

Ligada al sufrimiento: Relacionada con sufrir.

Dogmas: Punto esencial de una religión, una doctrina o un sistema de pensamiento que se tiene por cierto y que no puede ponerse en duda dentro de su sistema.

Cada acción produce un efecto: Cada cosa que hacemos produce a su vez un resultado diferente.

11-3 유대교(el judaísmo)

El judaísmo es una de las grades religiones que ha sobrevivido en el tiempo, entre otras, convirtiéndose así en una de las más antiguas. Nace con Abraham y profesan sus creencias en un solo Dios(monoteísta). La Tora(comparte con la Biblia) es considerada como la ley de Dios llevada por Moisés. Como ya sabemos el judaísmo es monoteísta y por eso su doctrina esta basada en la creencia de que hay un solo Dios trascendente que creó el Universo y que, afortunadamente, continúa gobernándolo. Profundizando en este monoteísmo, se da la convicción teológica de que el mundo es inteligible porque existe una inteligencia divina y/o fruto de una causalidad intencional que lo sostiene. Nada es en la humanidad fruto de la casualidad; en sentido último, todo tiene un significado.(monografía.com)

En los escritos aparece continuamente la llamada a defender las leyes. Se trata de una conversión viva, no de un seguimiento solo de las letras. Aplicar los principios y leyes de Dios para el diario vivir es fundamental. Los rezos forman parte de una rutina, la cual se hace parte fundamental en la vida de un practicante de esta religión. Una de las fiestas más importantes es el shabat(sábado) donde se dedica el día al reposo. Se debe tener en cuenta que el judaísmo ha sido modificado y se han creado otras corrientes del mismo, obedeciendo a las necesidades del momento histórico, cultural y como es común en las religiones se han ido creando sus propias interpretaciones de los escritos en los cuales se fundamentan.(monografía.com)

11-3

유대교는 전통 종교에서 변화하여 생존한 종교이다. 아브라함으로부터 시작하여 유일신에 대한 신앙을 고백한다. 토라 경전은 모세가 가져온 '하나님의 법'이다. 우리 모두가 알고 있듯이 유대교는 유일신을 믿으며 우주는 이 유일신에 의해 창조되고 유지된다. 따라서 이 세상은 지적 존재라는 것을 그 신학적 배경으로 한다. 이는 하나님이 지적 존재이며 이를 통제하시기 때문이다. 그러므로 인간에게 그 어떤 것도 우연한 것이 없으며 모든 것은 의미를 가진다고 본다.

경전에는 계속해서 하나님의 법을 수호할 것을 상기시킨다. 문자적 추종이 아닌 삶을 통한 실천을 말하고 있다. 일상에서 하나님의 법과 원칙을 지키는 것이 기본이다. 초신자들은 기도를 통해 참여 의식을 갖는다. 중요한 축일은 토요일로 안식일이다. 그러나 유대교가 변형되어 여러 갈래로 나뉘었다. 이는 시대와 문화에 따른 필요에 따른 것으로 다른 종교에서도 마찬가지이다.

el comentario de expresiones

Ha sobrevivido en el tiempo: Ha conseguido continuar, seguir viviendo.

Doctrina: Son el conjunto de ideas, enseñanzas o principios básicos defendidos por un movimiento religioso.

Monoteísmo: Creer en un solo dios.

Se da: v. Darse; Entregarse, dedicarse.

Teológico: adj. De la teología o relativo a ella.

Divina: adj. Perteneciente a Dios o a los dioses.

El principio: Fundamento, aseveración fundamental que permite el desarrollo de un razonamiento o estudio científico.

11-4 기독교(el cristianismo)

El cristianismo nació a principios del Siglo I de nuestra era(años 30 – 43 en Jerusalén y Antioquía), surge por la predicción sobre la vida, enseñanzas, muerte y resurrección de Jesús de Nazaret. Fue predicado y en el siglo III extendido con gran rapidez por la mayor parte de los países que formaban el imperio romano.
Los católicos mantienen que San Pedro fue el primer obispo de Roma, fundador del Papado. San Pablo y sus partidarios propagaron el cristianismo desde Jerusalén a Roma. A pesar de las numerosas persecuciones del que fue objeto, el cristianismo pudo propagarse con gran rapidez, como una doctrina que predicaba el amor y la igualdad entre los hombres y con la promesa de una vida en el más allá.(monografía.com)

Los cristianos celebran y expresan su fe en un conjunto de ritos, de ceremonias, entre los que destacan los llamados sacramentos, que son representaciones simbólicas de actuaciones divinas, que los fieles celebran en distintos momentos de su vida.
Así, por ejemplo, a través del bautismo, una persona se convierte en cristiano y pasa a formar parte de la comunidad de creyentes. En el sacramento de la eucaristía, los cristianos recuerdan la muerte y resurrección de su fundador, Jesucristo, y celebran haber sido salvados por él.
Los cristianos se reúnen los domingos en sus templos, las iglesias, para cumplir el tercer mandamiento, santificar las fiestas, y participar en la eucaristía.(monografía.com)

11-4

기독교는 1세기 초(30-40년, 예루살렘과 안디옥)에 나사렛의 예수의 삶, 가르침, 죽음 그리고 부활을 통한 예언으로부터 시작되었다. 그 후 로마 제국을 통해 3세기에 확산되었다. 천주교는 사도 베드로를 로마의 첫 주교이자 교황으로 여긴다. 사도 베드로와 그 제자들은 예루살렘으로부터 확산되었으며 인간의 사랑과 평등을 교리로 이 세상 너머의 삶을 약속한다.

기독교인들에게는 자신들의 신앙을 고백하고 기념하는 예식과 의식이 있는데, 예를 들어 영성체를 통해 사람은 기독교인이 되며 공동체의 일원이 된다. 성찬을 통해 창시자인 예수의 사망과 부활을 기념하고 구원을 축하한다. 기독교인들은 일요일에 성전이나 교회에 모여 제 3의 명령을 지키고 예배를 드리며 성찬에 참여한다.

el comentario de expresiones

La era: Periodo de tiempo que se empieza a considerar a partir de un punto fijo o una fecha determinada.

Surge: v. Surgir; Manifestarse, aparecer.

Predicado: v. Predicar; Propagar o extender una doctrina o una idea, haciéndolas públicas y patentes.

El fundador: El que funda o crea una cosa. En este caso Jesucristo.

Comunidad de creyentes: Grupo de personas que tienen creencias religiosas.

11-5 음양(el yin y yang)

El yin y yang son dos conceptos del taoísmo, que exponen la dualidad de todo lo existente en el universo. Describe las dos fuerzas fundamentales opuestas y complementarias, que se encuentran en todas las cosas. El yin es el principio femenino, la tierra, la oscuridad, la pasividad y la absorción. El yang es el principio masculino, el cielo, la luz, la actividad y la penetración. Según esta idea, cada ser, objeto o pensamiento posee un complemento del que depende para su existencia y que a su vez existe dentro de él mismo. De esto se deduce que nada existe en estado puro ni tampoco en absoluta quietud, sino en una continua transformación. Además, cualquier idea puede ser vista como su contraria si se la mira desde otro punto de vista. En este sentido, la categorización sólo lo sería por conveniencia. Estas dos fuerzas, yin y yang, serían la fase siguiente después del tao, principio generador de todas las cosas, del cual surgen.

Esta doctrina es fundamental dentro de la medicina china tradicional.(wikipedia.org)

El yin y el yang son opuestos.
El yin y el yang son interdependientes.
El yin y el yang pueden subdividirse a su vez en yin y yang.
El yin y el yang se consumen y generan mutuamente.
El yin y el yang forman un equilibrio dinámico.
El yin y el yang pueden transformarse en sus opuestos.
En el yin hay yang y en el yang hay yin.(wikipedia.org)

11-5

음과 양은 도교의 기본 개념으로 우주에 있는 이원성을 표명한다. 이 두 힘은 서로 상치하나 보완적이다. 이는 만물에 있으며 음은 여성성으로 땅, 어둠, 수동 및 수용성이며, 양은 남성성으로 하늘, 빛, 능동 및 진취성이다. 이 사상에 따르면 모든 존재, 사물 또는 사상은 존재하기 위해 그 일부나 전부를 가진다. 그러므로 그 어떤 것도 순수한 상태는 없으며 절대적 침묵도 없고 지속적인 변화만 있을 뿐이다. 한 쪽은 다른 쪽을 통해 알 수 있으며 또 그 반대가 성립된다. 그러므로 범주를 정하는 것은 편리성 때문이다. 음과 양은 도교를 떠나 삼라만상의 원칙이 되었다. 이 교리는 중국 전통 의술의 기본이 되고 있다.

음과 양은 서로 대치된다.
음과 양은 상호 보완적이다.
음과 양은 음과 양으로 다시 나뉜다.
음과 양은 서로 소멸되며 생성된다.
음과 양은 활성적 균형을 이룬다.
음과 양은 상대로 변형될 수 있다.
음에는 양이 있고 양에는 음이 있다.

el comentario de expresiones

Exponen la dualidad: Manifiestan la existencia de dos caracteres o fenómenos distintos en una misma persona o cosa.

Posee un complemento: Tener algo que lo completa para hacerlo mejor, de forma más perfecta.

Nada existe en estado puro ni tampoco en absoluta quietud: No hay nada que sea invulnerable al cambio ni este sin movimiento absoluto.

11-6 프란시스꼬 교황(el Papa Francisco)

Nos vamos ahora a América Latina.(08:46)
Siguen en Río de Janeiro las Jornadas Mundiales de la Juventud y allí hoy el Papa Francisco ha confesado a cinco jóvenes.(08:52)
Luego se reúne con algunos presos y después presidirá el Via Crucis.(08:57)
Allí en Río está nuestro enviado especial Iñaki Díez, buenas tardes.(09:00)

Sí, hola, buenas tardes, el Papa Francisco ha realizado una ferviente defensa de los valores de la familia en el Ángelus de este día, rezado hoy porque la iglesia celebra a los padres de la Virgen María, es decir, hoy es el día de los abuelos.(09:13)
«¡Qué precioso es el valor de la familia como lugar privilegiado para transmitir la fe!», asegura el pontífice.(09:18)

Hemos aquí con valor precioso de la familia como lugar privilegiado para transmitir la fe.(09:27)

Ha aprovechado el día para hablar del documento conclusivo de Aparecida donde se recuerda que niños y ancianos construyen el futuro de los pueblos.(09:35)
Los niños porque llevarán adelante la historia, los ancianos porque transmiten la experiencia y sabiduría de su vida.(09:42)
«Esta relación, este diálogo entre las generaciones es un tesoro que tenemos que preservar y alimentar» concluye el obispo de Roma.(09:50)
Los jóvenes se puede decir ya que acaparan casi toda la actividad del Papa.(09:54)
Francisco les ha confesado, ha comido también con ellos, así mismo ha estado con un grupo de exdetenidos por la tarde, noche ya en España, vuelve a Copacabana, escenario único ya de esta JMJ para participar en el Vía Crusis.(10:08)
(Cinco Continentes /26/07/2013)

11-6

이제 중남미로 건너가 보겠습니다.

프란시스꼬 교황은 '세계청년대회'의 일정 중, 리오 데 자네이로에 있으면서 5명의 청년들에게 고해 성사를 주었습니다.

이어 5명의 죄수들과 만나고 '십자가의 길'을 집전하게 될 것입니다.

그곳 리오에 우리 이냐끼 디에스 특파원이 나가 있습니다. 안녕하세요?

네, 안녕하세요? 프란시스꼬 교황은 오늘 바친 '삼종기도'에서 가정의 소중함을 힘써 강조했습니다. 왜냐하면 교회에서는 오늘이 성모 마리아 부모님을 기리는 날로, 즉 조부모의 날이기 때문입니다.

"가정은 신앙을 전파하기 위한 특별한 곳으로 얼마나 소중한가?"라고 교황은 강조하였습니다.

가정은 신앙을 전파하기 위한 특별한 곳으로 아주 소중합니다.

'아빠레시다' 성지에서 이를 기념하여, 어린이와 노인은 우리의 미래를 만든다는 말씀을 전하셨습니다.

어린이는 역사를 이끌어 갈 것이며 노인은 자신들의 경험과 지혜를 전하기 때문입니다.

"세대 간의 이러한 관계와 이러한 소통은 우리 모두가 보존하고 성장시켜야 할 보물인 것입니다." 라고 말하며 로마의 추기경인 프란시스코 교황은 말씀을 마쳤습니다.

청년들은 교황의 모든 행사를 즐거워한다고 말씀드릴 수 있습니다.

프란시스꼬 교황은 청년들에게 고해성사를 주고, 그들과 함께 식사하였으며, 오후에는 수감자였던 청년들과 시간을 보냈으며, 스페인 시간으로 밤에 '십자가의 길'에 참여하기 위한 '세계청년대회'의 유일한 장소인 코파카바나로 돌아갑니다.

주제 12

축제 las fiestas

12-1 생일(el cumpleaños)

El cumpleaños es el aniversario de nacimiento de un ser vivo. En muchas culturas es costumbre celebrar el cumpleaños, por ejemplo mediante una fiesta con amigos, en las que se dan regalos al homenajeado. Las fiestas de cumpleaños son muy populares sobre todo entre los niños. Son una oportunidad más para la socialización con los amigos y la familia. En ella, es costumbre entregar regalos al anfitrión y comer una tarta o pastel al cual se le colocan velas, para que el cumpleañero sople y las apague mientras los invitados cantan alguna canción de cumpleaños, siendo entre las más populares "Cumpleaños feliz" en varios países y "Las mañanitas" en México y otros países de habla hispana.(wikipedia.org)

Cumpleaños feliz(canción)	'생일 축하합니다'(노래)
cumpleaños feliz	생일 축하합니다
te deseamos a ti	생일 축하합니다
cumpleaños(nombre)	(이름)의 생일을
cumpleaños feliz	생일 축하합니다

Las mañanitas(canción)	'아침에'(노래)
Estas son las mañanitas	다윗 왕이 노래한 아침이야
que cantaba el rey David	
Hoy por ser día de tu santo,	오늘은 네 생일
te las cantamos a ti	축하의 노래를 불러줄게
Despierta mi bien, despierta	일어나 내 사랑, 일어나
Mira que ya amaneció	벌써 아침이야
Ya los pajarillos cantan	벌써 새들이 노래 부르잖아
La luna ya se metió	벌써 달은 졌어

12-1

생일은 사람의 탄생을 축하하는 기념일로 친구들과 잔치를 하며 생일을 맞은 사람에게 선물을 한다. 생일 잔치는 주로 어린 아이들이 많이 한다. 이는 가족과 친구들 사이에서 사회성을 배우게 되는 기회가 된다. 생일을 맞은 사람에게 선물을 하는 것은 관습이며 또한 케익 등을 먹는데, 그 케익 위에 초를 켜서 생일을 맞은 사람이 그 촛불을 불어 끄도록 하며, 이 때 손님들은 생일 축하 노래를 부른다. 여러 나라에서 '생일 축하합니다'를 부르고, 멕시코 등 중남미 나라에서는 '아침에'라는 노래를 부른다.

el comentario de expresiones

Un ser vivo: Cualquier cosa creada, especialmente si está dotada de vida.

Es costumbre: Algo tradicional de un lugar o un grupo de gente de ese lugar.

Homenajeado: v. Homenajear; Rendir homenaje a alguien o a su memoria.

Popular: adj. Conocido o querido del público en general.

Entregar: v. Poner alguna cosa o persona en poder de alguien, dar.

Sople: v. Soplar; Despedir aire con fuerza por la boca.

Apague: v. Apagar; Extinguir el fuego o la luz.

Anfitrión: Persona que organiza un evento, fiesta u otro acto.

Aniversario: Día en que se cumple un número exacto de años desde que se produjo un acontecimiento.

12-2 크리스마스(la Navidad)

La Navidad es una de las festividades más importantes del cristianismo, junto con la Pascua de resurección y Pentecostés. Esta solemnidad, que conmemora el nacimiento de Jesúcristo en Belén, se celebra el 25 de diciembre en la iglesia católica, en la iglesia anglicana, en algunas comunidades protestantes y en la mayoría de las iglesias ortodoxas. Aparte del origen cristiano de la Navidad, esta fecha ha ido mezclando su carácter religioso con la tradición de convivencia familiar, debido en gran medida a la popularidad de esta celebración y a la mercadotecnia.(wikipedia.org)

Es costumbre que se celeban varias misas en Navidad, con distinto contenido según su horario. Así, la noche anterior(Nochebuena) se celebra la famosa 'Misa de Gallo' o 'Misa de Medianoche'; en algunos lugares se oficia una 'Misa de la Aurora' que acompaña el amanecer del 25 de diciembre, de forma que se vive la noche de Navidad como una vigilia festiva.(wikipedia.org)

feliz Navidad(canción)	성탄 축하해요(노래)
feliz Navidad	성탄 축하해요
feliz Navidad	성탄 축하해요
feliz Navidad	성탄 축하해요
próspero Año y felicidad	복된 새해 축하해요
Quiero desearles felices pascuas desde el fondo de mi corazón	성탄을 진심으로 축하해요

12-2

성탄은 '부활절'과 '성령 강림절'과 더불어 기독교의 중요한 축하일이다. 이 의식은 베들레헴에서의 예수 탄생을 기념하는 것으로 카톨릭, 영국 국교, 일부 개신교 및 대부분의 정교회에서 12월 25일에 행해진다. 성탄의 기독교적 발생과는 별도로 이 기념일이 크게 대중화되고 상업화되면서 종교적 성격이 가족 모임의 전통으로 혼합되어 왔다.

성탄절에는 내용에 따라 여러 미사가 드려진다. 성탄 전야(크리스마스 이브)에는 그 유명한 '닭의 미사'라 불리는 '자정 미사'가 있고 곳에 따라 25일 새벽에 드리는 '여명 미사'가 있다. 이는 철야를 하며 성탄일을 기리는 의미가 있다.

el comentario de expresiones

Pascua de resurrección: Es la festividad cristiana en la que se celebra la resurrección de Jesucristo.

Pentecostés: Festividad religiosa que se celebra cincuenta días después de Pascua, en que los judíos conmemoran el día en que Dios les dio la ley en el monte Sinaí.

Comunidades protestantes: Creyentes de la doctrina cristiana protestante.

Mercadotecnia: Conjunto de técnicas y estudios que tienen como objeto mejorar la comercialización de un producto.

12-3 토마토 축제(la tomatina)

Esta fiesta para todos los públicos se celebra desde hace más de 60 años en Buñol, Valencia, e incluso ha llegado a ser imitada en algunos países. El último miércoles de agosto de cada año, miles de personas se arrojan más de 100 toneladas de tomates entre ellos en una "batalla" de lo más divertida.

La "batalla" coincide con la fiesta del santo patrón de la ciudad que se celebra en el transcurso de una semana, en la que tienen lugar diferentes actividades y celebraciones previas que culminan con esta batalla de tomates que da fin a las fiestas.

La noche previa a La Tomatina, las calles se llenan de tomates mucho más apetecibles de lo que estarán al día siguiente. En la plaza, llena de paellas, se cocina sobre fuegos de leña y se bebe vino hasta altas horas de la madrugada. El miércoles por la mañana muy temprano, los comerciantes y propietarios de locales en torno a la Plaza se afanan por proteger puertas y ventanas antes de la caótica avalancha.

En torno a las 10 horas comienza el primer evento de la Tomatina. Es el "palo jabón", similar a la cucaña, que consiste en subir a un poste engrasado con un jamón en la parte superior. Mientras esto sucede, el grupo trabaja en un frenesí de cantar y bailar mientras se duchan con mangueras. Una vez que alguien ha conseguido soltar el jamón del palo, se da la señal para el comienzo, que suele ser a eso de las 11, cuando suena la carcasa, y comienza el caos. Varios camiones descargan los tomates en abundancia en la Plaza del Pueblo.

Según una estimación, se utilizan cada año alrededor de 150.000 tomates que se distribuyen entre unos 20.000 participantes de diversas partes del mundo que acuden a divertirse en esta extraña batalla.(Huffingtonpost.es)

12-3

이 축제는 이미 60년 전부터 발렌시아의 부뇰 지방에서 모든 사람들이 즐기기 시작하여 지금은 다른 나라에서 따라하기도 한다. 매년 8월 마지막 수요일에 수많은 사람들이 100톤 이상의 토마토를 서로 던지면서 아주 재미있는 '전쟁'을 즐긴다. 이 '전쟁'은 도시를 지켜낸 수호 성인의 축일과 맞물려 일주일 동안 이어진다. 이 기간 동안 수많은 행사와 축제가 이어지며 마지막에 이 토마토 싸움으로 마무리를 짓게 된다. 토마토 축제일 전날 밤, 거리는 그 다음 날 사용될 토마토로 가득 차고, 광장에는 장작으로 요리하는 빠에야가 가득하며, 사람들은 새벽까지 포도주를 마신다. 수요일 당일은 이른 아침부터 광장 주변의 장사꾼들과 매장 주인들은 이 대소동으로부터 가게의 문과 창문을 지키기 위해 만반의 준비를 한다. 10시경 토마토 축제의 첫 이벤트인 '비누 기둥'이라 불리는 축제가 시작된다. 이는 '쿠카냐'와 비슷하게 기둥의 꼭대기에 햄을 놓고 돼지 기름이 발린 기둥을 올라가 햄을 떨어뜨리는 것이다. 이 동안 다른 쪽에서는 호스로 물을 뿌리며 춤과 노래로 응원을 한다. 누군가 기둥에서 햄을 떨어뜨리는 순간 본격적인 축제가 시작된다. 대강 11시경 신호탄이 울리면 대혼란이 시작되면서 트럭들은 엄청난 양의 토마토를 광장에 쏟아 붓는다. 통계에 따르면 매년 세계 각지에서 이 '전쟁'을 즐기기 위해 약 2만 명이 참가하며, 15만 개의 토마토가 사용된다.

el comentario de expresiones

Ha llegado a ser imitada: Repetir esta fiesta por otro colectivo de personas en un lugar diferente al de origen.

Un frenesí: Exaltación violenta del ánimo, especialmente de una pasión.

Poste engrasado: Un palo cubierto de sustancia grasienta.

주제

13 교통 el transporte

13-1 기차(el tren)

Se denomina transporte o transportación al traslado de un lugar a otro de algún elemento, en general personas o bienes. El transporte es una actividad fundamental dentro de la sociedad. Para lograr llevar a cabo la acción de transporte se requieren varios elementos, que interactuando entre sí, permiten que se lleve a cabo: una infraestructura en la cual se lleva físicamente la actividad, por ejemplo las vías para el transporte.(wikipedia.org)

Los TAV(trenes de alta velocidad) generalmente son trenes, que como su nombre indica, circulan a velocidades superiores a 200-250 km/h por líneas diseñadas para este fin. Una de las primeras líneas de esta clase de trenes se inauguró en Japón en 1964, la llamada "Nuevo Tokaido", que unía Tokio y Osaka; su tren alcanzaba una velocidad de 240 km/h.

En Francia el TGV es uno de los trenes que en abril de 2007 obtuvo un récord mundial de velocidad: 574,8 km/h. Sin embargo, el récord mundial de trenes lo tiene el japonés Maglev, de levitación magnética, que en diciembre de 2003 consiguió una velocidad máxima de 581 km/h. Otro tren de alta velocidad en Francia es el AGV(Automotriz a Gran Velocidad) mucho más moderno. En Japón, además del Maglev, están los Shinkansen que alcanzan velocidades de más de 300 km/h.

En Alemania el ICE(Inter City Express) fue desarrollado en el año 1985.

En España el AVE(Alta Velocidad Española) alcanza velocidades superiores a 300 km/h. Su primer servicio fue entre Madrid y Sevilla en 1992.(wikipedia.org)

13-1

TAV(고속 열차)는 그 이름에서 알 수 있듯이 시속 200-250km가 넘는 속도로 운행되며 이를 위해 설계된 철로 위를 달린다. 이런 종류의 열차는 1964년 일본에서 처음으로 시운전된 '신도카이도'호로 도쿄에서 오사카까지 시속 240km에 달했다.
프랑스에서는 2007년 4월 시속 574.8km로 세계 신기록을 세웠다. 그러나 세계 신기록이라고 하면 일본의 '마그레브'호로 전자기장에 의한 부상열차인데 2003년 12월 시속 581km로 신기록을 수립하였다. 프랑스의 AGV(초고속 열차)는 훨씬 최근의 것이다. 일본에는 '마그레브'호 외에 시속 300km이상의 '신간센'호가 있다. 독일에서는 ICE(도시간 고속철)가 1985년 개발되었다. 스페인에는 AVE(스페인 고속 열차)가 시속 300km 이상을 질주하며 1992년 마드리드에서 세비야까지 첫 운행을 하였다.

el comentario de expresiones

Una actividad fundamental dentro de la sociedad: Es el ejercicio de una tarea que se hace muy necesaria en el círculo social.

Interactuando entre sí: v. Interaccionar; Que ejerce una acción recíproca entre dos o más personas.

Líneas diseñadas para este fin: Las vías del tren creadas para soportar mayores velocidades.

Un récord mundial: Conocido también como batir un record. Sería ser el número uno en un terreno determinado. En este caso en velocidad.

Levitación magnética: v. Levitar; Quedar suspendido en el aire. En este caso mediante la creación de un campo magnético.

13-2 버스(el autobús)

El autobús, bus, colectivo, guagua u ómnibus son los nombres más comunes del vehículo diseñado para transportar numerosas personas mediante vías urbanas. Generalmente es usado en los servicios de transporte público urbano e interurbano, y con trayecto fijo. Su capacidad puede variar entre 10 y 120 pasajeros. En sistemas de autobús de tránsito rápido, la capacidad de los buses puede variar entre 160 y 240 pasajeros.(wikipedia.org)

El uso del autobús como forma de reducir el uso del coche privado, ha suscitado en algunas ciudades, la implantación del autobús de combustión de gas natural para estos medios de transporte público. El uso de gas natural vehicular(GNV) reduce, aunque no elimina, en más de un 85 % las emisiones de óxido de nitrógeno y de partículas en suspensión, principales contaminantes que afectan a la salud humana, y hasta un 20 % las emisiones de CO_2 principal gas de efecto invernadero que genera un cambio climático. Respecto al uso de combustibles para vehículos es hoy en día una importante alternativa para mejorar la calidad del aire de las ciudades.
Actualmente en España circulan más de 2.900 vehículos con gas natural, fundamentalmente vehículos pesados de ámbito urbano, como camiones de recogida de basura o autobuses. Un total de 26 localidades disponen de estaciones de suministro, entre las que se encuentran Barcelona, Burgos, Madrid, Salamanca, Sevilla y Valencia.(wikipedia.org)

13-2

버스는 다양하게 'autobús, bus, colectivo, guagua u ómnibus'라 부르며, 도시에서 수많은 사람들을 실어 나르기 위한 수단이다. 보통 도시와 도시 근교에서의 이송에 필요하며, 고정된 노선이 있다. 승객은 10명에서부터 120명까지 수용이 가능하며, 고속 버스인 경우는 160명에서부터 240명까지도 가능하다.

여러 도시에서 개인 승용차를 줄이기 위한 방편으로 버스 사용이 거론되고 있으며, 이런 용도에 있어서는 천연가스를 사용하는 버스로의 이전을 시도하고 있다. GNV(자동차용 천연가스)를 사용하면 질소 산화물을 85% 이상 줄일 수 있으며 인체에 유해한 주된 공해 물질을 차단할 수 있고, 탄산가스 배출을 20%까지 줄일 수 있다. 탄산가스는 기후 변화를 일으키는 온실효과의 주범으로, 천연가스는 최근 석유 연료를 대체하여 도시 공기의 질을 개선하기 위한 중요안 대안이 되고 있다.
현재 스페인에는 2,900대가 넘는 차량이 천연가스로 운행되고 있으며, 특히 쓰레기 수거 트럭이나 버스 같은 도시형 대형 차량이 대부분이다. 바르셀로나, 부르고스, 마드리드, 살라망까, 세비야, 발렌시아 등 총 26개 지역에 천연가스 주유소를 두고 있다.

el comentario de expresiones

Mediante vías urbanas: Esto es a través de las vías que se encuentran en la ciudad.

Interurbano: Esta vía está establecida entre ciudades distintas.

Uso del autobús como forma de reducir el uso del coche: v. Reducir; Disminuir algo. Método para evitar que el coche sea el medio que elijan los ciudadanos en vez del transporte público como el autobús.

Importante alternativa: La opción de elegir algo distinto. No solo una opción.

Partículas en suspensión: Son los cuerpos materiales de un tamaño muy pequeño que se quedan en el aire.

13-3 비행기(el avión)

Pueden clasificarse por su uso como aviones civiles(que pueden ser de carga, transporte de pasajeros, entrenamiento, sanitarios, contra incendios, etc.) y aviones militares(carga, transporte de tropas, cazas, bombarderos, de reconocimiento o espías, de reabastecimiento en vuelo, etc.).
Los instrumentos de control son dispositivos tanto mecánicos como electrónicos(aviónica) que permiten al piloto tener conocimiento de los parámetros de vuelo principales, como la velocidad, altura, rumbo, ritmo de ascenso o descenso, y del estado de los sistemas del avión durante el vuelo, como los motores, el sistema hidráulico, el eléctrico, las condiciones meteorológicas, el rumbo programado del vuelo, y la ruta seguida.
Su principio de funcionamiento se basa en la fuerza aerodinámica que se genera sobre las alas, en sentido ascendente, llamada sustentación. Esta se origina por la diferencia de presiones entre la parte superior e inferior del ala, producida por la forma del perfil alar.(wikipedia.org)

Los aeropuertos son las terminales en tierra donde se inician y concluyen los viajes de transporte aéreo en aeronaves. Las funciones de los aeropuertos son varias, entre ellas el aterrizaje y despegue de aeronaves, embarque y desembarque de pasajeros, equipajes y mercancías, reabastacimiento de combustible y mantenimiento de aeronaves, así como lugar de estacionamiento para aquellas que no están en servicio. Los aeropuertos sirven para aviación militar, aviación comercial o aviación general. (wikipedia.org)

13-3

용도에 따라 민간 비행기와 군용 비행기로 나눌 수 있다. 민간용은 화물, 승객 이송, 경기, 보건, 화재 진압 등의 용도에 사용되고 군용은 화물, 군인 이송, 사냥, 폭격, 스파이, 보급 등의 용도로 사용된다. 제어기는 수동과 자동이 있으며, 조종사에게 운항에 관한 사항을 알도록 해준다. 예를 들어, 속도, 고도, 방향, 상승 및 하강의 정도, 운항 중 비행 장치의 상태, 모터, 수력 장치, 전기, 날씨 상황, 입력된 항로, 경로 등이다.

비행기의 기본 기능은 '부양'이라 불리는 상승시 날개에서 발생하는 공기압이다. 이것은 앞날개와 뒷날개 사이의 압력의 차이로 발생하는데, 그 이유는 날개의 측면 형태 때문이다.

공항은 육지에 있는 터미널로 비행기 운송을 시작하고 마치는 곳이다. 공항에서는 여러가지 업무가 진행되지만 그 중에서도 비행기의 이륙과 착륙, 승객과 짐 그리고 화물의 선적과 하적, 연료 재주유와 비행기 점검 등이 이루어지며 비행하지 않는 비행기들이 체류하는 곳이기도 하다. 공항은 군용 비행기, 상업용 비행기 또는 일반 비행기에 사용된다.

el comentario de expresiones

Los parámetros de vuelo principales: La variable que se incluye en la ecuación del plan de vuelo.

Ritmo de ascenso o descenso: Forma de alternar la subida y bajada.

Sustentación: La sustentación del avión se consigue con superficies en forma de alas y la propulsión a reacción.

Embarque: Tomar el avión. **Antónimo:** Desembarque.

Reabastacimiento de combustible: v. Abastecer; Dar proporcionar algo. Reabastecer; Volver a dar de nuevo eso que es necesaria o vital para su funcionamiento.

13-4 터미널(la terminal)

Las terminales tienen las siguientes dependencias: vestíbulos de chequeo, salas de embarque, bandas de equipajes, puertas de salida, zonas de esparcimiento, restaurantes, tiendas, bancos, cajas de cambio y aparcamiento de automóviles. Los aeropuertos internacionales tienen además controles migratorios(control de pasaportes y aduana). En la aduana, los pasajeros que salen o entran del país reportan el ingreso o salida de dinero y mercancías.

Por las recientes amenazas terroristas, los controles de acceso a las aeronaves es muy estricto. Además de máquinas detectoras de metales y escáneres corporales, muchos aeropuertos poseen máquinas de rayos X para la detección de materiales peligrosos en el equipaje de los pasajeros.(wikipedia.org)

13-4

터미널에는 다음과 같은 부대 시설이 있다: 체킹 데스크, 대합실, 짐 부치는 곳, 게이트, 사람들이 모일 수 있는 공간, 식당, 가게, 은행, 환전 창구, 주차장 등. 국제 공항인 경우, 이 외에도 출입국 심사대(여권과 세관 검사)가 있다. 출·입국자들은 세관에 돈이나 소지품 신고를 해야 한다. 최근 테러리스트의 공격으로 탑승 검사가 엄격해졌다. 금속 소지 유무를 검사하는 기계 외에도 몸을 스캔하는 장비가 있고, 대부분의 공항에는 X-레이 기계가 있어 승객의 짐에 위험한 물건이 없는지를 수색한다.

el comentario de expresiones

Vestíbulos de chequeo: Entrada donde se hace la revisión del equipaje.

Zonas de esparcimiento: Áreas diseñadas para la diversión y el ocio.

los pasajeros que salen o entran del país reportan el ingreso o salida de dinero y mercancías: Esto es declarar qué cantidad traen o llevan para tomar control de esta situación.

Las recientes amenazas terroristas: Las advertencias de que un posible acto de terror a manos de terroristas puede ser efectuado de forma inminente.

Estricto: adj. Rígido, inflexible, que no da lugar a variación. **Antónimo:** Flexible, moldeable.

13-5 자동차(el automóvil)

Automóvil de turismo, un tipo de automóvil destinado al transporte de personas, con al menos cuatro ruedas y un máximo de nueve plazas incluido el conductor.
Coche de bomberos, vehículo empleado por los bomberos para luchar contra el fuego.
Coche de policía, automóvil utilizado por la policía en sus labores de patrulla.
Coche de vapor, automóvil que se mueve por un motor de vapor.
Coche de seguridad, vehículo de la organización, exclusivo en circuitos de carreras.
Coche fúnebre, vehículo que se utiliza para transportar el ataúd que contiene los restos mortales de una persona.
Coche de pedales, vehículo de cuatro ruedas de propulsión humana.
Microcoche, automóvil especialmente pequeño.
Coche bomba, vehículo motorizado en cuyo interior se ha colocado una bomba o artefacto explosivo.
Coche de caballos, vehículo tirado por caballos.
Coche ferroviario, material rodante utilizado en el ferrocarril para el transporte de personas.
Coche-cama, coche ferroviario capaz de acomodar a todos sus pasajeros en algún tipo de cama.
Coche de niño, vehículo para transportar bebés.(wikipedia.org)

13-5

승용차: 사람의 이송용으로 최소한 바퀴 4개에 운전석을 포함하여 최대 9좌석을 갖는다.

소방차: 불을 끄기 위해 소방관들이 사용하는 차.

경찰차: 순찰 임무를 위해 경찰이 사용하는 차.

증기 기관차: 증기 기관으로 움직이는 차.

순찰차: 교통 순찰을 제외한 기관용 차.

장례차: 관을 운반하는 차.

자전차: 사람이 발로 움직이는 4바퀴 차.

소형차: 특별히 작은 차.

폭탄차: 폭탄이나 폭발물을 실은 차.

마차: 말이 끄는 차.

레일차: 레일을 통해 사람을 운송하는 차.

침대차: 레일차에 침대류를 설치하여 승객의 편의를 도모하는 차.

유모차: 아기를 태우는 차.

el comentario de expresiones

Para luchar contra el fuego: Esto sería el acto de extinguir las llamas producidas en un incendio.

Un motor de vapor: Es el motor que se impulsa mediante combustión.

Los restos mortales de una persona: El cuerpo ya sin vida. El muerto.

Capaz de acomodar: Que puede acoger a un número de personas.

Coche ferroviario: Es el tren o transporte que utiliza como medio la vía del tren.

Coche de pedales: Es movido por medio del pedal. Con los pies.

13-6 자전거(la bicicleta)

La bicicleta, coloquialmente llamada bici, es un vehículo de transporte personal de propulsión humana, es decir por el propio viajero. Sus componentes básicos son dos ruedas, generalmente de igual diámetro y dispuestas en línea, un sistema de transmisión a pedales, un cuadro metálico que le da la estructura e integra los componentes, un manillar para controlar la dirección y un sillín para sentarse. El desplazamiento se obtiene al girar con las piernas la caja de los pedales que a través de una cadena hace girar un piñón que a su vez hace girar la rueda trasera sobre el pavimento. El diseño y configuración básicos de la bicicleta han cambiado poco desde el primer modelo de transmisión de cadena desarrollado alrededor de 1885. (wikipedia.org)

Es un medio de transporte sano, ecológico, sostenible y económico, válido para trasladarse tanto por ciudad como por zonas rurales. Su uso está generalizado en la mayor parte de Europa, llegando a ser, en países como Suiza, Alemania, Países Bajos, algunas zonas de Polonia y los países escandinavos, uno de los principales medios de transporte. En Asia, especialmente en China y la India, es el principal medio de transporte.(wikipedia.org)

13-6

보통 'bici'라 부르는 자전거는 사람의 동력으로 사람을 운송하는, 즉 승객 자신이 자신을 운송하는 수단이다. 대부분 같은 크기의 두 개의 바퀴가 나란히 있으며, 페달에 의해 동력 장치가 가동되며, 각 부속의 테두리와 각 부속을 연결시키는 것은 쇠로 되어 있고, 방향을 조정하는 핸들과 앉을 수 있는 작은 받침의자가 있다. 자전거는 발로 페달을 돌리면 체인을 통해 동시에 도로 면에 붙어 있는 뒷바퀴의 톱니가 돌려지면서 가동된다. 자전거의 기본적인 설계와 모형은 1885년경 첫 출시된 체인 작동 모델과 거의 유사하다.

자전거는 도시나 지방을 다니기에 아주 건강하고, 친환경적이며 유지하기도 매우 경제적이다. 유럽의 여러 나라, 스위스, 독일, 네덜란드, 폴란드 여러 지역과 스칸디나비아에서 중요한 교통 수단으로 일반화되어 있다. 아시아 국가 중에, 특히 중국과 인도에서는 자전거가 주된 교통 수단이다.

el comentario de expresiones

Coloquialmente llamada bici: Con el nombre con el que se le conoce a pie de calle, en el lenguaje de la gente. El lenguaje al uso.

Sillín para sentarse: Es el asiento pequeño del que disponen las bicicletas. Originalmente de silla.

El diseño y configuración básicos: Se refiere a un boceto, bosquejo o esquema que se realiza, ya sea mentalmente o en un soporte material y a la realización del mismo de manera rudimentaria.

주제 14

환경 el medio ambiente

- 14-1 환경과 생태학(el medio ambiente y la ecología)
- 14-2 기후(el clima)
- 14-3 기후 변화, 인공 위성(el cambio climático y el satélite)
- 14-4 재활용(el reciclaje)
- 14-5 아이티 지진 3주년(Haití, tercer aniversario)

14-1 환경과 생태학(el medio ambiente y la ecología)

El medio ambiente son los conjuntos de componentes físicos, químicos, biológicos, sociales, económicos y culturales capaces de causar efectos directos e indirectos, en un plazo corto o largo sobre los seres vivos. Desde el punto de vista humano, se refiere al entorno que afecta y condiciona especialmente las circunstancias de vida de las personas o de la sociedad en su conjunto. Comprende el conjunto de valores naturales, sociales y culturales existentes en un lugar y en un momento determinado, que influyen en la vida del ser humano y en las generaciones futuras. Es decir, no se trata sólo del espacio en el que se desarrolla la vida, sino que también comprende seres vivos, objetos, agua, suelo, aire y las relaciones entre ellos, así como los elementos tan intangibles como la cultura.
El 5 de junio se celebra el Día Mundial del Medio Ambiente.(wikipedia.org)

La ecología es la ciencia que estudia las interrelaciones de los diferentes seres vivos entre sí y con su entorno. Estudia cómo estas interacciones entre los organismos y su ambiente afectan a propiedades como la distribución o la abundancia. En el ambiente se incluyen las propiedades físicas y químicas que pueden ser descritas como la suma de factores abióticos locales, como el clima y la geología, y los demás organismos que comparten ese hábitat(factores bióticos). Los ecosistemas están compuestos de partes que interactúan dinámicamente entre ellos junto con los organismos, las comunidades que integran, y también los componentes no vivos de su entorno. Estos procesos se sustentan en los organismos con rasgos específicos históricos de la vida, y la variedad de organismos que se denominan biodiversidad.(wikipedia.org)

14-1

환경이란 살아 있는 생명체에게 단기간 혹은 장기간에 걸쳐 직접적 또는 간접적으로 물리적, 화학적, 생체적, 사회적, 경제적, 문화적 영향을 끼치는 총체를 말한다. 인간을 중심으로 봤을 땐, 개인과 사회의 총체적 삶에 대한 환경의 영향과 조건을 뜻한다. 자연, 사회 그리고 문화적으로 일정 기간, 일정 장소에 존재하는 가치들로서 인간의 현재의 삶과 또한 후세들에게 영향을 미칠 수 있는 모든 것을 뜻하기도 한다. 즉, 삶에 관련된 공간적인 것만을 의미하는 것이 아니라 다른 생명체들, 물, 땅, 공기 등 총체적으로 문화를 이루는 모든 것을 일컫게 된다. '세계 환경의 날'은 6월 5일이다.

생태학은 생명체들 사이에 또는 생명체와 주변 환경과의 관계를 연구하는 학문이다. 생체와 환경의 상호 작용은 개체의 분포와 증식에 영향을 미치는데, 이것이 어떻게 일어나는 지를 연구한다. 환경이라 함은 한 거주지의 생물학적 요소뿐만 아니라 비생물학적 요소, 예를 들어, 기후나 지형과 같은 물리 · 화학적 개체를 포함한다. 생태계는 생명체, 생명체가 속해 있는 사회, 그리고 그 주변의 무생명체까지 포함한 역동적 상호 작용으로 이루어진다. 이런 생태계의 과정은 우리가 '생명체의 다양성'이라 명명한 것처럼 다양한 생명체들과 그들의 오랜 세월 동안의 특성들로 지탱된다.

el comentario de expresiones

Circunstancias de vida: Es un accidente(de tiempo, lugar, etc.) que está unido a la sustancia de un hecho o de un dicho en la vida.

Partes que interactúan: Son aquellas que actúan entre sí. **Actuar:** v. Comportarse de una manera determinada que presenta un individuo ante su entorno.

Biodiversidad: Hace referencia a la amplia variedad de seres vivos sobre la Tierra y los patrones naturales que la conforman, resultado de miles de millones de años de evolución según procesos naturales y también de la influencia creciente de las actividades del ser humano.

14-2 기후(el clima)

Hay que recordar que la Tierra está constituida por tres partes fundamentales: una parte sólida llamada litosfera, recubierta en buena proporción por agua(llamada hidrosfera) y ambas envueltas por una tercera capa gaseosa, la atmósfera. Estas se relacionan entre sí produciendo modificaciones profundas en sus características. La ciencia que estudia estas características, las propiedades y los movimientos de las tres capas fundamentales de la Tierra, es la Geofísica. En ese sentido, la meteorología es una rama de la geofísica que tiene por objeto el estudio detallado de la envoltura gaseosa de la Tierra y sus fenómenos.

Se debe distinguir entre las condiciones actuales y su evolución llamado tiempo atmosférico, y las condiciones medias durante un largo periodo que se conoce como clima del lugar o región. En este sentido, la meteorología es una ciencia auxiliar de la climatología ya que los datos atmosféricos obtenidos en múltiples estaciones meteorológicas durante largo tiempo se usan para definir el clima, predecir el tiempo, comprender la interacción de la atmósfera con otros subsistemas, etc. El conocimiento de las variaciones meteorológicas y el impacto de las mismas sobre el clima ha sido siempre de suma importancia para el desarrollo de la agricultura, la navegación, las operaciones militares y la vida en general.(wikipedia.org)

14-2

지구는 세 부분으로 구성되어 있음을 알아야 한다: 단단한 부분인 지각과 대부분의 물(수권으로 불림), 그리고 이 둘은 가스층인 대기로 덮여 있다. 이들은 서로 연관되어 있어 각각의 특성에 심각한 변화를 야기시킨다. 이런 특징들과 속성 및 기본적인 이 세 계층의 움직임을 연구하는 학문이 지구 물리학이다. 이런 의미에서 기상학은 지구 물리학의 한 분야이며, 지구의 가스층과 그 현상들을 세밀하게 연구하는 것을 대상으로 삼는다. '현재의 조건과 현재 날씨의 변화', 그리고 '한 장소 또는 한 지역의 기후라고 알려져 있는 오랜 동안에 걸친 평균치의 조건'은 구별되어야 한다. 이런 의미에서 기상학은 기후학의 보조 학문이며, 오랜 기간 수많은 기상 관측소에서 수집한 기상 자료는 기후를 말하거나, 날씨를 예보하거나, 대기와 다른 부수적 조건과의 상호 관계를 이해하는데 사용한다.
기상 변화와 기후에 미치는 기상의 영향을 아는 것은 농업, 항해, 군사 작전, 그리고 일반 생활에 항상 중요하다.

el comentario de expresiones

Sólida: adj. Estado de la materia en el que las moléculas poseen el mayor grado de cohesión.

Envoltura: f. Capa exterior que cubre una cosa.

Distinguir: v. Conocer la diferencia que hay de unas cosas a otras.

Impacto: m. Impacto de un objeto que se lanza con fuerza contra algo. Huella o señal que deja este choque.

14-3 기후 변화, 인공 위성(el cambio climático y el satélite)

Se llama cambio climático a la modificación del clima con respecto al historial climático a una escala global o regional. Tales cambios se producen a muy diversas escalas de tiempo y sobre todo los parámetros meteorológicos: temperatura, presión atmosférica, precipitaciones, nubosidad, etc.
El término suele usarse de manera poco apropiada, para hacer referencia tan solo a los cambios climáticos que suceden en el presente, utilizándolo como sinónimo de calentamiento global. La Convención Marco de las Naciones Unidas sobre el Cambio Climático usa el término «cambio climático» solo para referirse al cambio por causas humanas.(wikipedia.org)

Los satélites meteorológicos son un tipo de satélite artificial utilizados para supervisar el tiempo atmosférico y el clima de la Tierra, aunque también son capaces de ver las luces de la ciudad, incendios forestales, contaminación, auroras, tormentas de arena y polvo, corrientes del océano, etc. Otros satélites pueden detectar cambios en la vegetación de la Tierra, el estado del mar, el color del océano y las zonas nevadas.
El fenómeno de El Niño y sus efectos son registrados diariamente en imágenes satelitales. El agujero de ozono de la Antártida es dibujado a partir de los datos obtenidos por los satélites meteorológicos. De forma agrupada, los satélites meteorológicos de China, Estados Unidos, Europa, Canadá, India, Japón y Rusia proporcionan una observación casi continua del estado global de la atmósfera, aunque a una escala muy detallada en la que pueden identificarse los patrones nubosos y la circulación de los vientos, así como los flujos de energía que generan los fenómenos meteorológicos.(wikipedia.org)

Entre las primeras campañas promovidas por grupos ecologistas destacaron las de oposición a las centrales nucleares, sobre todo tras el grave accidente ocurrido en Chernóbil(Ucrania) en 1986. También han tenido gran resonancia las acciones para intentar salvar la Amazonia brasileña y la defensa de la Antártida como Parque Mundial. Los vertidos peligrosos de las industrias y la caza indiscriminada de ballenas han dado lugar a algunas de las protestas más espectaculares.(2009 pequeño Espasa Ilustrado)

14-3

기후 변화란 세계적으로 또는 국지적으로 그 동안의 기후와 비교하여 기후가 변하는 것을 말한다. 이런 기후 변화는 다양한 시기에 다양한 기상학적 기준으로(기온, 대기압, 강수량, 구름 등)생겨난다. 그러므로 지구 온난화 현상의 한 형태로만 보아 현재의 기후 변화만을 언급하는 것은 부적절하다. UN의 기후 변화 관련 기관에서는 인재에 의한 기후 변화를 '기후 변화'라 칭한다.

기후 측정을 위한 인공 위성은 대기와 지상 기후의 측정을 위해 사용한다. 물론 이 인공 위성은 도시의 불빛이나 산림에서 일어나는 화재, 공기 오염, 오로라, 모래 폭풍이나 먼지, 해류 등을 포착할 수 있다. 어떤 인공 위성들은 지상의 식물의 변화, 해양의 상태, 해양의 색깔 및 눈에 덮힌 지역 등을 관찰할 수도 있다.
'엘 니뇨' 현상과 그 영향은 매일 인공 위성에 촬영된다. 남극 지방의 오존층에 난 남극 오존층의 구멍은 기상 위성에 의해 얻어진 자료에서 나타났다. 중국, 미국, 유럽, 캐나다, 인도, 일본 그리고 러시아의 기상위성은 공동의 형태로 전지구적인 대기의 상태에서 거의 연속된 일련의 관측을 제공한다. 이는 구름의 형태와 바람의 회전까지 구분할 수 있는 매우 자세한 규모로, 또한 기상 현상이 발생하는 에너지의 파동까지 측정한다.

1986년 우크라이나 체르노빌에서 발생한 원전사고로 인하여 환경학자들은 특히 원전 반대 운동에 집중하고 있다. 또한 브라질 아마존 지역을 구해내기 위한 노력과 세계 공원으로서의 남극을 방어하는 것은 크게 반향을 불러 일으키고 있다. 또한 공해산업과 무차별한 고래사냥에 대해 특별한 반대가 행해지고 있다.

el comentario de expresiones

La modificación del clima: El cambio o diferencia climática a raíz de diversos factores.

Supervisar el tiempo atmosférico: Revisar el estado del tiempo en la atmósfera concretamente.

Imágenes satelitales: Las fotos capturadas desde el espacio por medio del satélite alrededor de la tierra.

Observación casi continua: Mirar de forma cuidadosa la mayor parte del tiempo algo para poder comprenderlo y realizar conclusiones de eso que se observa.

Los vertidos peligrosos de las industrias: Líquidos o semi sólidos que pueden poner en riesgo la vida de seres vivos de todo rango y especie.

Gran resonancia: De una gran transcendencia. se refiere a un conjunto de fenómenos relacionados con los movimientos periódicos o casi periódicos en que se produce reforzamiento.

Protestas más espectaculares: Las protestas más destacadas. De mayor transcendencia.
Protestar: v. Mostrar disconformidad, descontento u oposición.

14-4 재활용(el reciclaje)

Uno de los más graves problemas de nuestra sociedad de consumo es la enorme cantidad de residuos de todo tipo que producimos. Entre ellos tienen especial importancia los residuos sólidos urbanos(RSU), que proceden tanto del consumo doméstico como de numerosas actividades comerciales. Por reciclaje se entiende el conjunto de procesos encaminados a recuperar materiales que ya han sido utilizados pero que, tras un tratamiento más o menos complejo, pueden volver a ser introducidos en el proceso de producción para fabricar otros nuevos. Desde una perspectiva ecológica orientada a la disminución de los residuos, el reciclaje es una medida complementaria de dos acciones previas: la reducción del consumo y la reutilización. El reciclaje tiene una doble ventaja: evita la contaminación con productos cuya degradación en el medio es muy lenta y permite ahorrar materias primas.

Para que el reciclaje sea posible es indispensable separar los diferentes desechos allí donde se producen a fin de que puedan ser recogidos de forma selectiva. Es por tanto una tarea que nos corresponde a todos y para la que debemos utilizar de forma adecuada los diferentes contenedores de basura. Debemos acostumbrarnos a separar, por un lado, los restos orgánicos(recogidos en contenedores naranjas o verdes) de la latas, cajas de tetra-brik y plásticos(contenedor amarillo). También es preciso depositar selectivamente el papel, cartón y embalajes(contenedor azul) y el vidrio(verde claro). Residuos especialmente contaminantes son los medicamentos caducados, las pilas, los metales, las pinturas y barnices, los electrodomésticos y otros objetos voluminosos. Para muchos de ellos suele haber contenedores especiales en los llamados puntos limpios o en los establecimientos donde los venden.

(2009 pequeño Espasa Ilustrado)

14-4

우리사회의 가장 심각한 소비문제 중 하나는 모든 종류의 생산품 중 버려지는 것들의 양이다. 특히 '도시 고형 폐기물'(RSU)이 중요한데, 이는 가정이나 다양한 상업활동 등으로 인해 생기는 많은 양의 쓰레기이다. 재활용은 이미 사용된 제품을 다시 사용할 수 있게 만드는 과정이라고 이해될 수 있으며, 다소 복잡한 처리 후에 다른 새로운 제품으로 생산되기 위한 생산과정을 통해 다시 생산될 수도 있다. 쓰레기를 줄이기 위한 생태학적 관점에서 재활용은 사전의 두 가지 행동(소비감소와 재사용)에 대한 하나의 보완책이라 할 수 있다. 재활용은 두 가지 장점을 가진다: 분해 속도가 느린 제품들로 인한 오염을 피하고, 원자재 절감을 가능케 하는 것이다.

재활용이 가능하려면 생산지에서 아예 버려지는 것들을 서로 다르게 분류해야 하는 것은 필수적이며, 그래야 제대로 된 분리 수거를 할 수 있다. 그러므로 이것은 우리 모두가 해야 할 일이며, 이를 위해서는 분리 수거에 맞게 쓰레기통을 사용하여야 한다. 또한 분리 수거에 익숙해져야 한다. 음식물 쓰레기는 주홍색이나 녹색 통에, 캔, 방수통, 프라스틱 류는 노랑색 통에 넣는다. 또한 종이, 박스, 상자는 청색 통에, 유리는 투명 녹색 통에 분리 수거 한다. 특별한 오염 쓰레기는 유통 기한이 지난 약품, 밧데리, 금속제, 칠과 왁스, 전자 제품, 그리고 여러 부피가 큰 물품 등이다. 이런 것들은 주로 '처리장'이라 불리는 곳이나 또는 이런 물품을 파는 곳에 수거통이 있다.

el comentario de expresiones

Desde una perspectiva ecológica: La Ecología; La especialidad científica centrada en el estudio y análisis del vínculo que surge entre los seres vivos y el entorno que los rodea.

Puntos limpios: Lugares donde se lleva a cabo la labor de reciclaje y separación de la basura.

14-5 아이티 지진 3주년(Haití, tercer aniversario)

Y ahora Centroamérica, Haití, tercer aniversario hoy del terrible terremoto que en dos mil diez costó la vida a más de trescientas mil personas, otras trescientas cincuenta mil resultaron heridas y más de un millón y medio se quedaron sin hogar.(12:46)
Una tragedia que a pesar del tiempo transcurrido y de la ayuda de la comunidad internacional aún siguen padeciendo muchos haitianos.(12:53)
Cristina Sánchez nos recuerda cómo va la reconstrucción.(12:56)

Tres años después siguen siendo muchos los retos a pesar de los avances en el proceso de reconstrucción que con todo discurre lento porque casi cuatrocientas mil personas continúan alojadas en más de quinientos campamentos temporales en una precaria situación.(13:13)
Vincent Maurepas, director de Intermón Oxfam en Haití.(13:17)

Es que estas personas tienen un acceso limitado a los servicios básicos, por ejemplo de saneamiento, salud y educación y estas personas son extremadamente vulnerables a crisis futuras.(13:36)

Como las que ha enfrentado el país durante dos mil doce con dos huracanes que han destruido gran parte de los cultivos.(13:43)

Que han impactado de manera negativa sobre el esfuerzo, por ejemplo en el sector agrícola, por ejemplo, y cuando han pasado estas inundaciones, todo este esfuerzo para fortalecer el sector agrícola al final es como de comenzar a duro, ¿no?(14:08)

Con la mayoría de su población sin acceso a agua potable o a saneamiento, esas inundaciones han elevado aún más el riesgo de epidemias como el cólera.(14:16)
Robert Cherry de Médicos Sin Fronteras.(14:19)

Siempre hay riesgo.(14:22)
Con cualquier precipitación puede extenderse el cólera.(14:25)
La gente no tiene acceso a agua potable por lo que beben del río y hay basuras en las calles, lo que multiplica los casos y la velocidad con la que se extienden.(14:34)
Está relacionado con las condiciones higiénicas de nuestro entorno.(14:38)

Y aunque se han edificado miles de casas y se han retirado casi todos los escombros, otro peligro se cierne sobre los aún desplazados, el de los desalojos.(14:49)

Hay muchos campos que en realidad se establecen sobre espacios privados.(14:56)
Hay una situación de conflicto entre las personas que viven en estos campos y estas tiendas de campaña y los propietarios.(15:12)

Y el riesgo para las mujeres es doble con otra epidemia que se extiende por los campamentos, la de los abusos y violaciones.(15:20)

Fue agredida porque allí vivía sola.(15:24)
Los hombres atacan siempre a las mujeres que están solas e indefensas.(15:29)
Eran varios y venían bien armados con cuchillos e incluso con pistolas.(15:34)

Y a las promesas incumplidas por la comunidad internacional hay que unir la falta de recursos que acompaña a la actual crisis económica que golpea especialmente a una población con un elevado índice de desempleo que frena su desarrollo.(15:50)

Que Haití es un país que ahora tenemos como prioridad todo.(15:55)
Todo está en prioridad en este país, pero deberíamos hacer una inversión inteligente.(16:02)
Lo más inteligente por Haití ahora es la creación de empleo para construir un futuro mejor por el pueblo haitiano, para cambiar la estrategia de trabajo, para dar más voz al pueblo haitiano y para permitirlo apropiarse.(16:23)
(Cinco Continentes /11/01/2013)

14-5

자, 이제 중앙아메리카로 가보겠습니다. 아이티에서는 오늘이 2010년 약 30만 명의 목숨을 앗아간 지진 3주년이 되는 날입니다. 35만 명이 부상을 당했고 150만 명 이상이 난민이 되었습니다.

아이티 지진은 세월이 흐르고 국제 사회가 돕고 있음에도 불구하고 많은 아이티 국민들은 여전히 고통 받고 있는 비극적 상황입니다.

끄리스띠나 산체스 기자가 아이티 복구 상황에 대해 설명해드리겠습니다.단

3년이 지나 국가 복구 작업이 진척되긴 하였지만 여전히 극복해야 할 과제가 산재해 있으며 진행이 더딥니다. 왜냐하면 약 40만 명 이상이 500개가 넘는 열악한 임시 시설에서 계속 지내고 있기 때문입니다.

아이티 옥스팜 인터내셔널의 빈센트 모레파 소장의 말을 들어보겠습니다.

이들에게는 보건, 의료, 교육 등의 기초 서비스 혜택이 제한적이고, 이들은 앞으로 닥칠 재난에 가장 취약한 사람들입니다.

2012년 아이티에 닥친 두 번의 허리케인으로 농작물의 대부분이 훼손되었기 때문입니다.

허리케인은 농업과 같은 분야에 들인 노력에 부정적 영향을 끼쳤습니다. 그리고 이 홍수가 지나가자 농업의 발전을 위해 쏟아 부은 그들의 모든 노력이 결국 물거품이 되었습니다.

국민 대다수가 식수를 보급받지 못하고 보건의 혜택조차 없는 상태에서 홍수가 나자 콜레라와 같은 전염병의 위험이 가중되었습니다.

'국경 없는 의사회'의 로버트 체리 활동가의 말을 들어보겠습니다.

항상 위험은 존재합니다.

비가 얼마가 내리든 콜레라는 확산될 수 있습니다.

사람들이 식수를 공급받지 못하기 때문에 강물을 마시고, 거리에는 쓰레기가 가득합니다. 이는 콜레라의 가능성과 확산 속도를 증가시킵니다.

콜레라는 우리 생활 주변의 위생과 관련된 문제입니다

수천 가구의 주택을 짓고 잔해들을 거의 정리했다고 해도 난민들에게는 여전히 추방이라는 위험이 도사리고 있습니다.

많은 시설들이 있지만 실제로 개인 소유 부지에 지어졌습니다.

이러한 시설이나 텐트에 거주하는 사람들과 땅 소유주 간에 갈등이 있습니다.

여성들에게는 시설 전체로 번지고 있는 또 다른 전염병으로 위험이 두 배입니다. 그것은 바로 학대와 성폭력입니다.

저는 혼자 살았기 때문에 습격 당했습니다.

남자들은 항상 무방비 상태의 독거 여성들을 공격합니다.

꽤 여러 명이었고 칼과 권총으로 무장하고 왔습니다.

국제 사회가 약속을 이행하지 않았을 뿐더러 작금의 글로벌 경제위기로 자원까지 부족하여 이번 위기가 특히나 고실업률로 발전이 더딘 아이티에 더 치명적인 상황입니다.

아이티는 현재 모든 것이 우선순위입니다.

이 나라에서는 모든 것이 우선순위이지만 특히 현명한 투자가 필요합니다.

아이티에 가장 현명한 투자는 고용 창출입니다. 이를 통해 아이티 국민에 의해 아이티가 더 나은 미래를 건설하고, 업무를 개선하고, 국민들이 목소리를 더 높이고, 이를 체질화할 수 있습니다.

주제

15 국제 사회 la comunidad internacional

15-1 유엔, 유럽 연합(la ONU y la UE)

Desde su sede en Nueva York, los Estados miembros de las Naciones Unidas y otros organismos vinculados deliberan y deciden acerca de temas significativos y administrativos en reuniones periódicas celebradas durante el año. La ONU está estructurada en diversos órganos, de los cuales los principales son: Asamblea General, Consejo de Seguridad, Consejo Económico y Social, Secretaría General, Consejo de Administración Fiduciaria y la Corte Internacional de Justicia. La figura pública principal de la ONU es el Secretario General. El actual es Ban Ki-moon de Corea del Sur, que asumió el puesto el 1 de enero de 2007, reemplazando a Kofi Annan.(wikipedia.org)

La Unión Europea(UE) es una comunidad política de derecho constituida en régimen sui géneris de organización internacional nacida para propiciar y acoger la integración y gobernanza en común de los Estados y los pueblos de Europa. Está compuesta por veintiocho Estados europeos y fue establecida con la entrada en vigor del Tratado de la Unión Europea(TUE), el 1 de noviembre de 1993. En 2012 la Unión Europea ganó el Premio Nobel de la Paz, que fue otorgado por unanimidad de todos los miembros del jurado, «por su contribución durante seis décadas al avance de la paz y la reconciliación, la democracia, y los derechos humanos en Europa».(wikipedia.org)

15-1

뉴욕 본부에서 UN의 회원국들과 그와 결부된 다른 기관들은 한 해 동안 개최되는 정기적인 회의에서 의미 있고 행정적인 주제에 대해 심의하고 결정한다. 국제연합 기구는 여러 기구로 조직되어있고, 주요 기구는 다음과 같다: 총회, 안전보장이사회, 경제사회위원회, 사무국, 신탁통치위원회, 국제사법재판소이다. 국제연합의 주된 공적 표상은 총회이다. 2007년 1월부터 시작해서, 코피아난을 뒤이어 한국의 반기문 총장이 현재 역임을 하고 있다.

유럽연합(EU)은 유럽 국가들이 국가와 국민을 통합하고 통치의 공동화를 이뤄내기 위하여 고유한 제도 하에 국제적으로 설립된 정치적인 공동체이다. 28개의 유럽 국가로 이루어져 있으며 1993년 11월 1일, 유럽연합 조약(TUE)의 실효로 설립되었다. 2012년 유럽연합은 모든 배심원들의 만장일치로, '유럽의 평화와 화합, 민주주의와 인권 향상을 위한 60년동안의 기여'로 노벨 평화상을 수상하였다.

el comentario de expresiones

Sede: Es el lugar desde el que se gestionan y administran asociaciones culturales, deportivas, órganos administrativos y otras organizaciones como embajadas.

Sui géneris: loc. adj. Singular, excepcional o extraño en su género.

Organismos vinculados deliberan: Una entidad o institución formada por diversas agencias, departamentos u oficinas que están relacionadas y piensan de forma profunda y detenidamente alternativas antes de decidir.

Nacida para propiciar: Creada para facilitar una acción o un suceso. Es decir, ventajoso o favorable.

15-2 세계 인권 선언문 (La Declaración Universal de los Derechos Humanos)

La Declaración Universal de los Derechos Humanos(DUDH) es un documento declarativo adoptado por la Asamblea General de las Naciones Unidas en su Resolución 217 A(III), el 10 de diciembre de 1948 en París; en esta se recogen en sus 30 artículos los derechos humanos considerados básicos, a partir de la carta de San Francisco de 1945.(wikipedia.org)

«Toda persona tiene los derechos y libertades proclamados en esta Declaración, sin distinción alguna de raza, color, sexo, idioma, religión, opinión política o de cualquier otra índole, origen nacional o social, posición económica, nacimiento o cualquier otra condición. Además, no se hará distinción alguna fundada en la condición política, jurídica o internacional del país o territorio de cuya jurisdicción dependa una persona, tanto si se trata de un país independiente, como de un territorio bajo administración fiduciaria, no autónomo o sometido a cualquier otra limitación de soberanía.»(wikipedia.org)

«Toda persona tiene derecho a la libertad de pensamiento, de conciencia y de religión; este derecho incluye la libertad de cambiar de religión o de Creencia, así como la libertad de manifestar su religión o su creencia, individual y colectivamente, tanto en público como en privado, por la enseñanza, la práctica, el culto y la observancia. Todo individuo tiene derecho a la libertad de opinión y de expresión; este derecho incluye el de no ser molestado a causa de sus opiniones, el de investigar y recibir informaciones y opiniones, y el de difundirlas, sin limitación de fronteras, por cualquier medio de expresión.»(wikipedia.org)

15-2

세계 인권 선언문은 유엔 총회에서 결의문 제 217 A(III)로 채택되어 1948년 12월 10일 파리에서 선언되었다; 이는 1945년 샌프란시스코 헌장에 기초하여 30개 항에 달하는 기본 인권을 담고 있다.

«모든 사람은 이 세계 선언문에 명시된 것과 같이 인종, 피부색, 성별, 언어, 종교, 정치적 견해 등 어떠한 인간의 특성, 출생 국가 및 사회, 경제적 지위, 출생 등과 같은 어떠한 조건에 상관 없이 권리와 자유를 갖는다. 또한 정치적, 법률적, 국제적 조건에 의한 차별을 해서는 안 된다. 한 사람이 어떠한 국가나 영토의 사법권에 종속되었을 때 독립적인 한 국가이건, 신탁통치를 받는 국가로 자치적이지 않거나 또 다른 주권의 한계에 종속되었건 간에 차별하지 않아야 한다.»

«모든 사람은 사고와 양심과 종교의 자유를 권리로 갖는다; 이 권리는 개인적으로 또는 단체로, 종교나 신앙을 바꾸거나 교육, 교리, 예배 형식 그리고 강령을 통해 자신의 종교나 신앙을 표현할 자유를 포함한다. 모든 개인은 의사표현의 자유를 갖는다; 이 권리는 자신의 의견으로 인해 방해 받지 않을 권리를 포함하며 정보와 의견을 조사하고 수집할 권리와 국경에 관계 없이 어떠한 표현 방식으로도 유포할 수 있는 권리를 포함한다.

el comentario de expresiones

Documento declarativo: v. Declarar; Manifestar, hacer público. Un escrito que manifiesta algún tipo de información.

Territorio de cuya jurisdicción dependa una persona: Es la potestad que ejerce una persona sobre un lugar específico.

15-3 무기 거래 조약(el tratado sobre el comercio de armas)

«Una victoria de los pueblos del mundo», así ha presentado el secretario general de Naciones Unidas, Ban Ki-moon el primer tratado sobre el comercio de armas aprobado esta semana en la Asamblea General de la ONU.(15:51)
Sin embargo, pesos pesados como Rusia, India o China han mantenido su negativa a afirmarlo con lo que se limita el alcance de este acuerdo que pretende parar los pies al mercado ilegal de armas a los terroristas y a los señores de la guerra.(16:04)
Alejandro Martínez analiza este histórico pacto.(16:07)

Millones de personas que han perdido sus vidas innecesariamente a causa de las armas pequeñas y ligeras que fluyen sin restricciones a través de las fronteras.(16:26)
Los niños soldados que han sido armados por la falta de restricciones adecuadas, las familias destrozadas, las comunidades arrasadas, las sociedades aterrorizadas.(16:38)

El mercado de los alimentos, el de la ropa y el de los coches, todos tienen normas, pero hay uno que hasta ahora no estaba sometido a ningún tipo de control.(16:48)
Es el mercado de las armas, la razón que mueve al año unos setenta mil millones de dólares, una poderosa cifra que explica por qué durante décadas muchos se han resistido a regularlo.(16:59)
Jordi Armadans, Fundació per la Pau.(17:01)

Desfelicitaciones de presiones por parte de la industria militar de lo hubiera dado las armas considerando ese tratado por una barbaridad y una cosa que no se puede aprobar de ninguna de las maneras, resistencias por parte de estados pequeños y grandes, en fin la vida de todo, pero por eso que se ha conseguido sin duda un gran éxito porque supone haber vencido muchísimas resistencias, muchísimas inercias, muchísimas presiones que no querían bajo ningún concepto que las armas fueran reguladas.(17:29)

Pero tras veinte años de lucha y concienciación, tras siete de negociaciones en el seno de la ONU el martes su Asamblea General aprobó con ciento cincuenta y cuatro votos a favor, veintitrés abstenciones y tres en contra, el primer tratado de la historia que pone límites al comercio con armas.(17:46)
Francisco Yermo, Oxfam.(17:48)

Por fin, por primera vez hay un tratado internacional y es jurídicamente vinculante y que va a regular el negocio más mortífero del mundo, el comercio de armas.(17:58)

Lo que dice ese tratado fundamentalmente es que quien lo firme no puede vender armas a países de regímenes que violó los derechos humanos o incumplan el derecho internacional humanitario.(18:08)
Para algunos la intención es buena, pero el contenido es demasiado vago porque no se han especificado los mecanismos de vigilancia y control.(18:15)
Para otros es un buen punto de partida teniendo en cuenta que había que contentar a ciento ochenta países con sus respectivos intereses.(18:23)

Realmente son los estados que toman las decisiones, capacidades de obligar hacer esto y aquello, pues son difíciles de concretar, pero cualquier tratado suele pasar así, ¿no?(18:32)
Los tratados son los instrumentos que regulan actividades.(18:36)
Los estados quedan vinculados a ellos.(18:38)
Los mecanismos de seguimiento y control de los propios tratados pues permiten hacer una tarea de ir vigilando y de ver qué pasa, mejorando y denunciando lo que vaya bien y son instrumentos, por lo tanto, que nos permiten avanzar hacia un mayor control de regulación del comercio de las armas sin ser un instrumento perfecto y completo evidentemente.(18:57)

El tratado ya está aprobado, pero aún le queda un largo camino por delante antes de entrar en vigor.(19:03)

Los países tienen ahora que firmar el tratado y luego los que lo han firmado, ratificarlo.(19:07)

Por lo tanto, estamos en un doble proceso que de alguna manera nos permitirá ver el grado de compromiso real de los países.(19:14)

Un proceso que puede durar dos años y tras el cual quedará claro si esto es sólo un tratado de buenas intenciones o realmente un instrumento útil que evita muertes. (19:22)

(Cinco Continentes /05/04/2013)

15-3

'전 세계인의 승리입니다.'라고 반기문 UN 사무총장은 이번 주 UN총회에서 통과된 무기 거래 규제를 위한 첫 무기거래조약에 대해 만족감을 표명했습니다.

그러나 러시아나 인도, 중국과 같은 영향력이 높은 국가들이 승인을 거부하고 있어 테러집단과 전쟁광들에게 무기를 납품하는 불법 시장을 저지하려는 이 조약의 효력 범위가 제한되고 있습니다.

알레한드로 마르띠네스 기자가 이 역사적인 무기거래조약에 대해 상세히 분석해드리겠습니다.

규제 없이 국경지대를 넘나드는 가벼운 소형무기가 거래되어 수백만 명의 사람들이 불필요하게 목숨을 잃었습니다.

적절한 규제의 부재로 소년병사들이 무장을 하게 되고 가정은 파괴되고 공동체는 와해되며 사회는 무너졌습니다.

식료품시장, 옷시장, 자동차시장 등 모든 곳에 규정이 존재하는데 아직까지도 아무런 규제가 없는 곳이 바로 무기 거래 시장입니다.

그 이유는 연간 약 700억 달러라는 돈을 움직이는 곳이 이 무기거래시장이며, 이 엄청난 숫자 때문에 수십 년간 많은 사람들이 이 규제를 강하게 반대한 것입니다.

바르셀로나 평화재단의 조르디 아르마단스 활동가의 말을 들어보겠습니다.

무기를 제공하던 군수업자들은 무기거래조약은 야만적인 것으로 절대 승인되지 말아야 될 것이라고 이 압력에 대해 불쾌해 했으며, 크고 작은 나라들의 저항 또한 만만치 않았으나 결국 모두의 생명에 관한 것입니다. 그러므로 무기거래조약의 통과는 쾌거를 이룬 것이라 할 수 있습니다. 왜냐하면 무기거래를 규제하는 그 어떠한 규정도 원하지 않는 많은 저항세력, 관성에 물든 세력, 여러 압박을 이겨냈기 때문입니다.

20년 간 반대 세력과 싸우고 사람들을 자각시켜왔으며 7년동안 유엔 내에서 협상한 결과, 지난 화요일 마침내 UN총회에서 찬성 154표, 기권 23표, 반대 3표로 통과됨으로써 사상 처음 무기거래에 제한을 두게 되었습니다.

비정부기구인 옥스팜의 프란시스꼬 예르모 활동가의 말을 들어보겠습니다.

드디어 처음으로 국제적인 조약이 생겼으며 법적 효력을 갖게 되었습니다. 이 조약은 전세계에서 가장 치명적인 사업인 무기 거래를 규제하게 될 것입니다.

이 조약은 근본적으로 조약에 서명을 한 나라는 인권유린이 자행되며 국제인권법을 준수하지 않는 정권에 무기를 판매하지 못한다는 것입니다.

한편에서는 조약의 의도는 좋지만 감시 및 규제 방법을 구체화하지 않았기 때문에 내용이 너무 방만하다고 말합니다.

다른 한편에서는 서로 다른 이해관계를 가진 180개국의 동의를 이끌어 냈다는 점에서 훌륭한 출발점이라고 말합니다.

결정을 내리고 이런 저런 것들을 의무화할 수 있는 것은 실질적으로 각 나라입니다. 따라서 이 조약을 구체화하기 힘들지만, 모든 조약이 대부분 이렇게 진행되지 않습니까?

조약은 무기판매 활동을 제한하기 위한 수단입니다.

각 국가들이 그 조약을 구체화하여야 합니다.

각 조약의 이행 및 규제 방법은 감시와 관찰을 허용하고 상황이 개선되도록 하며 이를 위해 고발도 허용합니다. 따라서 이 조치는 완벽하지는 않지만 무기 거래를 최대한 규제하도록 하는 수단입니다.

무기거래조약이 승인되긴 했지만 발효되기까지는 아직도 갈 길이 멉니다.

현재는 본 조약에 서명해야 하고, 이후에 비준해야 합니다.

따라서 우리는 이중 절차를 거쳐야 하며, 이로 인해 어떤 의미에서는 이 국가들이 실제로 어느 정도의 실행을 할지 확인할 수 있습니다.

조약의 절차는 2년 정도 소요되고 그 후에야 비로소 이 조약이 단순한 선의의 조약인지 혹은 실제로 생명을 구할 수 있는 유용한 수단이 될지 알게 됩니다.

15-4 오슬로 협정(los acuerdos de Oslo)

Hoy en Siria, pero hace dos décadas el mayor foco de tensión en Oriente Medio era el conflicto palestino-israelí.(10:51)
Hace veinte años Isaac Rabin, primer ministro de Israel y el líder de la OLP Yasir Arafat se estrechaban las manos en Wáshington rubricando los acuerdos de Oslo, uno de los intentos más importantes para lograr la paz en la región.(11:03)
El aniversario de Oslo se celebra en pleno proceso para sentar las condiciones de una nueva negociación entre israelíes y palestinos bloqueada desde dos mil diez con la vista puesta en la esperanza que abre esta nueva oportunidad.(11:14)
Marta Alepe analiza qué ocurrió con los acuerdos de Oslo y por qué fracasaron.(11:17)

El trece de septiembre de mil novecientos noventa y tres en Wáshington se empezaba escribir una nueva página en el conflicto entre Israel y Palestina.(11:30)
Arafat y Rabin firmaban los acuerdos de Oslo con la presencia del presidente Clinton.(11:34)
Estos acuerdos de Oslo fueron el resultado de la conferencia de Madrid de mil novecientos noventa y uno donde se comenzó a negociar el proceso de paz entre Israel y Palestina, pero veinte años después de la firma, ¿qué queda de todo aquello?(11:47)
El conflicto palestino-israelí se remonta a finales del siglo diecinueve cuando el movimiento sionista que luchaba por la creación de un estado para los judíos dispersos por el mundo vio en Palestina el lugar ideal para realizar su proyecto nacional.(12:04)
Desde entonces israelíes y palestinos han luchado por un mismo territorio.(12:09)
Los acuerdos de Oslo fueron diseñados para ofrecer una solución a este conflicto centenario.(12:13)
Ignacio Álvarez Ossorio es profesor de Estudios Árabes Islámicos de la Universidad de Alicante.(12:18)

Era un acuerdo para crear una autonomía parcial para la población palestina durante un período interino de cinco años y teóricamente transcurrido ese período debería alcanzarse una solución definitiva para resolver la cuestión palestina.(12:34)

En ese intento por crear un autogobierno nació la Autoridad Nacional Palestina, e Israel y Palestina se reconocieron mutuamente.(12:41)
Aquel trece de septiembre ambos mandatarios tenían firmes intenciones de conciliar sus intereses y lograr la paz.(12:48)

No tenemos deseos de venganza.(12:51)
No albergamos ningún odio hacia vosotros.(12:54)
Somos un pueblo que quiere construir un hogar, plantar un árbol, amar, vivir junto a vosotros como vecinos con dignidad, como seres humanos, como hombres libres. (13:02)

Esas fueron las palabras del exprimer ministro israelí Isaac Rabin durante el acto en Wáshington.(13:10)
Sin embargo las negociaciones que se iniciaron con esta firma se paralizaron en mil novecientos noventa y cinco.(13:15)
Rabin fue asesinado por un judío de extrema derecha, un grupo que desde el principio se oponía a la negociación de la paz con Palestina.(13:23)
Jorge Ramos es historiador y especialista en el conflicto de Israel y Palestina.(13:28)

Oslo, la res que ha sido resalida como el inicio del proceso de paz, pero nada más de veinte años después no podemos decir que se haya avanzado mucho en esa dirección sino más bien en un avance de las políticas de colonización y ocupación de Israel en los territorios ocupados.(13:50)

Este proceso de paz entre Israel y Palestina ha tenido varias oportunidades más.(13:58)
Sin embargo ninguno de estos procesos han resuelto las cuestiones fundamentales del conflicto como la división de Jerusalén o los asentamientos israelíes.(14:06)

Se puede decir que Israel como potencia ocupante la que ha sabido sacar ventaja de la situación, no se ha conseguido, no avanza hacia la paz.(14:14)

El proceso negociador quedó en un punto muerto en dos mil diez después de que Netanyahu ordenara la construcción de nuevos asentamientos israelíes en Cisjordania, pero el pasado mes de agosto se han vuelto a retomar las negociaciones de paz.(14:26)

La única solución posible que haya una presión internacional para que Israel cumpla con los internacionales líderes de los derechos humanos, ¿no?(14:34)
Y a partir de allí, se podrá empezar a vislumbrar un panorama realmente de algún tipo de iluminación a final del túnel.(14:43)

Un túnel que para palestinos e israelíes se antoja demasiado largo.(14:50)
Veinte años después de la firma de los acuerdos de Oslo todo hace indicar que aún habrá que esperar para que la paz llegue a Palestina e Israel.(14:58)
(Cinco Continentes /13/09/2013)

15-4

요즘은 시리아가 위기지만 20년 전 중동 위기의 최고 쟁점은 팔레스타인과 이스라엘의 갈등이었습니다.
20년전 이스라엘 총리인 이츠하크 라빈 총리와 팔레스타인해방기구의 야세르 아라파트 의장은 워싱턴에서 오슬로 협정서에 서명하며 서로 악수를 하였습니다. 이는 그 지역의 평화를 위한 중요한 시도 중 하나였습니다.
오슬로 협정 기념일이 제대로 치러졌습니다. 이는 2010년 이후 단절된 이스라엘과 팔레스타인의 새로운 타협을 위한 제 조건들을 마련할 기회가 될 것이라는 희망이 있습니다.
마르따 알레빼가 오슬로 협정으로 어떤 일이 일어났으며 왜 실패하였는지를 분석해드리겠습니다.
1993년 9월 13일 워싱턴에서 이스라엘과 팔레스타인 사이의 갈등에 새로운 장을 쓰기 시작하였습니다.

아라파트 의장과 라빈 총리는 클린턴 미 대통령이 지켜보는 가운데 오슬로 협정서에 서명하였습니다.

이 오슬로 협정은 1991년 마드리드 회의의 결과이며 그 곳에서 이스라엘과 팔레스타인의 평화를 위한 교섭이 시작되었습니다. 그러나 20년이 지난 지금 어떻게 됐을까요?

팔레스타인과 이스라엘의 갈등은 19세기 후반으로 거슬러 올라갑니다. 당시 세계에 흩어져 있던 유대인을 위한 국가를 건설하고자 한 투쟁인 시온주의는 팔레스타인을 자신들의 계획을 실천할 이상적인 곳으로 생각했습니다.

그 때부터 이스라엘 사람들과 팔레스타인 사람들은 같은 지역을 놓고 싸우게 되었습니다.

오슬로 협정은 100년이 넘는 갈등을 해결하기 위해 모색되었던 것입니다.

알리깐떼 대학교의 이슬람계 아랍 연구소 이그나시오 알바레스 오소리오 교수님을 소개합니다.

팔레스타인 사람들에게 잠정적으로 5년 동안 부분적 자치권을 주고 향후 팔레스타인 문제를 확실하게 해결하도록 하기 위한 협정이었습니다.

이렇게 자치권을 부여하는 데서 팔레스타인 자치 정부가 탄생되었습니다. 그리고 이스라엘과 팔레스타인은 서로 잘 알게 되었습니다.

당시 9월 13일 양국 대표자는 서로 타협하여 평화를 이루고자 하는 확신을 가지고 있었습니다.

우리는 보복할 마음이 없습니다.

우리는 당신들을 전혀 증오하지 않습니다.

우리는 가정을 이루고 나무를 심으며, 사랑하고 살면서 당신들의 진정한 이웃으로, 인간으로, 자유인으로 살고자 하는 것입니다.

이상은 이츠하크 라빈 전 총리가 워싱턴에서 행해진 협정식 때 한 말입니다.

그럼에도 불구하고 이렇게 서명으로 시작한 협상은 1995년 결렬되었습니다.

라빈 총리는 처음부터 팔레스타인과의 평화 협상을 반대했던 극우파 유대인 조직의 일원에 의해 암살되었습니다.

이스라엘과 팔레스타인 분쟁 전문가이신 호르헤 라모스 역사 학자를 소개합니다.

오슬로 협정은 평화 실현의 시발로 태동된 것으로 20년이 지난 지금 그 방향으로 발전했다기보다는 이미 차지한 땅을 식민화하려는 이스라엘의 정치적 행보라고 말할 수 있습니다.

이스라엘과 팔레스타인 사이의 평화 협상은 그 외에도 여러 차례 있었습니다.

그럼에도 불구하고 이런 기회들이 한 번도 예루살렘의 분리나 이스라엘 사람들의 정착으로 인한 갈등의 근본적 문제를 해결하지 못했습니다.

이스라엘은 점령국으로서 상황을 유리하게 이끌어 갈 수 있을 거라 알고 있었으나 그렇게 하지 못하였으며 평화를 이루어 가지도 못했다고 말씀드릴 수 있습니다.

평화 협정 과정은 네타냐후 총리가 요르단 강 서안지구에 이스라엘 사람들의 새로운 정착지 건설을 명한 이후 2010년에 사장되었습니다. 그러나 지난 8월 평화 협상을 재개하게 되었습니다.

어쩌면 유일한 해결책은 이스라엘이 약속을 이행하도록 세계 인권 단체 지도자들과 국제 사회의 압력이 있어야 합니다.

그렇게 해야 이 터널의 끝에 실제로 빛을 밝힐 수 있는 시도를 할 수 있을 것입니다.

이는 팔레스타인 사람들에게나 이스라엘 사람들에게 길게만 느껴지는 터널입니다.

오슬로 협정서에 서명을 한 지 20년이 지났지만 모든 정황을 볼 때 팔레스타인과 이스라엘에 평화가 찾아오려면 아직 더 기다려야 할 것입니다.

15-5 노바티스사와의 소송전(la batalla judicial contra Novartis)

La India seguirá siendo el principal proveedor de medicamentos baratos a los países en desarrollo.(19:30)
Tras seis años de batalla judicial el gigante farmacéutico Novartis ha perdido frente a los fabricantes de genéricos.(19:36)
El Tribunal Supremo de la India ha rechazado la pretensión de la multinacional suiza de comercializar como nuevo un producto anticancerígeno que en realidad sólo había sido modificado y que se vende doce veces más barato.(19:48)
La sentencia es el triunfo del derecho de los más pobres a la salud.(19:52)
Eduardo Sanz afirma este reportaje.(19:54)

De histórica se puede calificar la decisión del Tribunal Supremo de la India que permitirá el acceso de los medicamentos a los más desfavorecidos y los verdaderos artífices de este triunfo ha sido la Asociación de Ayuda a Pacientes con Cáncer.(20:15)
Ha sido una larga batalla judicial.(20:19)
En dos mil tres Novartis lanza en mercado Mesylate de Imatinib con el nombre comercial de Gleevec en Estados Unidos a un precio de dos mil seiscientos dólares por paciente al mes.(20:30)
Posteriormente aparecen versiones genéricas en la India por menos de doscientos dólares.(20:35)
En dos mil cinco una enmienda de la ley de patentes de India deja claro que sólo se pueden patentar las verdaderas innovaciones médicas.(20:43)
Además en uno de sus artículos especifica que las nuevas formas de sustancias conocidas no pueden ser patentadas a menos que se demuestre una significativa mejoría de su eficacia.(20:55)
Dos mil seis comienzan las demandas de Novartis en diferentes tribunales y no es hasta el once de septiembre de dos mil doce cuando el Tribunal Supremo comienza la vista sobre el caso.(21:08)

La sentencia deja claro que la base del producto médico no es nuevo, ya que tuvo su período de patente y que los posibles añadidos no cambian su efecto.(21:17)
Comenzamos con declaraciones.(21:19)
Nina Megane de Médicos Sin Fronteras en la India.(21:23)

Es normalmente significativo porque ocho millones de personas con VIH reciben el tratamiento de India.(21:30)
Esta decisión significa que al menos por el momento los medicamentos destinados a esas personas están salvaguardados.(21:37)
Supone también la protección de la competencia de los genéricos y de las prácticas abusivas de empresas farmacéuticas como Novartis.(21:45)
Creo que el Tribunal Supremo ha protegido los derechos de los pacientes en todo el mundo en desarrollo.(21:51)

Carlos Ugarte de Médicos Sin Fronteras, España.(21:56)

Es una buena noticia que llena de tranquilidad a todos esos pacientes de países con pocos recursos que tenían como única fuente de tratamiento y van a seguir teniendo afortunadamente el de los medicamentos genéricos de calidad que se producen en India y que esta sentencia, lo que ha venido es a confirmar ya por tercera y esperemos que última vez que la ley de India de patentes sea justa a la normativa de las organizaciones mundiales del comercio.(22:24)

Se ha mal acostumbrado a una mala práctica que se les admiten los países occidentales o los países digamos con más recursos, ¿no?, que es mantener viva la patente de una manera indefinida.(22:39)

Gérman Velásquez, exdirector de propiedad intelectual de salud pública de la Homes y actualmente consejero del Centro Sur, Salud y Desarrollo.(22:47)

Lo que le estaba solicitando Novartis a la Corte Suprema era que modificara la ley para que su producto pudiera ser patentado.(22:54)
Entonces aquí vemos un poco la desproporción de una compañía privada que va a un estado y un estado del tamaño de la India que le exige y le quiere seguir e invierte una suma gigantesca de dineros en abogados para pedirle a la Corte Suprema que modifique la ley para que ellos puedan patentar su producto.(23:15)

Es normalmente significativo porque ocho millones de personas con VIH reciben el tratamiento de India.(23:25)
Esta decisión significa que al menos por el momento los medicamentos destinados a esas personas están salvaguardados.(23:32)
Supone también la protección de la competencia de los genéricos y de las prácticas abusivas de empresas farmacéuticas como Novartis.(23:40)
Creo que el Tribunal Supremo ha protegido los derechos de los pacientes en todo el mundo en desarrollo.(23:45)
(Cinco Continentes /05/04/2013)

15-5

계속해서 인도는 개발도상국에 값싼 복제약을 공급하는 주요 국가가 될 것입니다.

6년간의 소송전쟁 끝에 거대한 제약회사인 노바티스가 복제약 제조회사들에게 패소했습니다.

인도대법원은 기존의약품을 복제하기만 한 항암제를 신제품으로 판매하려는 스위스 다국적 기업인 노바티스의 야욕을 꺾었습니다. 이 약은 실제로 열두 배나 싸게 팔리고 있습니다.

이번 판결은 최빈층의 건강권의 승리라고 할 수 있습니다.

에두아르도 산스 기자가 이 사건에 대해 알려드리겠습니다.

최빈국에 복제약 판매를 허용하겠다는 인도대법원의 판결은 가히 역사적이라고 평가할 수 있습니다. 그리고 이번 승리의 진정한 주역은 암환자구호단체입니다.

기나긴 소송전쟁이었습니다.

2003년 다국적 제약회사 노바티스가 이마티닙 메실레이트, 미국 상품명 글리벡을 출시하여 한 환자당 매달 2,600달러를 받고 팔았습니다.

그 후 인도에서 200달러가 채 안 되는 복제약이 출시되었습니다.

2005년 개정된 인도특허법은 기존의 의약품에 비해 상당히 개선된 치료 효과를 가진 신약만 특허가 가능하다고 밝혔습니다.

또한 상당히 개선된 치료 효과를 입증하지 못하면 기존 성분의 새로운 조성을 가진 약일지라도 특허를 불허하는 특별규정을 두었습니다.

2006년 노바티스 사가 여러 법원에 특허 신청을 내며 시작했지만, 인도대법원은 2012년 9월 11일에야 이를 검토하기 시작했습니다.

대법원은 의약품의 기본 성분이 새롭지 않고, 아직 특허 유효기간도 남았으며, 첨가된 물질도 효과에 차이를 주지 않는다고 판결했습니다.

이에 대한 여러 주장부터 들어보시겠습니다.

국경 없는 의사회 인도 지부의 니나 메가네입니다.

8백만 HIV(인간 면역 결핍 바이러스) 감염 환자들이 인도의 약품을 받을 수 있게 된 매우 의미 있는 일입니다.

이번 대법원의 판결은 적어도 현재로서는 이 환자들에 대한 치료제가 확보되었다는 의미를 갖습니다.

또한 복제약 제조 경쟁 및 노바티스와 같은 대형 제약회사의 권력 남용으로부터 보호한다는 의미입니다.

저는 대법원이 모든 개발도상국 환자들의 권리를 보호했다고 생각합니다.

'스페인 국경 없는 의사회'의 까를로스 우가르떼 활동가의 말을 들어보시겠습니다.

자원이 희박한 빈민국의 이 환자들이 유일한 치료제를 공급받게 되어 안심이 되는 좋은 소식입니다. 또한 이번 판결로 다행히 이 환자들은 지속적으로 인도산 고급 복제약을 공급받을 것입니다. 이번 판결로 세 번에 걸쳐 승소가 된 것이며 마지막도 인도특허법이 국제거래단체들의 규정에 근거하여 올바로 적용되길 바랍니다.

서양 국가들, 소위 강대국들을 받아드리는 나쁜 습관에 젖어 있습니다. 즉 그들의 특허를 어떤 식으로든 무기한 존속시키는 일 말입니다.

홈즈 공중보건 지적재산권 전 담당국장이자 '건강과 발전' 남부센터의 헤르만 벨라스케스 현 자문위원의 말을 들어보시겠습니다.

노바티스 사가 대법원에 요구했던 것은 법을 개정하여 자사 제품을 특허화하라는 것이었습니다.

여기서 우리는 사기업의 불공정을 볼 수 있습니다. 인도 정도 규모의 나라에 들어가, 그 나라를 위협하여 자신의 뜻을 계속 따르게 하며, 막대한 돈을 투자하여 변호사를 선임하고 대법원이 법을 개정하여 자사 제품을 특허화하도록 요구합니다.

8백만 HIV(인간 면역 결핍 바이러스) 감염 환자들이 인도의 약품을 받을 수 있게 된 매우 의미 있는 일입니다.

이번 대법원의 판결은 적어도 현재로서는 이 환자들에 대한 치료제가 확보되었다는 의미를 갖습니다.

또한 복제약 제조 경쟁 및 노바티스와 같은 대형 제약회사의 권력 남용으로부터 보호한다는 의미입니다.

저는 대법원이 모든 개발도상국 환자들의 권리를 보호했다고 생각합니다.

주제 16

정부 el gobierno

16-1 정부(el gobierno)

El gobierno es el principal pilar del Estado, la autoridad que dirige, controla y administra sus instituciones, la cual consiste en la conducción política general o ejercicio del poder ejecutivo del Estado. En ese sentido, habitualmente se entiende por tal órgano(que puede estar formado por un presidente o primer ministro y un número variable de ministros) al que la Constitución o la norma fundamental de un Estado atribuye la función o poder ejecutivo, y que ejerce el poder político sobre una sociedad. También puede ser el órgano que dirige cualquier comunidad política. Más estrechamente "gobierno" significa al conjunto de los ministros, es decir es sinónimo de "gabinete".

El gobierno no es lo mismo que el Estado, está vinculado a este por el elemento poder. El gobierno pasa, cambia y se transforma, mientras que el Estado permanece idéntico. En ese sentido, el gobierno es el conjunto de los órganos directores de un Estado a través del cual se expresa el poder estatal, por medio del orden jurídico. Puede ser analizado desde tres puntos de vista: según sus actores, como un conjunto de funciones, o por sus instituciones.

La misión del gobierno es crear un sistema de auto-protección social para y con todas las personas que viven en el Estado, que sea seguro al largo plazo, autofinanciable, de muy buena calidad y sin corrupción. Prioritariamente asegurar el futuro de la salud, educación, trabajo, sustento y vivienda.

Después, se ha establecido el "Ejecutivo" como ente coordinador, el "Legislativo" como generador de leyes y el "Judicial" como encargado de hacer que las leyes se cumplan.(wikipedia.org)

16-1

정부는 한 국가의 중심으로 당국은 각 기관을 감독, 조정, 관리한다. 정치나 행정력을 통해 관리한다. 당국이란 대통령 1인이나 총리 또는 여러 각료에 의한 것으로 헌법이나 규정에 의해 행정력을 가지며, 사회를 정치적으로 관리한다. 또한 어떤 정치적 공동체도 관리한다. 좁은 의미로는 장관 조직을 말하므로 각료라 한다. 정부는 국가와는 다른 개념이다. 정부는 권력 요소와 결부된다. 국가란 고정된 개념인 반면 정부는 변하고 바뀌며 또한 변형된다. 이런 의미에서 정부는 국가의 집행을 하는 총체이며 이를 통해 국가 권력은 법률적으로 나타나는데 3가지로 나누어 볼 수 있다: 집행, 기능, 기관. 정부는 모든 국민을 위해 또한 국민과 함께 사회를 스스로 지키는 시스템을 만들어야 하며, 장기적으로 안정적이며 자체 예산으로 하는 양질의 시스템이어야 한다. 우선적으로 건강, 교육, 근로, 주거와 식량의 미래를 보장해야 한다. 이와 함께 협조기관으로서의 행정부와 법을 제정하는 입법부가 있고 이 법을 책임지는 사법부가 있다.

el comentario de expresiones

Pilar del Estado: Pilar(m. persona o cosa que sirve de base o fundamento para algo), Estado(m. cada de los territorios independientes en una federación).

Poder ejecutivo del Estado: Una de las tres facultades y funciones primordiales del Estado(junto con el poder legislativo y el poder judicial) que consistente en hacer cumplir las leyes.

Estrechamente: adj. fuertemente, apuradamente.

Sustento: m. Alimento y matenimiento de lo necesario para vivir.

16-2 행정부(el poder ejecutivo)

En ciencia política y derecho constitucional, el poder ejecutivo(poder administrativo) es una de las tres facultades y funciones primordiales del Estado(junto con el poder legislativo y el poder judicial) que consiste en hacer cumplir las leyes. Este poder lo suele ejercer el gobierno por parte del Jefe del Estado. Se distingue así del poder legislativo, que promulga o revoca leyes, y del poder judicial, que interpreta, hace respetar o invalida las mismas.

El poder ejecutivo es responsable de la gestión diaria del Estado, y concibe y ejecuta políticas generales de acuerdo con las cuales las leyes tienen que ser aplicadas; representa a la nación en sus relaciones diplomáticas; sostiene a las fuerzas armadas y en ocasiones aconseja con respecto a la legislación.

En los estados democráticos, el poder ejecutivo está considerado como administrador y ejecutor de la voluntad popular a la cual representa y de la que debe ser su más firme garante. La misión ejecutiva de un estado totalitario, en cambio, es ejercida al margen de limitaciones legales o jurídicas.

En muchos países, se utiliza la palabra “gobierno” que es para referirse al poder ejecutivo, pero este uso puede resultar confuso en un contexto internacional.

La doctrina jurídica del Derecho Administrativo y del Constitucional plantea una disyuntiva de tipo nominal para designar a este poder del Estado.

El poder ejecutivo puede dividirse en tres:

Función Política, Función Administrativa y Función Reglamentarista(wikipedia.org)

16-2

정치학과 헌법의 테두리 내에서 행정부 또는 행정권은 입법부 그리고 사법부와 함께 국가의 기초 기구이며 기능이다. 국가는 법을 준수한다. 행정권은 행정부 최고 책임자가 수행한다.
법을 제정하고 공표하는 입법부와 이 법을 유익 또는 무익으로 해석하는 사법부와는 별개이다.
행정부는 국가의 모든 행정을 책임지고, 행하고, 일반적인 정치력을 행사한다. 물론 법의 규정을 따라야 한다. 외교에서 나라를 대표하거나 군대를 가지며 때에 따라 법 제정에 조언을 하기도 한다.
민주주의 국가에서 행정권은 국민의 의지를 실천하고 보다 확실하게 보장한다.
전체주의 국가에서는 반대로 법적 제한이 따르게 된다. 대부분의 나라에서 '정부'라는 단어는 행정권을 말하나 국제 사회에서는 혼동의 여지가 있다. 법적으로 행정권과 헌법권은 국가 권력을 지칭하는 뜻을 제시한다. 행정권은 정치적, 행정적, 규범적 기능으로 나눌 수 있다.

el comentario de expresiones

Ciencia política: Son distintas denominaciones de una ciencia social que estudia la teoría y práctica de la política, los sistemas y comportamientos políticos.

Derecho constitucional: Es una rama del Derecho público cuyo campo de estudio incluye el análisis de las leyes fundamentales que definen un Estado.

Estado totalitario: También conocido como totalitarismo. Las ideologías, los movimientos y los regímenes políticos donde la libertad está seriamente restringida y el Estado ejerce todo el poder sin divisiones ni restricciones.

16-3 입법부(el poder legislativo)

El poder legislativo por definición, es el poder que hace las leyes, facultad que implica la posibilidad de regular, en nombre del pueblo, los derechos y las obligaciones de sus habitantes en consonancia con las disposiciones constitucionales. Para ejercer dicha facultad está investida de una incuestionable autoridad que le otorga la representación de la voluntad.
Las figuras presentes más importantes son el senado y los diputados.
La Carta Magna(sancionada por el rey Juan I en Londres el 15 de junio de 1215) es uno de los antecedentes de los regímenes políticos modernos en los cuales el poder del monarca o presidente se ve acotado o limitado por un consejo, senado, congreso, parlamento o asamblea.
El poder legislativo desempeña hoy dos funciones separables, de distinta naturaleza y carácter, que son: la función legislativa propiamente dicha y la de órgano de control, que consiste en vigilar la acción del poder ejecutivo y la conducta de los funcionarios del mismo, y del poder judicial que estén sujetos a juicio político.
Dos sistemas prevalecen en el constitucionalismo:
El de gabinete: en el que el control se ejerce de un modo natural sobre sus miembros que han sido escogidos dentro del mismo Parlamento. Este órgano puede determinar la caída del Gabinete mediante un pronunciamiento desfavorable a su conducta política, sin necesidad de un juicio formal contra alguno de ellos.
El presidencialista: originado en los Estados Unidos, en el que se controla al presidente elegido por el pueblo, por un Congreso integrado por dos Cámaras, denominado bicameralidad.(wikipedia.org)

16-3

입법부는 국민의 이름으로 헌법의 테두리 내에서 국민의 권리와 의무에 해당하는 법을 제정하고 조정하는 기능을 한다. 이 기능을 수행하기 위해 제한없는 대표권을 부여받는다. 중요한 부분은 상원과 하원이다.

대헌장(1215년 6월 15일 런던에서 존 왕에 의해 비준)으로부터 군주 또는 대통령의 권한이 원로원, 상원, 국회, 의회 등에서 제한되는 현대적 정치 기구가 되었다. 입법권은 오늘날 서로 다른 두 가지 기능을 수행한다. 이는 서로 근본과 성질이 다르기 때문으로 하나는 입법을 하는 기능이고 다른 하나는 이를 수행하는 기능이다. 이를 수행한다는 것은 입법권과 그 해당 공무원의 행동을 감독하거나 정치적 판단에 맞도록 하는 것이다.

헌법주의에서 우선되는 두 가지 체제는 각료체제와 대통령체제이다. 각료체제는 의회에서 선출된 각료들을 자연스럽게 조정하는 것이다. 이 체제는 특별한 기준이 필요없이 정치적 행동이 불합리한 사람을 거명하는 것으로 각료에서 해직시킬 수 있다. 대통령체제는 미국에서 시작된 것으로 양당으로 구성된 의회, 통합의회, 또는 국민에 의해 선출된 대통령을 조정한다.

el comentario de expresiones

Posibilidad de regular: Aptitud o facultad para ajustar conforme a una regla otra cosa.

Disposiciones constitucionales: Ordenación de la forma conveniente para lograr un fin de algo que se atiene a la constitución del estado.

Investida: v. Investir; Que se confiere una dignidad o cargo importante a alguien.

Incuestionable autoridad: Que no se puede poner en duda o discutir porque es muy claro y evidente, por tanto debe ser obedecido lo dicho por la persona que tiene la potestad.

16-4 사법부(el poder judicial)

El poder judicial es un poder del Estado encargado de administrar la justicia en una sociedad, es una de las tres facultades y funciones primordiales del Estado(junto con el poder legislativo y el poder ejecutivo), mediante la aplicación de las normas jurídicas en la resolución de conflictos. Por "Poder", en el sentido de poder público, se entiende a la organización, institución o conjunto de órganos del Estado, que en el caso del Poder Judicial son los órganos judiciales o jurisdiccionales: juzgados y tribunales, que ejercen la potestad jurisdiccional, que suele gozar de imparcialidad y autonomía.

El poder judicial debe ser independiente para poder someter a los restantes poderes, en especial el ejecutivo, cuando estos contravengan el ordenamiento jurídico y convertirse en el encargado de hacer efectivo la idea del Derecho como elemento regulador de la vida social.

El poder judicial es la facultad estatal, que permite la administración de justicia a través de la aplicación de las leyes. De este modo, el Estado resuelve litigios, protege los derechos de los ciudadanos y hace cumplir las obligaciones y responsabilidades inherentes a cada parte de la sociedad.

Bajo un sistema democrático, el Poder Judicial funciona de manera autónoma respecto al Poder Ejecutivo y al Poder Legislativo, de forma tal que se garantice la imparcialidad en sus fallos.

El Poder Judicial, de este modo, puede proteger al ciudadano de eventuales abusos cometidos por el Poder Ejecutivo o el Poder Legislativo. El funcionamiento del Poder Judicial, a su vez y al igual que el resto de los poderes, está regido por la Constitución(que reúne las normas fundamentales que regulan la actividad del Estado).(wikipedia.org)

16-4

사법권은 국가 권력으로 사회 내에서 정의를 관리한다. 이는 국가의 기본 3권(입법권과 행정권과 함께) 중 하나이다. 법률은 분쟁을 해결하기 위해 기능한다. 국민들이 가지는 권리와 비교할 때, 이 권리는 기관이나 기구 또는 기구 전체가 갖는 것을 말한다. 사법권의 경우 사법부가 이 권리를 가지며 이는 판결권으로 공정하고 독립적이다. 사법권은 다른 권리로부터 독립적이며 특히 집행을 함에 있어 법의 정신이 국민의 생활기준으로 효력을 가질 수 있도록 한다.
사법권도 국가의 기능 중 하나로 법을 통해 정의를 관리하게 된다. 따라서 국가는 분쟁을 해결하고 시민의 권리를 보호하며 사회의 각 부분에서 의무와 책임이 잘 실현되도록 한다. 민주주의 하에서 사법권은 입법권과 행정권으로부터 독립되게 기능함으로써 공평성을 보장한다. 사법권은 입법권이나 행정권으로 인해 시민이 당하게 되는 부당함으로부터 시민을 보호한다. 사법권은 다른 권력 기구들과 마찬가지로 헌법에 의해 감독된다.

el comentario de expresiones

Funciones primordiales del Estado: Actividad propia muy importante o necesaria del Gobierno.

Imparcialidad: f. Objetividad, carencia de prejuicios. **Antónimo:** Parcialidad; Designio anticipado, prejuicio o prevención en favor o en contra de personas o cosas que conlleva la falta de neutralidad o la injusticia en el modo de juzgar o de proceder.

Responsabilidades inherentes a cada parte de la sociedad: Son aquellas que por su naturaleza está inseparablemente unido a un sector específico de la sociedad.

주제

17 정치 | la política

17-1 정치(la política)

La política es una rama de la moral que se ocupa de la actividad, en virtud de la cual una sociedad libre, compuesta por mujeres y hombres libres, resuelve los problemas que le plantea su convivencia colectiva. Es un quehacer ordenado al bien común. Ciencia que se encarga del estudio del poder público o del Estado. Algunos autores presentan al uso legítimo de la fuerza como la característica principal de la política. Siguiendo con esta definición la política es el ejercicio del poder que busca un fin trascendente. Esta promueve la participación ciudadana ya que posee la capacidad de distribuir y ejecutar el poder según sea necesario para promover el bien común.

Todas las ideologías políticas se agrupan en torno a dos dimensiones que son la económica y la social. La dimensión económica está integrada por dos ideologías opuestas, izquierda-derecha, que forman una línea horizontal y la dimensión social está integrada por otras dos ideologías opuestas, autoritarismo-libertarismo, que forman una línea vertical. Juntas estas dos dimensiones integran un mapa ideológico en el cual podemos encontrar cuatro grandes sistemas como el totalitarismo, conservadurismo, socialismo y el liberalismo, y el punto en donde se cruzan las dos líneas se considera como el centro político.(wikipedia.org)

17-1

정치는 행동하는 규범으로서 이로 인해 한 사회가 문제를 해결하고 남자와 여자가 서로 자유로운 사회를 구성한다. 공공의 안녕을 증진하기 위한 것이다. 정치학은 대중의 권리와 국가의 권리를 연구하는 학문이다.

어떤 학자들은 힘의 합법적 사용이 정치학의 근본 원리라고 말한다. 이에 따르면 정치란 투명한 목적을 찾는 권리이기도 하다. 정치는 시민의 참여를 독려하고 이로 인해 공공의 안녕을 증진시키기 위해 필요한 권리를 배분하거나 실행한다.

모든 정치 이념은 경제와 사회라는 두 차원과 연결된다. 경제의 두 개의 상반된 이념과 연결된다. 좌익과 우익으로 이들은 평행선을 달리며, 사회는 또한 서로 수직을 이루는 권위주의와 자유주의라는 두 개의 상반된 이념과 연결된다. 이들이 서로 합치되는 곳에서 우리는 네 개의 이념을 갖게 되는데 전체주의, 보수주의, 사회주의, 그리고 자유주의이며, 두 개의 줄기가 만나게 되는 곳이 중도정치이다.

el comentario de expresiones

Mapa ideológico: Representación geográfica que representa el conjunto de ideas fundamentales que caracterizan el pensamiento de una persona, una colectividad, una doctrina o una época.

Totalitarismo: Régimen político que concentra la totalidad de los poderes estatales en manos de un grupo o partido que no permite la actuación de otros.

Conservadurismo: Doctrina o actitud que propugna la continuidad de las estructuras vigentes y defiende los valores tradicionales.

17-2 정당(el partido político)

Un partido político es una entidad de interés público con el fin de promover la participación de los ciudadanos en la vida democrática y contribuir a la integración de la representación mundial; los individuos que la conforman comparten intereses, visiones de la realidad, principios, valores, proyectos y objetivos comunes, para de una forma u otra alcanzar el control del gobierno o parte de él, para llevar a la práctica esos objetivos. Es el encargado de presentar candidatos para ocupar los diferentes cargos políticos y para eso, moviliza el apoyo electoral. También contribuye a organizar y orientar la labor legislativa, y articula y agrega nuevos intereses y preferencias de los ciudadanos. Es esencial para contribuir a estructurar el apoyo político a determinados programas, intereses socio-económicos y valores. También interpreta y defiende las preferencias de los ciudadanos, forma gobiernos, y establece acuerdos políticos en el ámbito legislativo.(wikipedia.org)

Ni el Parlamento, ni los partidos políticos, ni los sindicatos o la patronal, ni la iglesia o el sistema financiero y bancario obtienen la confianza de los jóvenes de 18 a 25 años que viven en España, según el estudio Política e Internet, publicado por el Centro Reina Sofía, y que aborda las actitudes políticas de la juventud y el modo en que esta determina su utilización de la Red. Las ONG son las organizaciones que registran un mayor nivel de confianza "alta o muy alta".(eleconomista.es)

17-2

정당은 공공의 이익 단체로서 민주적 삶에 시민들의 참여를 독려하며, 나아가 세계를 하나로 묶는데 기여한다; 이에 각 개인은 이익, 현실적 비전, 원리, 가치, 공공의 프로젝트와 목표를 함께 함으로써 정부과 일부 기관과의 조정을 통해 이것들이 이루어지도록 한다. 서로 다른 정치적 입장에서 후보자를 세우고, 이를 위해 선거를 돕는다. 또한 입법의 방향성을 제시하거나 입법 제정에 기여하고, 시민들을 위한 새로운 이익을 보완한다. 특정 프로그램이나 사회 · 경제적 이익, 그리고 가치들을 정치적으로 제도화 하는데 기여하는 것을 기본으로 한다. 또한 시민들의 이익을 방어하고 전달하며 정부를 구성하고 법의 테두리 내에서 정치적 합의를 이루어 낸다.

'소피아 왕비 재단'에서 출간하는 '정치와 인터넷'의 연구에 의하면 스페인의 18세 ~ 25세까지의 젊은이들은 의회, 정당, 노조, 공공 단체, 교회, 금융 및 재정 등 그 어떤 것도 신뢰하지 않는다고 한다. '정치와 인터넷'은 젊은이들의 정치에 대한 관심과 인터넷 사용 방법에 대해 연구를 하는데 이번 조사에서 '높거나 아주 높은' 신뢰를 보인 기구는 비정부기구(NGO)이다.

el comentario de expresiones

Una entidad de interés público: Aquello que incita la curiosidad de todos los ciudadanos o de la gente en general.

Apoyo electoral: Recibir la protección o el trato favorable de los electores; Personas que pueden elegir a su gobernante a través del voto.

Labor legislativa: Trabajo u obra consistente en hacer leyes.

Es esencial para contribuir a estructurar el apoyo político: Fundamental para dar su ayuda que pueda estructurar la protección o favor político.

17-3 버락 오바마 대통령의 2기 정권 (Barack Obama y su segundo mandato)

En el año que acaba de comenzar, la agenda del presidente de Estados Unidos, Barack Obama estará centrada sobre todo en la economía con los objetivos de crear empleo y bajar los impuestos a la clase media.(15:51)
El próximo día veinte de este mes marcará el inicio de su segundo mandato.(15:55)
Vamos a profundizar más en todo esto, corresponsal en Wáshington, Dori Toribio. (15:59)

La economía es el gran reto en la agenda presidencial de Barack Obama: consolidar la lenta recuperación económica y la creación de empleo en Estados Unidos.(16:19)
Las cifras comienzan a apuntar un moderado optimismo.(16:22)
Dos mil doce cierra con un siete coma siete por ciento de paro, el mejor dato en cuatro años, pero con un desplome de la confianza de los consumidores en diciembre.(16:30)
El recorte del déficit en cualquier caso sigue siendo la asignatura pendiente con mayúsculas, que además pone de relieve el gran problema que afronta Wáshington desde hace algunos años ya, el desencuentro político, la imposibilidad de que republicanos y demócratas se encuentren un territorio de entendimiento y apurar los plazos hasta el final.(16:49)
Como vimos el verano de dos mil once las negociaciones sobre el techo de la deuda que casi llevan al país a la suspensión de pagos y como hemos revivido con el tenido abismo fiscal.(16:59)
La unidad política es el gran reto que tiene la agenda de Obama estos próximos cuatro años.(17:03)
El bloqueo parlamentario, el <no> a todo, que tampoco parece haberse disipado tras el seis de noviembre pese a las dificultades que atraviesa Estados Unidos y pese a que las últimas semanas del año se ha subrayado la tragedia en la costa Este del país. (17:17)

«Cuando piensas en lo que hemos pasado en los últimos meses, un huracán devastador y una de las peores tragedias en nuestras memorias en New Town, lo que el país se merece son políticos capaces de comprometerse ahora en lugar de enrocarse en posiciones ideológicas que no benefician a nadie, el bien del país, más allá de la política», decía Barack Obama los últimos días de dos mil doce.(17:43)
Y el primer punto de esa agenda bipartidista debe ser la economía.(17:48)
El presidente Obama es el segundo presidente desde la Segunda Guerra Mundial en ser reelegido con una tasa de desempleo superior al seis por ciento.(17:56)
Crear puestos de trabajo, reducir el déficit, equilibrar el gasto público y la reforma fiscal incluyendo la promesa electoral de rebajar los impuestos a las clases medias, todos estos son retos inmediatos y no son los únicos.(18:09)
Debe gestionar la entrada en vigor de la reforma sanitaria, la joya de su primera legislatura antes de enero de dos mil catorce.(18:17)
O importante también cumplir con una de sus grandes promesas, la reforma migratoria imprescindible después de ganar su reelección con un setenta por ciento del voto hispano.(18:27)
También la agenda internacional del presidente Obama está plagada de tareas pendientes.(18:35)
Dice la tradición que en sus segundos mandatos, los presidentes de Estados Unidos escriben la historia.(18:41)
Obama ya tiene cuatro años más y está a punto de expirar la paciencia que le pedía al presidente ruso, Medvédev en aquel micrófono abierto.(18:50)
Obama pedía tiempo en el asunto del Escudo Antimisiles.(18:55)
«Después de las elecciones tendré más flexibilidad», decía el presidente de Estados Unidos levantando la ira republicana aquí.(19:03)
Rusia es un escenario pendiente en las relaciones internacionales de la Casa Blanca.(19:07)
China, Siria, Corea del Norte y la agenda nuclear de Irán siguen en los primeros puestos de la lista.(19:13)
Reconfigurar el papel de Estados Unidos en el tablero de Oriente es una tarea difícil

también tras la Primavera Árabe sin olvidar el bloqueado proceso de paz entre israelíes y palestinos, tras el paso histórico conseguido por la Autoridad Nacional Palestina, ese reconocimiento como estado observador no miembro ante Naciones Unidas.(19:32)

Y en el capítulo de deberes hechos como recordaba el presidente Obama una y otra vez en su campaña hacia la reelección, el final de la guerra de Irak y ahora pendiente la retirada completa de Afganistán para cumplir con el calendario de repliegue a final de dos mil catorce, objetivos cumplidos con un pentágono que afronta una segunda legislatura de recortes presupuestarios, un ejército reducido y ágil según la Cúpula de Inteligencia de Estados Unidos que sigue teniendo una prioridad: la lucha contra el terrorismo de Al Qaeda y la protección de la seguridad estadounidense dentro y fuera de sus fronteras en los próximos cuatro años.(20:09)

(Cinco Continentes /07/01/2013)

17-3

새해 벽두에 버락 오바마 미국 대통령의 주요 현안은 고용 창출과 중산층 세금 삭감 등 주로 경제 문제에 초점을 둘 것입니다.

이달 20일에 오바마 대통령의 차기 정부가 출범합니다.

이에 관해 더 자세히 알아보겠습니다. 도리 또리비오 워싱턴 특파원, 나와주세요.

버락 오바마 정부의 최대 과제는 경제입니다. 즉, 경제를 더디지만 공고히 회복하고 고용을 창출하는 것입니다.

여러 수치들도 어느 정도 긍정적으로 바뀌기 시작했습니다.

2012년을 마감하며 실업률은 7.7%로 4년만에 가장 낮은 수치였으나 12월에 소비자들의 신뢰도는 곤두박질쳤습니다.

상황이 어떻든 간에 재정적자를 줄이는 문제는 미국 정부의 최대 과제이며, 미국이 이미 몇 년째 당면하고 있는 정치적 불협화음 또한 중대한 문제입니다. 공화당과 민주당이 타협점을 찾지 못해 마감시한을 넘기는 일 말입니다.

2011년 여름, 재정절벽에 대한 논쟁으로 미국은 지불정지상태 직전까지 갔고, 재정 절벽 위기에 다시 부딪혔습니다.

정치적 합의는 오바마 정부가 향후 4년간 해결해야 할 중대한 과제입니다.

11월 6일 이래 계속해서 모든 안건에 무조건 반대부터 하고 보는 의회의 훼방 놓기 또한 문제입니다. 미국이 겪고 있는 수많은 어려움과 최근 몇 주에 걸쳐 미국 동부연안을 강타한 태풍으로 인한 비극에도 불구하고 말입니다.

"대형 허리케인과 뉴타운에서 일어난 사상 최악의 비극 등 최근 몇 달간 우리가 겪은 일들을 생각해봤을 때 우리에게 지금 필요한 것은 아무에게도 이득이 되지 않는 이념적 대립에 얽매이지 않고 지금 당장 행동하는 정치인입니다. 국가의 번영이 정치보다 우선입니다."라고 2012년 말 오바마 대통령이 밝혔습니다.

양당이 해결할 첫 과제는 경제일 것입니다.

오바마 대통령은 세계 2차 대전 이후 실업률이 6%를 넘는 상황에서 재선된 두 번째 대통령입니다.

일자리 창출, 적자 감축, 재정 지출 간의 균형, 그리고 재정 개혁, 이와 더불어 대선공약이었던 중산층의 세금 감면 문제까지 모든 것이 시급한 과제입니다. 그러나 이뿐만이 아닙니다.

오바마 1기 정부의 핵심 정책이었던 건강보험개혁안을 2014년 1월 전에 발효시켜야 합니다.

또한 오바마 대통령은 히스패닉의 70% 지지로 재선에 승리하였으므로 주요 대선공약 중 하나인 이민 개혁은 그의 외면할 수 없는 과제가 되었습니다.

대외적으로도 오바마 대통령의 과제가 산재해 있습니다.

전통적으로 재선되는 미국 대통령이 두 번째 임기에 역사를 쓴다는 말이 있습니다.

오바마 대통령에게는 향후 4년이 주어졌으며, 오바마 대통령은 더 이상의 인내는 없다고 메드베데프 러시아 대통령에게 공식 석상에서 밝혔습니다.

오바마 대통령은 미국 국가 미사일 방어 문제에 관해 시간을 요구했습니다.

오바마 대통령은 "대선이 끝나면 나의 운신의 폭이 넓어질 것입니다."라고 말해 공화당의 분노를 샀습니다.

미국의 대외 관계에 있어 러시아는 여전히 미해결 과제입니다.

중국, 시리아, 북한과 함께 이란의 핵 문제는 여전히 미국이 해결해야 할 최우선 과제입니다.

'아랍의 봄' 이후, 팔레스타인해방기구(PLO)에 의해 이스라엘과 팔레스타인의 평화 협정이 이루어진 역사적 사건 이후, 이스라엘과 팔레스타인의 평화협정이 결렬된 채 팔레스타인이 유엔에서 비회원 옵서버 국가의 지위를 얻음으로써, 미국이 중동에서의 입지를 재정립하는 일 또한 까다로운 과제가 되었습니다.

이미 해결한 과제로는 오바마 대통령이 이번 재선 유세 때 누차 언급했던 이라크전 종결과 2014년 말까지 진행될 아프가니스탄의 미군병력 전원 철수 등이 있습니다. 오바마 대통령의 차기 정부에서는 국방비 삭감으로 군대가 축소되겠지만 효율적인 군대가 될 것이라고 미 중앙정보국은 밝혔습니다. 미국은 향후 4년간 계속해서 알 카에다 테러단체에 맞서 싸우고 미국의 대내외적 안보를 위해 힘쓰는 일을 우선순위로 두고 있습니다.

17-4 호주와 노르웨이의 대선(las elecciones en Australia y en Noruega)

Dos países, cada uno en un extremo del planeta han cambiado el signo de su gobierno en el mismo sentido.(15:15)
Noruega y Australia han celebrado elecciones que han ganado los conservadores en los dos casos.(15:19)
En el país escandinavo Erna Solberg, presidenta del Partido Conservador ha desbancado a la coalición Rojiverde aunque tendrá que formar gobierno con otras fuerzas políticas.(15:28)
En Australia la coalición conservadora que lidera Tony Abbott se ha impuesto claramente.(15:33)
Raquel Pérez afirma este reportaje.(15:35)

Sólo siete veces en sesenta años el gobierno de Australia ha cambiado.(15:44)
La coalición ha ganado y después informar que el voto del Partido Laborista Australiano está en el nivel más bajo de los últimos cien años.(15:52)

<Cambio de rumbo, cambio de gobierno>(16:03)
Tras la polémica de los pasados meses con la política de inmigración australiana, los votantes han decidido que el líder conservador de la coalición liberal Tony Abbott sea su nuevo primer ministro.(16:14)
Se ponen fin así a seis años de mandato laborista.(16:17)
Los conservadores han aprovechado para mostrarse como un bloque fuerte y unido mientras las crisis internas del partido progresista han pasado factura a su líder Kevin Rudd.(16:28)

Sé que los corazones laboristas están tristes en toda la nación esta noche y como vuestro primer ministro y líder parlamentario del gran Partido Laborista Australiano acepto mi responsabilidad.(16:43)
Lo di todo de mí, pero no fue suficiente para que ganáramos.(16:47)

Tras la derrota Rudd ha dimitido también como cabeza de su partido.(16:53)
Desaparecía así la gran promesa del cambio progresista, una promesa que no se vio del todo cumplida debido al giro derechista que dio a su política de inmigración.(17:02)

Conforme al acuerdo del reasentamiento regional establecido por los laboristas cualquier solicitante de así lo que llega a Australia en barco no tendrá la oportunidad de establecerse como refugiado y será transferido a Papúa Nueva Guinea.(17:18)
Las ONG's criticaron entonces al gobierno y lo acusaron de dar la espalda a las personas más vulnerables del mundo.(17:25)
Sin embargo el nuevo mandatario australiano no parece tener una opinión diferente.(17:30)

Pararemos los barcos porque ningún país que se respete a sí mismo puede entregar el control de parte de su programa de inmigración a los traficantes de personas.(17:40)

Además de la inmigración Tony Abbott deberá lidiar con la economía de un país fuerte que está viendo como su principal recurso, el mineral empieza a reducirse.(17:53)
Entre sus promesas Abbott ha incluido eliminar los impuestos que afectan al sector minero y a las emisiones contaminantes y a la vez pretende acabar con el déficit de los presupuestos estatales.(18:04)
En su opinión acabar con el despilfarro cometido por el anterior gobierno permitiría conseguir ambas cosas.(18:11)
La coalición liberal goza de una mayoría absoluta en la Cámara Baja que le permitirá gobernar cómodamente los próximos tres años.(18:22)
En el Senado y hasta julio de dos mil catorce cuando se renueva la Cámara los laboristas siguen teniendo el poder y podrían poner trabas a los cambios previstos por Tony Abbott.(18:32)
(Cinco Continentes /13/09/2013)

17-4

두 나라가 지구의 반대편에 있으면서도 같은 방식으로 정권이 교체되었습니다.

노르웨이와 호주는 똑같이 선거에서 보수당이 승리하였습니다.

스칸디나비아 반도에 위치한 노르웨이에서는 보수당 당수인 에르나 솔베르히가 적녹당 연대를 물리치고 승리하였습니다. 물론 다른 정당과 함께 정부를 꾸려야 하지만 말입니다.

호주에서는 토니 애벗이 이끄는 보수당 연합이 승리하였습니다.

라껠 뻬레스 기자가 전해 드립니다.

호주 정부는 60년 동안 단 7번 바뀌었습니다.

연대의 승리입니다. 호주 노동당의 득표수는 최근 100년 중 가장 낮았다고 말씀드릴 수 있습니다.

방향성의 변화이자 정부의 변화입니다.

지난 수개월 동안 호주 이민 정책으로 혼란을 겪은 유권자들은 자유당 연대의 보수적 성향의 지도자인 토니 애벗을 총리로 선출하였습니다.

이렇게 6년간의 노동당 집권이 막을 내렸습니다.

보수당은 강력하고도 단결된 정당의 모습을 보여준 반면 진보당은 당내의 위기에 대해 당수인 케빈 러드에게 실책을 물었습니다.

저는 오늘 밤 노동당원들이 전국에서 슬픔을 감추지 못하고 있을 것을 잘 알고 있습니다. 저는 호주의 총리로서 또한 호주의 대 노동당 당수로서 책임을 통감하는 바입니다.

저는 최선을 다했습니다. 그러나 승리할 만큼 충분하지 못했습니다.

러드 총리는 패배 이후 사직하였으며 당수의 자리에서도 물러났습니다.

이렇게 진보적 변화에 대한 약속은 사라지게 되었습니다. 이 약속은 이민 정책에 대한 여당의 반대로 지켜지지 못했습니다.

노동당이 지역구를 재배치하면서 한 약속에 따라 호주에 오려고 하는 그 어떤 신청자도 난민으로 받아들여지지 않을 것이며 파푸아 뉴기니로 보내질 것입니다.

비정부기구들은 정부를 비판하였으며 세계에서 가장 취약한 사람들에게 등을 돌린다고 비난하였습니다.

그럼에도 불구하고 호주의 새 지도부도 다른 견해를 갖는 것 같지는 않습니다.

우리는 배들을 정지시킬 것입니다. 왜냐하면 자국민을 보호하는 그 어떤 국가도 이민 정책의 조정권을 인신매매자들에게 양도하지 않을 것이기 때문입니다.

이민 정책 이외에도 토니 애벗 총리는 강대국으로서의 경제를 이끌어가려면 고군분투해야 합니다. 호주의 주요 자원인 광물 자원이 줄어들고 있기 때문입니다.

애벗 총리는 그의 공약 중에 광산과 대기오염 가스배출 분야에 영향을 미칠 세금을 철폐하고 정부 예산 적자를 없애기 위해 노력하겠다고 했습니다.

그는 전 정부가 행한 낭비를 근절하면 이 두 가지를 이행할 수 있다고 피력했습니다.

자유당 연대는 하원에서 절대 다수를 누리므로 그는 향후 3년 동안 국정을 편안하게 이끌 수 있을 것입니다.

상원은 2014년 7월까지 개편하게 되고 노동당이 계속 장악하고 있게 되므로, 예견되는 토니 애벗 총리의 변화에는 걸림돌이 될 것입니다.

주제

18 경제 la economía

- 18-1 경제(la economía)
- 18-2 마케팅(el marketing)
- 18-3 금융(las finanzas)
- 18-4 증권(la bolsa de valores)
- 18-5 유로화 위기(la crisis del euro)
- 18-6 그리스 경제(la economía de Grecia)

18-1 경제(la economía)

La economía es la ciencia social que estudia la extracción, producción, intercambio, distribución, consumo de bienes y servicios.
La forma o medios de satisfacer las necesidades humanas mediante los recursos disponibles, que siempre son limitados.
En base a los puntos anteriores, la forma en que individuos y colectividades sobreviven, prosperan y funcionan.
Expresado lo anterior de forma sintética, puede definirse la economía como la ciencia que estudia «cómo se organiza una sociedad para producir sus medios de existencia que, distribuidos entre sus miembros y consumidos por ellos, permiten que la sociedad pueda producirlos de nuevo y así sucesivamente, proveyendo con ello, de una forma constantemente renovada, la base material para el conjunto de la reproducción de la sociedad en el tiempo».
La persona que estudia y analiza la economía de forma profesional es conocida como economista.
La economía puede dividirse en dos grandes campos:
La microeconomía estudia el comportamiento individual de los agentes económicos, principalmente los tres roles básicos: empresas, empleados y consumidores. La microeconomía explica cómo se determinan variables como los precios de bienes y servicios, el nivel de salarios, el margen de beneficios y las variaciones de las rentas.
La macroeconomía analiza las variables agregadas, como la producción nacional total, la producción, el desempleo, la balanza de pagos, la tasa de inflación y los salarios, comprendiendo los problemas relativos al nivel de empleo y el índice de producción o renta de un país.(wikipedia.org)

18-1

경제학은 사회과학으로 원자재, 생산, 교환, 분배, 재화와 서비스의 소비를 다룬다. 사용 가능한 자원으로부터 사람들의 필요를 충족시키기 위한 방법은 항상 제한적이다. 이를 통해 사람들은 생존하고 번영하며 또 기능한다. 종합적으로 보면 경제학은 사회를 어떻게 조직하여 생존 방법을 찾으며, 부를 어떻게 배분하여 소비한 후에, 사회가 이를 다시 재생산을 하며 계속해서 새롭게 공급할 것인가를 연구하는 것이다.

경제를 전문적으로 연구하는 사람을 경제학자라 한다. 경제는 크게 두 영역으로 나뉜다: 미시 경제와 거시 경제이다.

미시 경제는 경제 행위 주체의 행동을 연구하는 것으로 기본적인 세 가지 역할을 한다: 기업, 종사원, 그리고 소비자이다. 미시 경제는 재화나 서비스의 가격, 급여 수준, 이익 폭 그리고 세금의 다양성을 어떻게 결정하는가를 설명한다.

거시 경제는 부차적인 변수를 계산한다. 즉, 국민총생산, 생산, 실업, 수지 균형, 인플레이션 비율, 그리고 급여 등을 직종, 생산 지수 또는 국가 세금 등과 관련하여 문제를 연구한다.

el comentario de expresiones

Consumo de bienes y servicios: v. Consumir; Tomar alimentos o bebidas, especialmente en bares y establecimientos públicos. Los bienes es aquello tangible y servicio sería la parte intangible, el trato, el ambiente etc.

Los recursos disponibles, que siempre son limitados: Medio del que se dispone y que tiene carácter limitado. Es decir, tiene un fin que no puede seguir evolucionando o creándose.

18-2 마케팅(el marketing)

En Administración el término mercadotecnia o mercadología(en inglés *marketing*) tiene diversas definiciones. La mercadotecnia es también un proceso que comprende la identificación de necesidades y deseos del mercado objetivo, la formulación de objetivos orientados al consumidor, la construcción de estrategias que creen un valor superior, la implantación de relaciones con el consumidor y la retención del valor del consumidor para alcanzar beneficios.

El objetivo principal de la mercadotecnia es llevar al cliente hasta el límite de la decisión de compra. Además la mercadotecnia tiene también como objetivo favorecer el intercambio de valor entre dos partes(comprador y vendedor), de manera que ambas resulten beneficiadas.

Para que se produzca, es necesario que se den cinco condiciones:

Debe haber al menos dos partes.

Cada parte debe tener algo que supone valor para la otra.

Cada parte debe ser capaz de comunicar y entregar.

Cada parte debe ser libre de aceptar o rechazar la oferta.

Cada parte debe creer que es apropiado.

Es el "conjunto de acciones cuyo objetivo es prever la demanda de bienes y servicios para obtener la máxima eficacia en su comercialización", cabe destacar que la mercadotecnia en nuestros días se ocupa más que cubrir necesidades del ser humano, ofrecerle bienes y servicios que le hagan sentir bien, por ejemplo una necesidad básica sería dormir, para lo que encontramos que la mercadotecnia nos ofrece y vende las ideas de una extensa gama de colchones, bases para el colchón, ropa de cama con diferentes características que, nos hacen sentir el deseo de contar con ellos para sentirnos bien.(wikipedia.org)

18-2

경영에서 마케팅은 여러 정의를 가진다. 마케팅은 수요와 공급의 과정을 연구한다. 소비욕구를 불러일으키고, 보다 좋은 것이라는 전략을 수립하며, 소비자와 소비자의 잉여 가치로 이윤을 창출한다. 마케팅의 기본 목표는 고객이 구매를 결정하도록 하는 데에 있다. 또한 마케팅은 매수자와 매도자 사이의 교환 가치를 제공한다. 그러므로 양자 모두가 수혜자가 되는 것이다.
마케팅이 이루어지기 위해서는 다섯 가지 조건이 필요하다:
최소한 양방이 있어야 한다.
일방이 상대방에게 가치를 줄 수 있는 것을 가지고 있어야 한다.
양방은 서로 소통하고 교환하여야 한다.
양방은 자유롭게 제안을 수용하거나 거절할 수 있어야 한다.
양방이 서로 최적이라고 생각해야 한다.
모든 행위는 재화나 서비스를 요구하여 최상의 효율을 얻어야 한다. 요즘은 필요를 충족시키기 보다는 기분을 좋게 할 수 있도록 재화나 서비스를 제공한다. 예를 들어, 기본적 욕구 중 하나가 수면이다. 마케팅에서는 엄청나게 많은 매트리스의 종류를 제시하고, 아이디어를 판매한다. 매트리스의 기본 자재나 잠옷 등을 제시함으로써 우리로 하여금 고려하게 만들고 우리를 기분 좋게 한다.

el comentario de expresiones

Ambas resulten beneficiadas: Incluye a dos personas o cosas que tienen un resultado por igual de beneficio.

Prever la demanda: Conocer o saber con anticipación por medio de ciertas señales o indicios que es lo que necesita o reclama la gente para ofrecérselo como servicio o bien.

Obtener la máxima eficacia: Alcanzar el efecto que espera o se desea en el límite más alto o superior tras la realización de una acción.

18-3 금융(las finanzas)

Las finanzas son las actividades relacionadas para el intercambio de distintos bienes de capital entre individuos, empresas, o Estados y con la incertidumbre y el riesgo que estas actividades conllevan. Se le considera una de las ramas de la economía. Se dedica al estudio de la obtención de capital para la inversión en bienes productivos y de las decisiones de inversión de los ahorradores. Está relacionado con las transacciones y con la administración del dinero. En ese marco se estudia la obtención y gestión, por parte de una compañía, un individuo, o del propio Estado, de los fondos que necesita para cumplir sus objetivos, y de los criterios con que dispone de sus activos; en otras palabras, lo relativo a la obtención y gestión del dinero, así como de otros valores o sucedáneos del dinero, como lo son los títulos, los bonos, etc. El estudio académico de las finanzas se divide principalmente en dos ramas, que reflejan las posiciones respectivas de aquel que necesita fondos o dinero para realizar una inversión, llamadas finanzas corporativas, y de aquel que quiere invertir su dinero dándoselo a alguien que lo quiera usar para invertir, llamada valuación de activos. El área de finanzas corporativas estudia cómo le conviene más a un inversionista conseguir dinero, por ejemplo, si vendiendo acciones, pidiendo prestado a un banco o vendiendo deuda en el mercado. El área de valuación de activos estudia cómo le conviene más a un inversionista invertir su dinero, por ejemplo, si comprando acciones, prestando/comprando deuda, o acumulado dinero en efectivo.(wikipedia.org)

18-3

금융은 개인, 기업 또는 국가 사이에 서로 다른 자본을 교환하는 행위이다. 또한 여기에는 위험 부담이 따른다. 금융은 경제학의 한 분야로 간주된다. 자본의 획득을 연구하여 생산적인 부동산에 투자하거나 예금주로 하여금 투자하게 한다. 돈의 거래와 돈의 관리와도 관계된다. 기업이나 개인 또는 국가가 자본을 획득하거나 교환하는 것에 관여한다. 이를 통해, 자신들의 목표를 달성하고자 하며 이를 위한 자산을 사용한다. 즉, 자본을 획득하거나 교환하는 데에는 다른 가치 또는 대체 가치가 있는 권리증이나 증권 등이 있다.

금융학에는 두 개의 분야가 있다. 하나는 투자를 위해 자본을 필요로 하는 것이고 다른 하나는 자기 돈을 투자자에게 주어 투자를 하도록 하는 것이다. 금융학은 어떻게 하는 것이 투자자가 돈을 더 획득할 수 있는 가를 연구한다. 예를 들어, 주식을 팔거나 대출을 받거나 시장에 공채를 팔거나 하는 것이다. 자산의 평가는 어떻게 해야 투자자가 투자를 잘할 수 있는 가를 연구한다. 예를 들어, 주식을 사거나 공채를 사거나 팔거나, 또는 현금을 보유하거나 하는 것이다.

el comentario de expresiones

La incertidumbre: f. La duda o perplejidad que sobre un asunto o cuestión se tiene.

Finanzas corporativas: El área específica de las finanzas que se ocupa de las decisiones financieras que toman las empresas, y los instrumentos y análisis utilizados para tomar esas decisiones.

Valuación de activos: El proceso de estimar de valor de un bien. Los elementos que normalmente se valoran son un activo o un pasivo financiero.

18-4 증권(la bolsa de valores)

La bolsa de valores es una organización privada que brinda las facilidades necesarias para que sus miembros, atendiendo los mandatos de sus clientes, introduzcan órdenes y realicen negociaciones de compra y venta de valores, tales como acciones de sociedades o compañías anónimas, bonos públicos y privados, certificados, títulos de participación y una amplia variedad de instrumentos de inversión.

La negociación de los valores en los mercados bursátiles se hace tomando como base unos precios conocidos y fijados en tiempo real, en un entorno seguro para la actividad de los inversores y en el que el mecanismo de las transacciones está totalmente regulado, lo que garantiza la legalidad, la seguridad y la transparencia.

Las bolsas de valores fortalecen al mercado de capitales e impulsan el desarrollo económico y financiero en la mayoría de los países del mundo, donde existen en algunos casos desde hace siglos, a partir de la creación de las primeras entidades de este tipo creadas en los primeros años del siglo XVII.

La institución bolsa de valores, de manera complementaria en la economía de los países, intenta satisfacer tres grandes intereses:

El de la empresa, porque al colocar sus acciones en el mercado y ser adquiridas por el público, obtiene de este el financiamiento necesario para cumplir sus fines y generar riqueza.

El de los ahorradores, porque estos se convierten en inversores y pueden obtener beneficios gracias a los dividendos que les reportan sus acciones.

El del estado, porque, también en la bolsa, dispone de un medio para financiarse y hacer frente al gusto público, así como adelantar nuevas obras y programas de alcance social.(wikipedia.org)

18-4

증권은 고객들의 주문에 맞추어 주식을 사거나 파는 것을 쉽게 해주는 사적 기관이다. 주식회사나 무기명 회사의 주식, 공채 또는 사채, 인증서, 부동산 등기 증서 등 다양한 투자 수단이 있다. 증권 시장에서 증권 거래는 기본적으로 실시간 시세를 알고 투자자가 보호될 수 있도록 하므로 거래는 엄격하며 합법적이고, 확실하며 투명하다. 증권은 자본 시장을 튼튼하게 하며 대부분의 나라들은 이로 인해 경제나 금융에 박차를 가하게 된다. 이미 17세기 전반에 이런 종류의 기구가 만들어졌다. 증권 거래소는 한 국가의 경제에 부차적 기능을 하며 최대 이윤을 충족시키고자 한다. 기업은 증권 시장에 자기의 주식을 상장함으로써 투자자들로부터 자기의 목적에 부합한 재정을 얻고 부를 창출한다. 예금주는 투자자가 됨으로써 주식 배당금을 통해 이윤을 얻게 된다. 국가도 주식에 있어 어떤 방법을 강구하게 되는데 이는 재정 확보를 위해 국민들이 선호하는 것들로 제시되며 사회 발전을 위한 새로운 건설이나 프로그램으로 진행된다.

el comentario de expresiones

Compañías anónimas: La compañía anónima es una sociedad cuyo capital, dividido en acciones negociables, está formado por la aportación de los accionistas que responden únicamente por el monto de sus acciones.

Mercado de capitales: Un tipo de mercado financiero en el que se realizan la compra-venta de títulos(principalmente las "acciones"), representativos de los activos financieros de las empresas cotizadas en bolsa. Se puede decir que constituye un mecanismo de ahorro e inversión para los inversionistas.

18-5 유로화 위기(la crisis del euro)

Hace un año, en las casas de apuestas de Londres, muchos se jugaban su dinero contra el euro.(01:11)
La posibilidad de que la moneda común desapareciera en dos mil doce se pagaba apenas tres a uno.(01:17)
Parecía una apuesta fácil, pero ha sido errónea.(01:20)
Llega dos mil trece y el euro sigue vivo.(01:23)
El euro vive en una Europa que sigue en problemas.(01:26)
Si quieren una apuesta segura, tomen nota.(01:29)
En dos mil trece, en este continente va a seguir hablándose sobre todo de la crisis.(01:35)
El escenario ha cambiado algo.(01:50)
Liderado por el italiano Mario Draghi con la aquiescencia de la alemana Angela Merkel, el Banco Central Europeo es el nuevo héroe.(01:57)
Sus intervenciones han estabilizado a la zona euro estable dentro de la gravedad.(02:03)
Además los gobiernos europeos han esbozado algo llamado Unión Bancaria.(02:07)
¿Va a ser suficiente?(02:09)
Depende de a quién preguntes.(02:10)
Daniel Gross es director del Centro de Estudios Políticos Europeos y un optimista empedernido.(02:16)

Una combinación de ajustes y de Unión Bancaria para distribuir riesgos y calmar al sistema financiero, las dos cosas juntas permitirán superar la crisis.(02:27)

En cambio, Paul De Grauwe, economista de la Universidad de Lovaina, hace un pronóstico más bien oscuro.(02:34)

El sistema que hemos creado sirve para afrontar una crisis bancaria individual simple, pero ante otra crisis sistémica como la de dos mil ocho, entonces este sistema sería muy insuficiente.(02:46)

<Navegando aguas procelosas>, así se titula el último informe de previsiones de la Comisión Europea.(03:01)
Una metáfora muy manoseada, pero también una pista de por dónde irá la gráfica de la economía europea en 2013.(03:08)
<Un mar revuelto entre la recesión y el crecimiento débil>(03:12)
Una de las grandes preguntas es si España va a solicitar o no la ayuda del Banco Central Europeo, el tenido rescate.(03:19)
El economista De Grauwe cree que debería hacerlo cuanto antes.(03:24)

Es un gran error por parte del Banco Central Europeo y del gobierno español.(03:30)
En vez de esperarse el uno al otro deberían haber actuado.(03:33)
La prima ha bajado, sí, pero sigue siendo demasiado alta.(03:36)
Lo que España necesita ahora es estímulos y podrían venir de la autoridad monetaria, pero en vez de eso todo el mundo se queda esperando.(03:47)
No puedo entenderlo.(03:48)

En Europa, como en cualquier parte, economía y política son fenómenos entrelazados.(03:54)
Uno influye sobre el otro.(03:55)
Nadie sabe cuál manda más.(03:57)
Al hablar de la crisis, hay que hablar también de las elecciones, de las que este año se van a celebrar en Italia y en Alemania.(04:04)
¿Cambiará Alemania?(04:06)
Daniel Gross no lo cree.(04:08)

A la larga no creo que las elecciones en Alemania tengan mucha influencia.(04:13)
Casi todos los partidos alemanes, su élite pólitica coinciden que el euro debe ser

salvado, pero también en que Alemania no puede pagar por todos.(04:21)
Las elecciones en Italia son más peligrosas.(04:29)
La cuestión no es si gana la izquierda o la derecha sino si gana el partido del populismo, el de aquellos que ya no creen en la política, lo que daría lugar a un gobierno muy débil.(04:39)

En dos mil trece, en Bruselas, también se hablará de otras cosas, de aquellas que solían ser portadas antes de la crisis.(04:47)
La Unión Europea tiene que acordar sus presupuestos para el período dos mil catorce - dos mil veinte.(04:53)
Todo apunta a que habrá recortes.(04:55)
Jorge Núñez, analista del Centro de Estudios Políticos Europeos y experto en presupuestos.(05:01)

Le habrá probablemente más recortes en la política agraria y también en la política regional y luego sí, sufrirá un poco la política exterior europea.(05:10)

¡Atención en España!(05:11)
El gran beneficiario de las ayudas europeas pasará a ser contribuyente, a poner más dinero del que recibe.(05:17)
La clave será adaptarse.(05:19)

Porque España tiene oportunidades, pero hasta ahora unos se han pensado cosas muy básicas, trenes, autopistas, vacas.(05:28)
Hay que cambiar la mentalidad, hay que cambiar la mentalidad.(05:31)

En julio, Croacia entrará en la Unión Europea.(05:40)
Empezaremos a hablar de los 28.(05:42)
Dado el fracaso de las profecías mayas, es probable que el mundo siga girando también.(05:48)
¿Tendrá Europa algo más de presencia?(05:50)

¿Una política exterior digna de tal nombre?(05:53)
Jean Dominique Merchet, periodista experto en defensa, no espera gran cosa.(05:57)

No hay que pedirle demasiado a la Unión Europea.(06:02)
La idea de crear un estado federal al estilo de los Estados Unidos, esa idea que defendían los padres fundadores, los franceses, es algo en lo que nadie cree ya.(06:12)
No habrá una Europa potencia.(06:15)

«La unión no será los estados unidos de Europa, ni lo necesita», contesta Alejandro Ribó, profesor de Relaciones Internacionales en el Colegio de Europa.(06:25)

Todo depende de nosotros.(06:26)
Nada está determinado.(06:27)
Yo no creo que haya un destino sino que todo depende de cómo lo hagamos.(06:31)
El modelo innovador de la Unión Europea es un modelo muy fuerte de decisión y tiene mucho futuro.(06:37)
Entonces yo soy muy optimista, soy muy optimista, pero claro, depende mucho de los líderes.(06:42)

Y es que esta organización modesta, zarandeada por la crisis, este organismo entre kantiano y kafkiano, que casi siempre decepciona, pero casi siempre parece mejor que sus alternativas.(06:53)
La Unión Europea tiene toda la pinta de sobrevivir un año más.(06:58)
(Cinco Continentes /07/01/2013)

18-5

일 년 전 런던 증권거래소의 많은 사람들이 유로화가 붕괴된다는 데 돈을 걸었습니다.

2012년에 유로화가 사라질 것이라고 보는 사람이 3:1 이었습니다.

답이 뻔한 내기 같아 보였지만 실상은 잘못된 예측이었습니다.

2013년이 되었고 유로화는 여전히 건재합니다.

유럽은 여전히 문제를 안고 있지만 유로화는 여전히 존재하고 있습니다.

안전한 내기를 하고 싶다면 메모를 하십시오.

2013년 유럽에서는 특히나 이 경제 위기에 대해 지속적으로 논의하게 될 것입니다.

상황이 약간 바뀌었습니다.

앙겔라 메르켈 독일 총리의 동의하에 이탈리아의 마리오 드라기 총재가 이끄는 유럽중앙은행이 새로운 영웅이 되었습니다.

유럽중앙은행의 개입으로 심각하지만 그래도 다소 안정된 유로존이 형성되었습니다.

또한 유럽 각국의 정부들은 금융동맹을 설립하려고 합니다.

이것으로 충분할까요?

누구에게 질문하느냐에 따라 다를 것입니다.

확고한 긍정론자인 다니엘 그로스 유럽정치연구소 소장의 말을 들어보겠습니다.

위험을 분산하고 재정시스템을 안정화하기 위해 긴축재정과 금융동맹 설립이라는 두 가지 방책으로 위기를 벗어날 수 있을 것입니다.

반면 루뱅대학교의 폴 드 그라위 경제학 교수는 보다 더 비관적인 예견을 내놓았습니다

우리가 만든 시스템은 단순히 각 은행의 위기를 해결하기에는 충분하지만 2008년 세계 금융 위기와 같이 상이한 구조적 위기를 해결하기에는 역부족입니다.

유럽위원회가 '거센 물살을 항해하는'이라는 제목의 최신 동향 예측 보고서를 발간했습니다.

매우 식상한 비유지만 2013년 유럽 경제의 방향성을 제시하는 지표입니다.

'침체와 저성장을 반복하는 바다'

큰 의문 중 하나는 스페인이 유럽중앙은행으로부터 이미 받기로 되어 있는 구제금융을 실제로 요청할 것인가 입니다.

드 그라위 경제학 교수는 될 수 있는 한 빨리 요청해야 한다고 말합니다.

유럽중앙은행과 스페인 정부의 엄청난 과실입니다.

서로가 눈치만 보지 말고 행동에 옮겨야 합니다.

국채 금리가 하락한 건 맞지만 여전히 지나치게 높은 수준입니다.

지금 스페인에 필요한 것은 일종의 활력이고, 이는 금융당국의 역할이지만, 그 전에 모든 사람들이 기다리고 있습니다.

저는 이 상황을 이해할 수 없습니다.

다른 나라와 마찬가지로 유럽도 경제와 정치의 유착이 심합니다.

한 분야가 다른 분야에 영향을 미칩니다.

어느 쪽이 더 큰 영향력을 행사하는지는 아무도 모릅니다.

경제위기를 논의함에 있어 선거가 빠질 수 없습니다. 올해에는 이탈리아와 독일이 총선을 치릅니다.

독일이 변모할까요?

다니엘 그로스 소장은 그렇게 생각하지 않습니다.

장기적으로 봤을 때 저는 독일 총선이 그다지 큰 영향을 미치지 못할 것이라 생각합니다.

거의 모든 독일 정당과 정치엘리트들은 유로화가 구제되어야 하지만 독일이 모든 대가를 치를 수는 없다고 말합니다.

이탈리아 총선은 더욱 문제입니다.

문제는 좌파와 우파 중 누가 승리할 것인가가 아니라 포퓰리즘 정당이 승리할 것인가 입니다. 포퓰리즘 정당은 정치를 신뢰하지 않기 때문에 정부의 입지가 매우 축소될 수 있습니다.

2013년 브뤼셀에서는 유로화 위기 이전에 주로 언급되던 다른 많은 문제들에 대해 논의할 것입니다.

유럽 연합은 2014~2020년 예산안을 통과시켜야 합니다.

긴축이 실시돼야 한다는 의견이 팽배합니다.

예산분야의 전문가인 호르헤 누녜스 유럽정치연구소 연구원의 의견을 들어보겠습니다.

아마도 농업 정책과 지방 정책에 더 많은 긴축이 실시될 것이고, 유럽 대내 정치와 후에 유럽 대외 정치도 긴축을 피할 수 없을 것입니다.

스페인에 주목해 주시기 바랍니다.

유럽 원조의 최대 수혜국인 스페인은 받은 돈보다 더 많이 지불하는 수여국이 될 것입니다.

결국 해답은 적응하는 것입니다.

왜냐하면 스페인은 기회가 있는 나라이기 때문입니다. 그러나 현재까지 사람들은 기차, 고속도로, 소 등 아주 기본적인 산업 밖에 생각할 줄 모릅니다.

사고 방식을 바꿔야 합니다. 사고 방식을 바꿔야 합니다.

7월에는 크로아티아가 유럽연합(EU)에 가입합니다.

이제 우리는 28개국에 대해 말하기 시작할 것입니다.

마야의 지구종말 예언이 틀린 것으로 봐서 세상은 계속 돌아갈 것입니다.

유럽이 입지를 확장할 수 있을까요?

유럽이라는 이름에 걸맞은 대외정치를 실현할 수 있을까요?

장 도미니크 메르체 국방 전문기자는 대단한 것을 기대하지 않습니다.

유럽 연합에 많은 걸 기대해서는 안됩니다.

미국식 연방정부를 구축하려는 발상은 우리 프랑스 선조들이 지켜온 것이지만 이제는 아무도 신임하지 않습니다.

막강한 유럽은 불가능합니다.

"연합이라는 것은 미국식 연방이 아니고 또 그럴 필요도 없습니다." 라고 알레한드로 리보 유럽대학교 국제관계학과 교수가 밝혔습니다.

모두 우리에게 달렸습니다.

아무 것도 정해진 건 없습니다.

저는 어떤 결론이 정해져 있는 게 아니라 모든 것은 우리가 어떻게 하느냐에 달려 있다고 생각합니다.

유럽 연합이 혁신적 모델을 강구해야만 매우 강력한 의사 결정을 할 수 있으며 미래도 밝다고 할 수 있겠습니다.

저는 긍정론자입니다. 저는 긍정론자지만 역시 모든 것은 여러 지도자들에게 달려있습니다.

유럽 연합은 위기에 취약하고, 칸트주의와 카프카주의의 중간적 입장을 취하고 있고, 매번 실망만 시키기 일쑤지만 늘 다른 대안들보다는 훨씬 낫습니다.

유럽 연합은 일 년 더 버티기엔 아직 충분합니다.

18-6 그리스 경제(la economía de Grecia)

Les contamos ahora otras noticias de la actualidad internacional.(10:53)
El ministro alemán de Finanzas Schäuble ha viajado a Grecia con un programa bilateral de apoyo a las pequeñas y medianas empresas y el gobierno de ese país de Grecia ha prohibido las concentraciones en las calles por las que pasaba su comitiva.(11:07)
Todo esto ocurrió justo al día siguiente de que el parlamento aprobara el despido de más funcionarios públicos, Juan Tato.(11:14)

La policía ha cortado varias calles del centro de Atenas y ha prohibido las protestas contra la visita del ministro de Finanzas de Alemania, país al que muchos acusan en Grecia de forzar los dolorosos recortes y reformas que están teniendo que aplicar el gobierno a cambio de los préstamos de la Troika.(11:29)
Anoche sin ir más lejos el parlamento griego aprobó el despido de cuatro mil funcionarios para este año y de otros once mil para el año que viene.(11:36)
Este año, sin embargo, la primera vez que el gobierno griego prohíbe las manifestaciones en el centro de Atenas.(11:41)
El año pasado ocurrió lo mismo con motivo de la visita de la canciller Merkel.(11:45)
En aquella ocasión no obstante miles de personas ignoraron la prohibición de las autoridades y participaron en una manifestación en la que entre otras cosas se vieron carteles con la imagen de Merkel vestida con uniforme nazi.(11:57)
Hoy en la misma línea pueden leerse en la prensa griega titulares como <Hi, Schäuble> o <los que van a morir te saludan>.(12:04)

Bueno, pues Schäuble se ha dicho impresionado por el progreso realizado por Grecia, pero también ha rechazado que vaya a realizarse una nueva quita de deuda en ese país.(12:17)
Veamos cómo se ven estos planteamientos desde Alemania.(12:20)

Berlín corresponsal, Aurora Domínguez.(12:22)

Wolfgang Schäuble ha llegado esta mañana a Atenas con un mensaje muy claro.(12:26)
No habrá otra quita para las deudas griegas, por lo menos, no, hasta la celebración de las elecciones alemanas el día veintidós de septiembre.(12:32)

Un nuevo recorte no está previsto.(12:38)
No podemos hacerles esto a los mercados.(12:40)
Esto provocaría nuevas turbulencias financieras.(12:43)

Lo que Atenas precisa, dice Schäuble, es continuar por el camino de las reformas, crear un sistema impositivo, disminuir una administración pública gigantesca y dentro de ese objetivo figuran los despidos aprobados ayer en el parlamento griego de quince mil empleados públicos.(12:59)
Ésta era por cierto una condición sine qua non para poder cobrar el siguiente tramo de ayudas comunitarias que en esta ocasión suman seis mil ochocientos millones de euros.(13:09)
El miministro de Hacienda alemán ha alabado en numerosas ocasiones los esfuerzos que están realizando los griegos y ha alabado también los primeros éxitos en lo relativo a lograr una cierta estabilidad financiera.(13:19)
Berlín dice que está trabajando muy intensamente con las autoridades de Atenas y que confía en que continúen con las privatizaciones, lo cual no está funcionando todo lo bien que sería de desear por ausencia de inversores.(13:31)
Schäuble ha llegado a Grecia además con un memorando de entendimiento similar al que firmó con España hace dos semanas.(13:37)
El Banco de Fomento Alemán concederá a las pequeñas y medianas empresas créditos e intereses muy ventajosos por un valor total de cien millones de euros.(13:46)
Como ocurrió con la visita de Merkel a Atenas, el barrio gubernamental y la carretera que lleva al aeropuerto han sido tomados por la policía.(13:53)
Los sindicatos griegos se han convocado una gran manifestación en contra de la

persona que ellos ven como la gran responsable de la miseria que se viven el país.(14:02)

Veremos en qué queda esa manifestación contra Alemania en realidad, es decir contra su ministro de Finanzas que está allí de visita.(14:12)
En fin, veremos si se producen incidentes.(14:15)
(Cinco Continentes /18/07/2013)

18-6

다음으로, 현재 국제적 이슈인 소식을 전해드리겠습니다.

독일의 쇼이블레 재무장관이 그리스의 중소기업을 지원하는 양자협상안을 가지고 그리스를 방문하였습니다. 그리스 정부는 독일의 사절단이 지나가는 길에 시위를 금지시켰습니다.

이는 모두 그리스 의회가 공무원 추가 삭감안에 동의한 바로 다음날 일어났습니다. 후안 따또 기자, 나와 주세요.

경찰이 아테네 시내의 도로들을 차단하고 독일 재무장관의 방문에 맞선 시위를 금지했습니다. 그리스에서는 독일이 트로이카의 구제금융에 따른 고통스러운 긴축과 구조조정을 재촉하고 있다고 비난하고 있습니다.

바로 어젯밤 그리스 의회는 일을 더 진전시키지 않은 채 올해까지 4천 명의 공무원을 감축하며 내년까지 1만 1천 명을 추가 감축하는 데 동의했습니다.

그럼에도 정부가 아테네 시내의 시위를 금지한 것은 이번이 처음입니다.

작년에는 메르켈 독일 총리의 방문으로 같은 일이 벌어진 바 있습니다.

그러나 당시 수 천명의 사람들은 정부의 금지 조치를 무시하고 시위에 참가하여 나치 제복을 입고 있는 메르켈 총리의 포스터를 선보였습니다.

이와 비슷하게 요즘 그리스 신문의 일면에는 '안녕, 쇼이블레?' 혹은 '죽게될 사람들이 당신에게 인사한다'라는 제목을 볼 수 있습니다.

쇼이블레 재무장관은 그리스의 발전에 감탄했다고 밝혔지만, 그리스에 대한 새로운 부채 탕감안은 거절했습니다.

독일에서는 이 문제를 어떻게 보는지 알아보겠습니다.

베를린의 아우로라 도밍게스 특파원의 말을 들어보겠습니다.

볼브강 쇼이블레 장관은 이번 주 명확한 메시지를 들고 아테네에 도착했습니다.

적어도 9월 22일 독일의 총선이 열리기 전까지는 그리스의 부채에 대한 또 다른 탕감은 없다는 것입니다.

새로운 긴축안은 아직 예정되지 않았습니다.

시장에까지 긴축안을 강요할 수는 없습니다.

이는 새로운 금융 사태를 유발하게 될 것입니다.

"정확하게 그리스가 해야 할 일은 구조조정을 계속하고 조세제도를 구축하고 비대한 공공부문을 줄이는 것입니다. 어제 그리스 의회에서 통과된 공무원 감축도 여기에 속하는 일입니다." 라고 볼브강 쇼이블레 재무장관은 말했습니다.

이 목표 중 어제 그리스 의회에서 통과된 1만 5천 명의 공무원 감축안은 특히나 중요합니다. 실질적으로 이는 68억 유로에 달하는 차후 구제금융을 받기 위한 필수 조건이었기 때문입니다.

독일 재무장관은 그리스가 노력하는 데 대해 수 차례 말로만 찬사를 보냈고, 또한 일정 수준의 재정건전성에 도달한 그리스의 첫 성공에 대해서도 말로만 칭찬할 뿐이었습니다.

독일은 그리스 정부와 긴밀히 협력 중이며 그리스가 지속적으로 민영화를 추진할 것이라고 믿는다고 밝혔습니다. 그러나 이는 투자자가 부족하여 독일이 원하는 만큼 원활히 진행되지 않고 있습니다.

또한 쇼이블레 장관은 2년 전 스페인과 체결한 것과 동일한 양해각서를 들고 그리스에 왔습니다.

독일 연방은행은 중소기업에 총 1억 유로를 저금리로 대출해 줄 것입니다.

메르켈 총리가 그리스를 방문했을 당시와 같이 정부청사와 공항으로 연결되는 도로가 경찰에 의해 통제되었습니다.

그리스의 노동조합들은 현재 그리스가 겪고 있는 우환의 주범이라고 생각되는 쇼이블레 재무장관에 맞서 거대한 시위를 벌였습니다.

반독일 시위, 즉 사실상 현재 그리스를 방문 중인 독일 재무장관을 반대하는 시위의 여파가 어찌 될지 지켜봐야겠습니다.

아무튼 무슨 사건이 일어날지 두고 봐야겠습니다.

주제

19 스포츠 el deporte

19-1 스포츠(el deporte)

El deporte es una actividad física que, practicaba con regularidad, nos permite estar en forma. También es un juego competitivo que nos divierte. Como fenómeno social, es el espectáculo con mayor capacidad de atracción de nuestro tiempo.

Se sabe que ya en las primeras civilizaciones mediterráneas, hace más de 3.000 años, se practicaban deportes como la lucha y el boxeo. Por esas mismas fechas, los pueblos chino y japonés cultivaban cierto tipo de gimnasia con fines curativos. En 1500 a.C. los egipcios organizaban competiciones de tiro con arco y carreras. En el año 776 a.C. se celebraron en Grecia los primeros Juegos Olímpicos. Las carreras de carros(cuadrigas) eran muy populares en la Roma del siglo II a.C. Hacia el siglo IV el juego de pelota era practicado por los aztecas con un sentido religioso. En la Edad Media los torneos entre caballeros se regían por normas precisas. En el siglo XV, en Florencia, había competiciones de una especie de fútbol llamado calcio. Los ejemplos podrían multiplicarse.

A lo largo del siglo XIX se fueron regulando las competiciones de deportes que todavía hoy gozan de gran popularidad: rugby(1823), béisbol(1829), esquí de fondo(1843), golf(1860), hockey(1861), fútbol(1863), hípica(1866), fútbol americano(1874), tenis(1877), baloncesto(1891), voleibol(1895)... Culminación de ese proceso fue la celebración de los primeros Juegos Olímpicos modernos: tuvieron lugar en Atenas en 1896 y su promotor fue el francés Pierre de Coubertin. Desde entonces se han celebrado cada cuatro años de forma ininterrumpida, excepto en 1940 y 1944, a causa de la Segunda Guerra Mundial.

El deporte como espectáculo tiene poco que ver con su condición de ejercicio físico que, realizado de forma regular y no necesariamente competitiva, nos permite estar en forma. Desde este punto de vista, es antes que nada una práctica saludable que nos proporciona bienestar y diversión. Eso lo convierte en un medio idóneo para ocupar el tiempo libre. Incluso como competición, es preciso mantener siempre los valores propios de un auténtico espíritu deportivo: la elegancia de saber perder y ganar, la nobleza en la disputa. Valores que, por otro lado, no tienen por qué estar en contradicción con el entusiasmo y el placer que nos suscita la victoria espectacular de nuestro equipo favorito o del atleta al que admiramos.(2009 pequeño Espasa Ilustrado)

19-1

스포츠는 규칙적으로 하는 육체활동이다. 몸매를 가꾸어 주며, 우리를 즐겁게 해주는 경쟁의 일종이다. 사회적으로는 우리의 여가시간 대부분을 차지하는 경기 관람을 가능하게 한다.
지중해의 첫 문명들이 3000년 전에 싸움이나 복싱과 같은 스포츠를 해왔다는 것은 이미 잘 알려진 사실이다. 이때에, 중국 문명과 일본 문명도 치료를 목적으로 하는 일정 종류의 운동을 개발하였다. 1500년에는 이집트 사람들이 창 던지기와 달리기 경주를 하였다. 776년, 그리스에서 첫 올림픽을 개최했다. 마차 경주(사두 이륜 마차)가 2세기에 로마에서 큰 인기를 끌었다. 4세기까지 아즈텍문명 사람들이 종교적인 목적으로 공놀이를 해왔다. 중세 시대에는 기사들의 기마전이 명확한 규칙들에 의해서 규정되었다. 15세기 플로렌스에서는 축구의 일종으로 깔시오라 불리는 경기가 있었다. 그 외에도 수많은 예가 있다.
19세기에 오늘날까지도 많은 사람들이 즐기는 스포츠의 경기 규칙들이 제정되었다: 럭비(1823), 야구(1829), 크로스컨트리(1843), 골프(1860), 하키(1861), 축구(1863), 경마(1866), 미식축구(1874), 테니스(1877), 농구(1891), 배구(1895)… 이 과정의 정점은 첫 현대 올림픽 경기를 개최하는 것이었다: 이는 아테네에서 1896년에 개최되었고, 프랑스 사람인 피에르 쿠베르탱이었다. 그때부터 제 2차 세계 대전이 일어난 1940년과 1944년을 제외하고 매 4년마다 개최되었다.
운동은 육체적인 활동이므로 운동을 관람하는 것은 별 의미가 없다. 굳이 경쟁적으로 하지 않아도 규칙적으로 한다면 좋은 몸 상태를 유지할 수 있다. 이러한 점에서 건강한 운동은 무엇보다 우리로 하여금 즐겁게 잘살 수 있도록 해준다. 그래서 스포츠는 여가시간을 채우기 위한 적절한 방법으로 변화하였다. 경쟁의 경우에도 진정한 스포츠 정신의 가치를 항상 유지하는 것이 중요하다: 승리와 패배를 인정할 줄 아는 품위와 경쟁에서의 기품. 또한 우리가 좋아하는 운동선수나 팀의 승리가 일으키는 기쁨과 열정이 그러한 가치들과 모순될 이유가 없다.

19-2 올림픽 경기(los Juegos Olímpicos)

Citius, altius, fortius. Bajo este lema latino, que es un estímulo al esfuerzo(«más rápido, más alto, más fuerte»), se inauguraron en Atenas en 1896 los primeros Juegos Olímpicos de la era moderna. Desde entonces, cada cuatro años, los mejores atletas y deportistas del mundo se reúnen ante la expectación de millones de personas en la cita más importante del deporte internacional.

Aunque hubo algunos intentos anteriores, la iniciativa de recuperar las competiciones deportivas de la antigua Grecia se debió al aristócrata francés Pierre de Coubertin. Como parecía lógico, fue Atenas la ciudad elegida. Se inició así una cita que, con el paréntesis de las dos Guerras Mundiales, se ha mantenido puntualmente y creciente éxito. En 1924, se incorporaron también las especialidades relacionadas con el esquí y otros deportes de nieve, aunque en 1994 se decidió que los Juegos Olímpicos de invierno siguieran su propio camino y comenzaron a disputarse dos años después de los de verano. Así, cada bienio tiene lugar una competición olímpica. Desde Atenas 1896 hasta Pekín 2008, los Juegos Olímpicos han visitado cuatro continentes(África es también en este terreno la excepción) y han ido incorporando nuevas modalidades deportivas.

Además de su interés deportivo, los Juegos Olímpicos han sido siempre una caja de resonancia de los conflictos políticos del momento. Así ocurrió durante los celebrados en Berlín en 1936, que el régimen nazi alemán quiso convertir en altavoz de sus ideas sobre la supuesta superioridad de la raza aria. La falacia de tales planteamientos la demostró el atleta estadounidense negro Jesse Owens al conseguir cuatro medallas de oro, una de ellas en dura disputa con un atleta alemán. Hitler se negó a saludar al campeón. Asimismo, ha sido frecuente la negativa de diversos países a participar en los juegos como protesta por sucesos políticos. La edición celebrada en Moscú en 1980, por ejemplo, fue boicoteada por EE UU y otros 58 países occidentales como protesta por la invasión soviética de Afganistán. En la siguiente edición celebrada en Los Ángeles en 1984, fueron la URSS y otras naciones comunistas las que se negaron a participar. Pese a todo, los Juegos Olímpicos, cuyos cinco aros simbolizan la unión de los continentes, han logrado mantenerse como una apuesta por la convivencia entre los países y el triunfo del espíritu deportivo.(2009 pequeño Espasa Ilustrado)

19-2

Citius, altius, fortius. 힘을 북돋게 하는 이 라틴 명언들('더 빠르게, 더 높게, 더 강하게') 하에 1896년 아테네에서 현대 첫 올림픽 경기가 개최되었다. 그 때부터 4년마다 세계에서 가장 실력 있는 운동 선수들이 몇 백만 관중들의 기대 속에 국제 스포츠에서 가장 중요한 경기에 모인다.
이전에는 다른 목적들도 있었는데, 고대 그리스의 스포츠 경기가 시작된 것은 피에르 쿠베르탱이라는 한 프랑스 귀족에 의해서였다. 당연히 아테네가 첫 도시로 꼽혔다. 두 번의 세계 대전으로 인한 휴지를 제외하고는 꼬박꼬박 개최되었고, 지속적으로 성공적으로 이어왔다. 1924년 스키와 눈과 관련된 스포츠를 특성화하기로 하였다. 1994년에 동계 올림픽은 하계 올림픽 2년 뒤에 정기적으로 개최하기로 하였다. 이렇게 2년마다 올림픽 경기가 열린다. 1896년 아테네에서 시작하여 2008년 베이징까지 올림픽은 4개 대륙(아프리카는 이 대륙에서 제외된다)에서 개최되었고, 새로운 스포츠 형식들도 접목하고 있다.
스포츠 분야뿐만 아니라 올림픽은 그 당시 정치적 대립에도 항상 영향을 받아 왔다. 1936년 베를린 올림픽에서는 독일의 나치 체제가 그들의 사상을 자칭 아리아족의 우월함으로 널리 알리고 싶어했다. 미국의 흑인 선수 제시 오언스가 4개의 금메달을 획득하였을 때 이 중 하나로 인해 독일 선수와 큰 논쟁에 이르게 되자 제시 오언스는 이 속임수에 대한 문제를 제기하였다. 히틀러는 챔피언에게 인사하는 것을 거부했다. 이렇게 정치적인 사건들과 엮여 경기에 참여하는 많은 나라들 사이에 안 좋은 사건들이 자주 일어났었다. 예를 들어, 1980년 모스크바에서 열렸던 올림픽에서는 미국과 다른 58개의 서양 국가들이 소련연방의 아프가니스탄 침공에 반대하며 보이콧을 했다. 다음 올림픽은 1984년 로스앤젤레스에서 개최되었는데 소련과 다른 공산주의 국가들이 참여를 거부했다. 이 모든 것들에도 불구하고 올림픽의 다섯 개 링들은 5개 대륙들이 한데 모이는 것을 의미한다. 올림픽은 국가 간에 공존하는 목적과 스포츠 정신의 승리를 성공적으로 유지해왔다.

19-3 월드컵(la Copa Mundial)

La Copa Mundial de la FIFA, también conocida como Copa Mundial de Fútbol, Copa del Mundo o Mundial, cuyo nombre original fue Campeonato Mundial de Fútbol, es el torneo internacional de fútbol masculino a nivel de selecciones nacionales más importante del mundo. Además existen otras competiciones que también son copas mundiales de fútbol, entre las que destacan la Copa Mundial Femenina de Fútbol, la Copa Mundial de Fútbol Sub-20 y la Copa Mundial de Fútbol Sub-17, las tres organizadas por la FIFA

Este evento deportivo se realiza cada cuatro años desde 1930, con la excepción de los años de 1942 y 1946, en los que se suspendió debido a la Segunda Guerra Mundial. Cuenta con dos etapas principales: un proceso clasificatorio en el que participan en la actualidad cerca de 200 selecciones nacionales y una fase final realizada cada cuatro años en una sede definida con anticipación en la que participan 32 equipos durante un periodo cercano a un mes. La fase final del torneo es el evento deportivo de una sola disciplina más importante del mundo(la final de la Copa Mundial de Fútbol de 2002 fue vista por más de 1.100 millones de personas), y el segundo más importante a nivel general después de los Juegos Olímpicos.

La Copa Mundial de la FIFA ha sido realizada en 20 ocasiones, en las que ocho países han alzado la copa: Brasil es el equipo más exitoso, con cinco victorias; Alemania e Italia le siguen con cuatro trofeos; Argentina y Uruguay la han ganado dos veces, en tanto que Inglaterra, Francia y España se han titulado campeones en una sola ocasión. El torneo presenta un fuerte dominio de los equipos europeos y sudamericanos: los primeros ganaron el título en 11 ocasiones, mientras que los sudamericanos lo ganaron 9 ocasiones y sólo dos equipos de otras condeferaciones geográficas han llegado a semifinales: Estados Unidos en 1930 y Corea del Sur en 2002. Además, Brasil(en 1958 y 2002), España(en 2010) y Alemania(en 2014) han sido los únicos equipos que han ganado fuera de su continente.(wikipedia.org)

19-3

축구 월드컵이라고도 알려져 있는 피파 월드컵의 원 명칭은 세계 축구 선수권 대회였다. 월드컵은 세계에서 가장 주요한 국가대표 남자 축구의 국제적인 경기이다. 축구 월드컵으로서 다른 경기들도 존재하는데, 그 중 피파가 개최한 여자 축구 월드컵과 제 17회 월드컵 축구대회, 제 20회 월드컵 축구대회가 눈에 띈다.
이 스포츠 행사는 1930년부터 4년마다 개최되는데 1942년과 1946년에는 제 2차 세계 대전 때문에 개최되지 못하였다. 두 개의 주요한 시기로 나뉜다: 거의 200개의 국가들 중에서 참여할 국가를 분류하는 과정과 4년마다 특정한 개최지에서 거의 한 달 동안 32개의 참여국들이 경기하는 마지막 단계. 경기의 결승전은 세계에서 가장 중요한 스포츠 행사로(2002년 월드컵의 결승은 11억 명이 넘는 사람들이 관전했다) 일반적으로 올림픽 다음으로 가장 중요한 경기이다.
피파 월드컵은 20회 치러졌고, 여덟 개의 국가가 컵을 쟁취했다: 브라질이 5번으로 가장 많은 우승을 한 나라이고; 독일과 이탈리아가 4번의 우승으로 따라잡고 있다; 아르헨티나와 우루과이가 2번 우승했고, 영국, 프랑스, 스페인이 각 한 번씩 챔피언 타이틀을 거머쥐었다. 현재의 경기들은 유럽과 남아메리카의 강력한 팀들이 지배하고 있다: 유럽 팀들은 11번이나 우승했고, 남미의 팀들은 9번 우승했다. 지리적으로 다른 연방의 두 팀만이 준결승까지 올랐다: 미국이 1930년, 대한민국이 2002년. 또한 브라질은 1958년과 2002년, 스페인이 2010년, 독일이 2014년에 자신의 홈 그라운드에서 벗어나 우승한 국가들이다.

el comentario de expresiones

Segunda Guerra Mundial: La Segunda Guerra Mundial fue un conflicto militar global que se desarrolló entre 1939 y 1945. Fue el conflicto más mortífero en la historia de la humanidad, con un resultado final de entre 50 y 70 millones de víctimas.

19-4 운동 경기 종목(los tipos de deportes)

〈Atletismo 육상〉

Velocidad	단거리 경주
Vallas	장애물 경주
Medio fondo y fondo	중거리, 장거리 경주
Marcha	경보
Maratón	마라톤
Campo a través	크로스 컨트리
Salto de altura	높이 뛰기
Salto con pértiga	장대 높이 뛰기
Salto de longitud	멀리뛰기
Triple Salto	3단 뛰기
Lanzamiento de peso	포환 던지기
Lanzamiento de disco	원반 던지기
Lanzamiento de martillo	해머 던지기
Lanzamiento de jabalina	창 던지기

〈Gimnasia 체조〉

Gimnasia artística	예술 체조
Suelo	마루 체조
Potro con anillas	뜀틀 체조
Anillas	링 체조
Salto	(예술 체조) 도약
Paralelas simétricas	대칭 평행 체조
Barra	봉 체조
Paralelas asimétricas	비대칭 평행 체조
Barra de equilibrios	평행봉
Gimnasia acrobática	곡예 체조

Trampolín elástico	트램펄린
Gimnasia rítmica	리듬 체조

〈Fuerza y combate 힘과 시합〉

Artes marciales	무술
Aikido	합기도
Yudo	유도
Jujitsu	주짓수
Kárate	가라데
Kendo	검도
Kickboxing	킥복싱
Kung-fu	쿵푸
Sumo	스모
Taekwondo	태권도
Lucha libre y lucha grecorromana	자유형, 그레코로만형 레슬링
Halterofilia	역도
Boxeo	권투
Esgrima	펜싱

〈Destreza y precisión 숙련도와 정확성〉

Tiro al plato	사격
Tiro con arco	양궁
Golf	골프
Bochas	나무 공놀이
Bolos	볼링
Billar	당구

〈Pelota grande 큰 공〉

Fútbol	축구
Fútbol sala	미니 축구
Rugby	럭비
Fútbol americano	미식 축구

Baloncesto	농구
Voleibol(balonvolea)	배구
Voleiplaya	비치발리볼
Balonmano	핸드볼

〈Pelota pequeña 작은 공〉

Béisbol	야구
Sóftbol	소프트볼
Croquet	크로켓
Cricket	크리켓
Hockey sobre hierba	잔디 하키
Lacrosse	라크로스

〈Pelota 공〉

Raqueta	라켓
Tenis	테니스
Bádminton	배드민턴
Squash	스쿼시
Tenis de mesa	탁구

〈Ruedas 바퀴〉

Hockey sobre patines	롤러 스케이트
Patinaje sobre ruedas	롤러 스케이트

〈Agua 수중 경기〉

Agua	수중 경기
Natación	수영
Natación sincronizada	싱크로나이즈드 수영
Saltos	다이빙
Buceo en apnea	무호흡 잠수
Waterpolo	수구
Piragüismo	카누
Canoa y kayak	카누와 카약

Vela	요트 경기
Windsurf	윈드서핑
Surf	서핑
Esquí náutico	수상 스키
Esquí alpino	산악 스키
Esquí nórdico	노르딕 스키
Snowboard	스노우보드
Esquí artístico	예술 스키
Hockey sobre hielo	아이스하키
Curling	컬링
Bobsleigh	봅슬레이
Skeleton	스켈레톤
Luge	루지
Patinaje sobre hielo	아이스 스케이팅

〈Ciclismo 사이클링〉

Cyclo-cross	크로스 컨트리 자전거 경주
BMX	자전거 모터크로스
Mountain bike	산악 자전거

〈Equitación 승마〉

Equitación	승마
Hípica	경마
Polo	폴로

〈Automovilismo 자동차 경주〉

Motociclismo	모터사이클 경기
Motonáutica	모터보트 경주

〈Multidisciplinares 종합 운동 경기〉

Triatlón	삼종 경기
Pentatlón moderno	현대 오종 경기

주제

20 언론 los medios de comunicación

20-1 언론(los medios de comunicación)

La comunicación es el intercambio de información entre un emisor y un receptor. En nuestro mundo, tiene especial relevancia la llamada comunicación de masas, un fenómeno ligado a los grandes medios audiovisuales y las principales empresas periodísticas. Internet está introduciendo importantes novedades en el panorama de la comunicación mundial.

La palabra «comunicación», que en su sentido etimológico se refiere a la capacidad de poner en común o de compartir algo, se utiliza con diversos significados. Todos ellos aluden, de una u otra forma, al proceso de transmisión de información desde un emisor a un receptor a través de un medio(o canal). Para ello es preciso emplear un código -o conjunto de reglas- compartido entre ambos, de tal forma que el contenido -o mensaje- codificado por el emisor puede ser decodificado e interpretado por el receptor. Desde un punto de vista social, podemos entender la comunicación como el fenómeno mediante el cual adquirimos información acerca del mundo y de nosotros mismos, y somos capaces de compartirla con otros.

Dentro de la comunicación social es especialmente importante la llamada «comunicación de masas». En ella la información se transmite a través de medios con gran capacidad de audiencia, como la televisión, la prensa, la radio o Internet. Los grandes medios de comunicación se caracterizan por su fuerte dependencia de intereses económicos, ya que su instalación y mantenimiento exige instrumentos tecnológicos de elevado coste. En ellos, además, el proceso de comunicación está muy desequilibrado a favor del emisor. Este es el que selecciona, elabora y emite los mensajes, sin que el receptor – el televidente o el lector de prensa, por ejemplo- pueda intervenir de forma directa y ágil en el proceso.(2009 pequeño Espasa Ilustrado)

20-1

커뮤니케이션이란 송신자와 수신자 간의 정보 교환을 말한다. 현대 사회에서 괄목할 만한 점은 소위 말하는 대중 커뮤니케이션이 거대 시청각 매체 및 주요 언론사들과 밀접한 연관을 맺고 있다는 것이다. 인터넷은 전 세계의 커뮤니케이션에 있어 새롭게 대두한 신기술이다. «커뮤니케이션»이라는 단어는 어원적으로 공동으로 생각하거나 무언가를 나눌 수 있는 능력을 말하며, 다양한 의미로 사용된다. 어떠한 형태이건 이 모든 것은 한 매체(혹은 채널)를 통하여 송신자와 수신자가 정보를 교환하는 과정을 의미한다. 그러기 위해서는 송신자와 수신자가 모두 이해할 수 있는 기호나 공통된 규칙이 필요하며, 수신자는 이를 통하여 송신자가 만든 컨텐츠나 메시지를 해독하고 해석할 수 있다. 사회적 관점에서 보았을 때 커뮤니케이션을 통해 우리는 우리 자신과 전 세계에 관한 정보를 얻을 수 있게 되었으며 그것을 다른 이들과 공유할 수 있게 되었다.

사회적인 커뮤니케이션에 있어서 소위 «대중 커뮤니케이션»이라는 것은 매우 중요한 부분이다. 이 때 정보는 텔레비전과 신문, 라디오, 인터넷과 같은 매체를 통해 대중에게 큰 영향력을 미치며 전달된다. 거대 커뮤니케이션 매체들의 성향은 경제적 이득과도 밀접하게 연관되어 있는데, 이는 첨단 기기들의 설비비와 유지비가 많이 들기 때문이다.

더욱이 커뮤니케이션 과정은 송신자에게 편향되어 있다. 이것은 텔레비전 시청자나 신문 구독자와 같은 수신자가 그 과정에 직접적이고 날카롭게 개입 할 수 없으므로 송신자가 메시지를 고르고 편집하여 발송하기 때문이다.

el comentario de expresiones

Novedades: Lo que sorprende por su carácter diferente y generalmente estimulante o inspirador. **Sinónimos:** Innovación, primicia, moda, invención, originalidad, invento, descubrimiento.

20-2 광고(la publicidad)

«El aire que respiramos está compuesto de oxígeno, nitrógeno y publicidad». Esta ingeniosa frase resume bien un fenómeno que, por otra parte, resulta evidente: la publicidad lo invade todo. No sólo se utiliza para informarnos de las ventajas de tal o cual producto(«¡Borrabién lo borra todo!») y, principalmente, para movernos a comprarlo(«¿Ya tienes tu Borrabién?»). También nos propone normas de conducta ejemplar(«Tus deberes impecables: ¡Usa Borrabién!») o incluso trata de influir en nuestras preocupaciones más íntimas(«Necesitas Borrabién para cambiar tu vida»). Frases como estas nos salen al paso a cada instante. Conviene sin embargo distinguir entre propaganda y publicidad. Ambas suelen utilizar un lenguaje parecido, pero su finalidad es distinta. La propaganda tiene un contenido político, social o religioso, mientras que el objetivo de la publicidad es siempre comercial: nos impulsa a comprar algo.

Aunque orientada a un fin mercantil, la publicidad es una actividad comunicativa y como tal tiene en cuenta todos los factores que intervienen en el proceso de comunicación: qué decir, cómo decirlo, a quién, etc. Su primer objetivo es conseguir atraer la atención de la personas a las que se dirige. En un mundo en el que abundan los reclamos de todo tipo, no es una tarea fácil. Eso explica que uno de los empeños básicos de los creativos publicitarios sea la búsqueda de la originalidad. A este fin se encaminan la presentación de escenas curiosas o llamativas, el empleo del humor y el uso de un lenguaje que, antes que nada, trata de sorprendernos. Otra característica es la brevedad: hay que mantener la atención del receptor sin cansarlo. Por ello todos los anuncios se concentran en una frase concisa e impactante, un eslogan atractivo y fácil de recordar. Además, los mensajes deben adaptarse al medio en que se van a difundir. Todas las grandes campañas publicitarias se basan en una estrategia de medios que trata de aprovechar al máximo las peculiaridades de la televisión, la radio, la prensa, etc.(2009 pequeño Espasa Ilustrado)

20-2

«우리가 숨쉬는 이 공기는 산소와 질소 그리고 광고로 이루어져있다». 다시 말해 이 참신한 문장은 광고가 모든 것을 차지하고 있는 현상을 명확하게 요약하여 보여준다. 광고는 단지 우리에게 상품의 장점만을 알려주거나(«보라비엔은 모든 것을 지웁니다!»), 그 상품을 구매하도록 만드는 데에만(«보라비엔을 구입하셨나요?»)사용되는 것은 아니다. 우리에게 모범이 될 행동 규범을 제시하기도 하며(«당신의 완벽한 의무: 보라비엔을 사용하세요!»), 우리의 보다 사적인 근심거리에도 영향을 끼친다(«당신의 삶을 바꾸기 위해서는 보라비엔이 필요합니다.»). 이와 같은 문장들은 매 순간 우리에게 영향을 미친다.

어쨌든 우리는 선전과 광고를 구분할 수 있어야 한다. 이 둘 모두 비슷한 문체를 사용하기는 하지만 그 목적은 다르다. 선전은 정치적이거나 사회, 종교적인 내용을 담고 있는데 반해 광고는 항상 상업적이며 우리가 상품을 구매하도록 재촉한다. 상업적인 목적에 기반하고 있기는 하나, 광고는 커뮤니케이션의 일종이며 무엇을 말할지, 어떻게 말할지 등과 같이 모든 요소가 커뮤니케이션의 과정에 개입되어 있다. 이러한 이유로 광고 제작물들은 더욱 독특하고 현란해지며 사용되는 유머와 문체 역시 전래 없이 우리를 놀라게 하고 있다. 또 다른 특징은 간결성이다. 광고는 받는 이가 지치지 않고 계속해서 집중하게 만들어야 한다. 그렇기 때문에 모든 광고는 짧고 강한 문장과 기억하기 쉬우면서도 이목을 끄는 슬로건에 집중해야 한다. 또한 메시지는 다뤄질 매체에 따라 달라야 한다. 모든 거대 광고 캠페인들은 텔레비전과 라디오, 신문과 같은 매체의 특성을 최대한으로 활용할 수 있는 전략에 기반한다.

el comentario de expresiones

está compuesto de: v. Componer; Formar una cosa juntando y ordenando varias.

impulsa: v. Impulsar; Incitar, estimular.

tiene en cuenta: Considerar importante y digno de atención o cuidado.

20-3 텔레비전(la televisión)

La televisión es el invento más popular del siglo XX y el medio de comunicación con mayor capacidad de influencia social. Incluso se ha llegado a afirmar que «lo que no aparece en la televisión no existe».

La transmisión a distancia de imágenes en movimiento fue posible gracias a diversos inventos que se iniciaron a finales del siglo XIX. Su precursor fue el ingeniero alemán Paul Nipkow: en 1884 patentó un disco giratorio para descomponer la imagen en puntos de luz y transmitirla en forma de señal eléctrica. En 1897 Karl F. Braun ideó el tubo de rayos catódicos capaz de recibir y reconstruir las imágenes. Pero las primeras emisiones regulares de televisión –media hora cada noche- no se producirían hasta 1929 gracias al escocés John L. Baird, que trabajaba para la BBC inglesa. Un paso decisivo fue el invento en 1932 del iconoscopio, el precedente de la televisión en color. La retransmisión en 1953 de la coronación de Isabel II de Inglaterra fue uno de los primeros éxitos internacionales del nuevo medio. En 1962 se transmitieron las primeras imágenes por satélite. La llegada del hombre a la Luna, en 1969, pudo ser vista por telespectadores de todo el mundo. En 1979 se desarrolló el primer satélite para emisiones en directo y se generalizó el uso de antenas parabólicas. En los últimos años se ha avanzado en el desarrollo de la televisión digital y de alta definición. También se han extendido nuevos sistemas de transmisión por cable, al tiempo que se avanza en la puesta a punto de la televisión entre dimensiones.(2009 pequeño Espasa Ilustrado)

20-3

텔레비전은 20세기 가장 대중적인 발명품이며, 가장 큰 사회적 영향력을 지닌 커뮤니케이션 매체이다. «텔레비전에 나오지 않는 것은 존재하지 않는 것이다»라는 확언까지 나올 정도이다.

움직이는 영상을 장거리에서 방송하는 것은 19세기 말 무렵 탄생하게 된 다양한 발명품들 덕에 가능해진 것이었다. 이 분야의 선구자는 독일의 기술자 폴 닙코였다. 그는 1884년 이미지를 광점으로 나누어 전기 신호의 형태로 방송하는 회전 레코드의 특허권을 발급 받았다. 1897년 칼 브라운은 이미지를 받고 다시 재현할 수 있는 음극선 튜브를 발명했다. 매일 밤 30분씩 방영 되었던 초창기의 정규 방송은 1929년, 영국 BBC 방송국에 몸 담았던 스코틀랜드 출신 존 베어드에 의해 시작되었다. 1932년에는 컬러 텔레비전의 선조 격인 송상기의 발명이라는 결정적인 발전이 있었다. 1953년에는 영국 이사벨 2세 여왕의 대관식이 중계 방송 되었으며, 이는 초기 신 매체의 성공 사례 중 하나로 손 꼽힌다. 1969년 인간의 달 착륙 광경 역시 전 세계의 텔레비전 시청자들이 볼 수 있었다. 1979년에는 직접적으로 방송을 할 수 있는 최초의 인공위성이 개발 되었으며 포물선형 안테나의 사용이 대중화 되었다. 최근에는 디지털 텔레비전과 고품격 텔레비전의 개발로까지 성장이 이루어졌다. 또한 다차원 속에서의 텔레비전 작동 기술이 발전하면서 케이블을 사용해 중계하는 새로운 시스템으로 까지 확장되었다.

el comentario de expresiones

Precursor: m. Que comienza o anuncia doctrinas, ideas, o empresas que tendrán acogida y desarrollo completo en el futuro. **Sinónimos:** Iniciador, pionero, antepasado, ascendiente, precedente, adelantado, fundador, explorador.

Telespectadores: Persona que ve la television.

주제

21 자원 los recursos

21-1 광물 자원(los minerales)

Las rocas son agregados de diversos minerales, aunque en ocasiones pueden estar formadas por un solo mineral. Hay rocas que afloran a la superficie y son visibles en el paisaje, mientras que otras están cubiertas por capas más o menos espesas de suelo. En función de su origen, las rocas se clasifican en tres grandes grupos. Las rocas ígneas o magmáticas son las que se han formado en el interior de la Tierra a partir del magma incandescente; pueden ser expulsadas al exterior por los volcanes u otros fenómenos geológicos. Las rocas sedimentarias se forman en una cuenca de sedimentación(lagos, ríos, mares) bajo la acción de agentes geológicos externos como el agua, el hielo o el viento. Por último, las rocas metamórficas surgen a partir de las anteriores debido a la acción combinada de la presión y la temperatura del interior terrestre, que acaba modificando su composición.

Las rocas más abundantes en la corteza terrestre son las sedimentarias. Presentan una gran variedad y suelen contener muchos fósiles, valiosos testimonios para identificar las formas de vida que han existido en las distintas etapas geológicas. Se suelen clasificar en cuatro grupos: rocas detríticas, formadas por el desprendimiento de otras rocas a causa de la erosión, como ocurre con las areniscas, la arcilla y los conglomerados; las calizas o rocas calcareas, que están constituidas por carbonato cálcico y se utilizan para fabricar el cemento; las rocas salinas o evaporitas, surgidas tras el proceso de evaporación del agua en lagos costeros o interiores; y las rocas orgánicas, derivadas de la acumulación de restos de vegetales o animales; la más importante de ellas es el carbón. Por último, las rocas metamórficas son las rocas ígneas o sedimentarias.(2009 pequeño Espasa Ilustrado)

21-1

암석은 다양한 광물들로 구성되어 있으며 때로는 한 가지의 광물로만 형성되기도 한다. 지면에 노출되어 우리가 잘 볼 수 있는 암석들도 있는가 하면 지층 깊히 숨겨져 있는 것들도 있다. 암석은 발생이라는 관점에서 보았을 때 크게 세 가지 종류로 나눌 수 있다. 화성암이나 마그마 암석은 지구 내부의 백열 마그마에서 형성되며, 화산폭발이나 다른 지질 현상에 의해 외부로 배출된다. 퇴적암은 침전물(호수, 강, 바다) 유역에서 물이나 얼음, 바람과 같은 외부 지질 요소의 활동으로 생성된다. 마지막으로 변성암은 지구 내부의 압력과 온도의 조합으로 인해 그 구성 성분이 바뀌어 솟아 오르게 된다.

지각에서 가장 흔한 암석은 퇴적암이다. 퇴적암은 그 종류가 매우 다양하며, 매우 많은 화석과 함께 지질학적으로 다양한 시기의 삶을 보여주는 중요한 증거들을 가지고 있다. 퇴적암은 네 종류로 구분된다. 먼저 사암이나 점토, 역암은 침식으로 인한 다른 암석들의 낙석으로 생성된 부서진 암석이다. 탄산칼슘으로 구성된 석회암은 시멘트를 제조하는데 사용된다. 염암이나 증발암은 호수 연안이나 내부의 물이 증발하는 과정에서 생성된다. 유기암은 식물이나 동물 잔여물의 축적으로 인해 만들어진다. 여기서 가장 중요한 것은 석탄이다. 마지막으로 변성암에는 화성암이나 퇴적암이 있다.

el comentario de expresiones

Afloran: v. Aflorar; Asomar a la superficie terrestre un filón, masa rocosa o capa mineral consolidados en el subsuelo.

Incandescente: adj. Generalmente metálico que se enrojece o blanquea por la acción del calor.

Rocas metamórficas: Son las que se forman a partir de otras rocas mediante un proceso llamado metamorfismo.

21-2 석유 자원(el petróleo)

Como indica su nombre, compuesto por las palabras latinas petra('piedra') y oleum('aceite'), el petróleo es un aceite mineral –una «roca líquida»- de gran viscosidad. Su color, variable, va desde el amarillo oscuro hasta el negro intenso. Como otros combustibles fósiles –carbón, gas natural-, se formó a lo largo de millones de años a partir de la descomposición de restos orgánicos de animales, plantas y plancton marino. Sepultados por sucesivas capas de sedimentos, estos restos acabaron por compactarse en las llamadas rocas madres del petróleo. Mediante diversos procesos químicos y por la acción de microorganismos, se transformaron en hidrocarburos, es decir, en compuestos de hidrógeno y carbono. Pasaron después a impregnar otras rocas más permeables y se fueron acumulando hasta formar grandes bolsas. Los movimientos de la corteza terrestre fueron desplazando las bolsas de petróleo hasta que quedaron atrapadas en las irregularidades del subsuelo, una especie de trampas donde permanecen bloqueadas por rocas compactas que impiden su acceso a la superficie.

Además de los diferentes hidrocarburos utilizados como combustibles, a partir del petróleo se obtienen miles de productos. Permite fabricar, por ejemplo, fibras textiles como el nailon o materiales para la elaboración de protésis. Proporciona el ácido acetilsalicílico, componente básico de la aspirina y otros medicamentos. También se obtienen de él herbicidas y fertilizantes destinados a la agricultura, conservantes y aditivos para la industria alimentaria, y diversos tipos de detergentes sintéticos o lubricantes. Y derivados del petróleo son, por supuesto, los polímeros, es decir, los diferentes tipos de plásticos que están presentes por todas partes, no solo en las habituales bolsas o envases de alimentos sino también en las carcasas de los telófonos móviles.(2009 pequeño Espasa Ilustrado)

21-2

petra('돌')와 oleum('기름')이라는 라틴어로 구성된 그 이름에서도 알 수 있듯이 석유는 «액체 암석»이라는 강한 점착성의 광물성 기름이다. 석유는 어두운 황색에서 짙은 검은색까지 그 색깔이 다양하다. 석탄과 천연 가스와 같은 다른 화석 연료처럼 석유는 동물과 식물, 바다 플랑크톤의 유기 잔해물이 분해되어 수 백만 년이 지나면서 만들어진다. 침전층이 연속하여 매장되면서 이 잔해물들은 마침내 석유의 어머니라 불리는 암석으로 쌓이게 된다. 다양한 화학 과정과 미생물들의 활동으로 인해 잔해물은 탄화수소와 탄소로 이루어진 탄화수소로 변형된다. 그 후 투과성이 있는 다른 암석으로 스며들어 그 크기가 거대해질 때까지 축적된다. 지각의 변동은 불규칙한 심토에 정착하기까지 석유가 괴어질 곳을 이동시키는데, 이 심토는 지표로 나가려는 단단한 암석들이 가로막혀 계속 머무르게 하는 판이 되어준다.

연료로 사용되는 다른 종류의 탄화수소 외에도 석유는 수 천 개의 제품에 사용된다. 예를 들어 나일론과 같은 섬유 직물을 만들 때나 보철기구의 가공에 사용된다. 아세틸살리틸산의 비율을 조절해 아스피린이나 약제의 기본 구성요소로도 사용되기도 한다. 또한 농업 부분에서는 제초제나 비료에 이용되며 식품업에서는 방부제나 첨가제로, 그 외에 다양한 종류의 세제나 합성제, 윤활제로도 사용된다. 물론 석유를 이용하여 중합체를 만들 수도 있는데 이 중합체는 이미 모든 분야에 적용되고 있는 다양한 종류의 플라스틱들이며, 이 플라스틱들은 일반적인 가방이나 그릇뿐만 아니라 휴대폰의 골조로도 사용된다.

el comentario de expresiones

Combustibles fósiles: Es aquella que procede de la biomasa producida hace millones de años que pasó por grandes procesos de transformación hasta la formación de sustancias de gran contenido energético como el carbón, el petróleo, o el gas natural, etc.

21-3 생태계(el ecosistema)

La biosfera es la zona de nuestro planeta – incluida la atmósfera más cercana- donde se desarrollan los procesos biológicos. En ella se producen los ciclos básicos de intercambio de energía que hacen posible las condiciones necesarias para la vida. Los seres vivos se desarrollan gracias al agua, oxígeno, carbono y nitrógeno que consumen. Al morir, se desintegran y las sustancias que los componen vuelven al ciclo de la biosfera. En la biosfera se identifican diferentes biomas o zonas en las que predomina una vegetación y fauna determinadas. Los biomas, a su vez, se dividen en ecosistemas, que son el resultado de las relaciones que se establecen entre el medio físico y las comunidades de plantas y animales que viven en él.

Para que un ecosistema funcione es preciso que la energía circule por él y a través de la alimentación, pase de unos seres a otros. La forma en que se alimentan los distintos integrantes de un ecosistema permite agruparlos en tres tipos de cadenas alimentarias o niveles tróficos. El primer nivel es el de los organismos productores, capaces de fabricar materia orgánica a partir de la inorgánia: es lo que hacen las plantas por medio de la fotosíntesis. El segundo nivel es el de los consumidores, que se alimentan de los seres del nivel anterior. Se diferencia entre consumidores primarios, que consumen directamente los vegetales(animales herbívoros), y consumidores secundario, que se alimentan de los primarios(animales carnívoros). El tercer nivel es el de los descomponedores, cuya tarea consiste en descomponer la materia orgánica producida a lo largo del proceso, de forma que las sustancias nutritivas vuelvan al suelo. Las bacterias y algunos hongos pertenecen a este grupo.(2009 pequeño Espasa Ilustrado)

21-3

생물권은 우리 지구상의 가장 밀접한 대기를 포함한 한 영역으로 생물학적인 과정들이 일어나는 곳이다. 그 영역에서는 삶을 위한 필요 조건들을 가능하게 하는 에너지 교체의 기본적인 순환들이 일어난다. 인간들은 그들이 소비하는 물, 산소, 탄소 그리고 질소에 의해 발전된다. 이들은 죽을 때 분해되고, 그들을 구성하고 있던 물질들은 생물권의 순환으로 돌아가게 된다. 생물권에서는 특정한 식물과 동물이 지배적인 각기 다른 생물 군계들과 생물소들이 동일시 된다. 생물소들은 생태계 내에서 분류 되고, 그로 인해 자연 환경과 그 속에 사는 식물들과 동물들의 군락 간에 관계가 이루어진다.

생태계가 원활히 기능하기 위해서는 에너지가 그 안에서 순환되고, 영양 섭취를 통해 한 생명체에서 다른 생명체에게로의 에너지 순환이 꼭 필요하다.

생태계의 여러 구성체들이 영양을 공급받는 방식으로 인해 세 가지 유형의 먹이 사슬이, 단계적 먹이 연쇄가 이루어진다. 첫 번째 단계는 비유기체로부터 유기체의 물질을 생산 할 수 있게 하는 유기체들로 광합성을 통한 식물들이 이에 속할 수 있다. 두 번째는 이전 단계의 생물들을 섭취하는 소비자들의 단계이다. 이들은 직접적으로 식물들을 섭취하는 첫 번째 소비자(초식 동물)와 첫 번째 소비자들을 섭취하는 두 번째 소비자(육식 동물)로 나뉘어진다. 세 번째 단계는 이 과정에서 생산되는 유기물들을 분해하는 분해자들의 단계로 여기서 영양소들이 다시 땅으로 돌아가게 된다. 박테리아나 각종 진균들이 이 그룹에 속한다.

el comentario de expresiones

Gracias a: Expresarle a alguien agradecimiento por algo.

Fotosíntesis: f. Proceso metabólico por el que algunas células vegetales transforman sustancias inorgánicas en orgánicas, gracias a la transformación de la energía luminosa en la química producida por la clorofila.

21-4 물(el agua)

El agua, sustancia indispensable para la vida, está tan presente en la Tierra que esta bien podría denominarse «Planeta Agua». Pero ese inmenso caudal, además de estar muy mal repartido, se halla sometido a dos graves problemas: la contaminación y el despilfarro.

El agua aparece en la Tierra en tres estados: sólido(nieve, hielo, granizo), líquido(en océanos, mares, ríos y lagos) y gaseoso(vapor de agua). Cuando llueve, una parte del agua va a parar a la superficie terrestre, mientras que otra parte se infiltra bajo las rocas. En la superficie, por efecto del sol, el agua del mar, ríos y lagos se evapora; ese vapor, al ascender por el aire, se condensa y forma las nubes, con lo que el proceso vuelve a comenzar. Es lo que se conoce como el ciclo hidrológico, un proceso básico para mantener el equilibrio del planeta.

El agua no sólo es indispensable para la vida sino que nos permite vivir mejor. Sin el agua no sería posible la agricultura ni la ganadería y escasearía la energía eléctrica. Pero estamos tan acostumbrados a la facilidad que supone abrir un grifo y contar con agua en abundancia, que corremos el peligro de no ser conscientes de la verdadera trascendencia de ese gesto. Se calcula que en el mundo desarrollado cada persona consume diariamente 170 litros de agua. En cambio, en los países del Tercer Mundo ese consumo por día y persona no supera como promedio los 12 litros. Reducir esa gran desproporción es una tarea que nos compete a todos.(2009 pequeño Espasa Ilustrado)

21-4

물은 사람에게 필수적인 물질로 지구는 물이 있으므로 '물의 행성'이라 정의할 수 있다. 그러나 이렇게 많은 물도 편중되어 있기도 하거니와 오염과 낭비의 두가지 문제점을 지닌다. 지구의 물은 세가지 형태이다: 고체(눈, 얼음, 우박), 액체(대양, 바다, 강, 호수), 가스(수증기).
비가 내리면 일부는 지표에 머물고, 일부는 바위로 스며든다. 바다, 강, 호수 등의 표면에서는 태양열로 인해 물이 증발하여 공기 중에서 굳어지며 구름을 형성한다. 이러한 '물순환'을 기본으로 지구의 물이 유지된다. 물은 우리의 삶에 필수적일 뿐만 아니라 우리 삶의 질을 높여준다. 물이 없다면 농 · 축산업이 불가능하며, 전기 에너지도 부족하게 될 것이다. 그러나 우리는 쉽게 수도 꼭지만 틀면 물을 흔하게 쓸 수 있는데 익숙해져 이런 행동의 결과를 인지하지 못하고 있다. 선진국에서 1인당 하루 물 소비량은 170리터인 반면, 제 3세계에서는 평균 12리터를 넘지 못한다. 이런 불균형을 극복하는 것은 우리 모두의 과제이다.

el comentario de expresiones

Despilfarro: m. Derroche de dinero o bienes, gasto excesivo e innecesario.

Mientras: 1. Durante el tiempo 2. Indica oposición o contraste con lo expresado anteriormente o lo que se expresa después.

Acostumbrados a : Adquirir o hacer adquirir un hábito o costumbre.

Desproporción : f. Falta de la proporción debida. **Sinónimos:** Diferencia, desigualdad, deformidad, imperfección, asimetría.

주제

22 에너지 la energía

22-1 에너지(la energía)

Uno de los principios básicos de la física afirma que la energía ni se crea ni se destruye, se transforma. De hecho, la principal propiedad de la energía es que se puede presentar en diferentes formas. La energía cinética es la que poseen los cuerpos en movimiento y está relacionada con la velocidad y la masa: cuanto mayor sean estas, mayor será la energía. La energía potencial, por su parte, es aquella que permanece de forma latente en un cuerpo; por ejemplo, la que existe en un muelle sujetado por un resorte, o en un peso mantenido a cierta altura y que se libera al dejarlo caer.

La Tierra necesita recibir energía continuamente, y todos los seres vivos precisan energía para realizar sus funciones. El Sol es la principal fuente de energía. Llega a la Tierra en forma de energía luminosa. Las plantas la aprovechan directamente y, a través de la fotosíntesis, fabrican sustancias orgánicas y sales minerales. Los animales y nosotros mismos necesitamos tomar energía a través de los alimentos. Además, nuestras actividades, el transporte, el funcionamiento de las ciudades... requieren un enorme gasto de energía.

El hombre ha aprendido a obtener energía de muy diversas fuentes. Una de las principales son los combustibles fósiles: el carbón, el petróleo, y el gas natural. Pero estas fuentes no son renovables, sino que pueden acabarse, y su uso, además, produce contaminación. La crisis de la energía, que se puso de relieve en 1973 a raíz del encarecimiento del petróleo, y el exceso de contaminación han dado lugar a la búsqueda y desarrollo de otras fuentes de energía. Así se ha buscado un mejor aprovechamiento de la fuerza de las aguas(energía hidroeléctrica), del viento(energía eólica), del calor del sol(solar), del calor interno de la Tierra(geotérmica), de las mareas(maremotriz)... La ventaja de estas formas alternativas de obtener energía es que son fuentes renovables y no contaminantes. Un caso especial es el de la energía nuclear, que se obtiene del núcleo del átomo en las centrales nucleares. El enorme peligro de la radiactividad cuando se producen accidentes, como ocurrió en la central ucraniana de Chernóbil en 1986, hace que el uso de este tipo de energía resulte muy polémico.(2009 pequeño Espasa Ilustrado)

22-1

물리학의 기본 원리 중 하나는 에너지가 생성되지도, 파괴되지도 않고 변형된다는 것이다. 그러므로 에너지의 주요한 성질은 다양한 형태로 나타날 수 있다는 것이다. 운동 에너지는 몸이 움직일 때 갖게 되는 에너지로 속도 및 질량과 관계된다: 속도와 질량이 클수록 에너지도 커진다. 반면, 잠재 에너지는 보이지 않는 형태로 몸에 존재하는 에너지이다: 예를 들어, 일정한 높이에서 추를 매달고 있는 용수철에 있는 잠재 에너지는 추를 떨어뜨릴 때 작용한다.
땅은 지속적으로 에너지를 받아야 한다. 그리고 모든 생물은 제 기능을 하기 위해 에너지를 필요로 한다. 태양은 가장 주요한 에너지의 원천이다. 태양은 땅에 빛 에너지로 도달한다. 식물은 직접적으로 그 에너지를 이용하며 광합성을 통해 유기물을 생성하고 광물을 배출한다. 동물들과 우리 인간들은 음식을 통해 에너지를 충전해야 한다. 더구나 우리의 생활, 교통, 도시의 기능 등은 엄청난 양의 에너지 소비를 필요로 한다.
인간은 굉장히 다양한 원천으로부터 에너지를 얻는 법을 배워왔다. 주요한 원천들 중 하나는 화석연료이다: 석탄, 석유, 천연 가스. 하지만 이러한 원천들은 재사용할 수 없으며 완전히 바닥날 수 있다. 그리고 이들을 사용하는 것은 오염을 유발한다. 1973년에 석유파동과 과도한 오염으로 인해 대두된 에너지 위기는 다른 에너지 원천에 대한 탐색과 발전을 야기했다. 이렇게 찾은 결과, 수력, 풍력, 태양 에너지, 지열 에너지, 조력 에너지 등이 발견되었다. 이러한 대체 에너지의 장점은 재활용이 가능한 원천이며 오염을 유발하지 않는다는 점이다. 특별한 것은 핵 에너지인데, 원자력 발전소에서 원자의 핵으로부터 얻을 수 있다. 사고를 일으킬 수 있는 엄청난 방사능의 위험은, 1986년 우크라이나의 체르노빌에서 일어난 것과 같이, 핵 에너지 사용에 대한 논쟁을 불러일으킨다.

22-2 전자기(la electricidad y el magnetismo)

Todos hemos experimentado alguna vez los efectos de una pequeña sacudida eléctrica, por ejemplo al abrir la puerta de un automóvil. También hemos observado que los pequeños imanes publicitarios se quedan adheridos a la puerta del frigorífico. Ambos fenómenos son posibles gracias a la actuación de dos fuerzas no visibles pero presentes en cuanto nos rodea: la electricidad y el magnetismo.

La corriente eléctrica puede ser de dos tipos: continua, cuando los electrones fluyen en una sola dirección, y alterna, cuando los electrones cambian de dirección con gran frecuencia. Las dos formas habituales de medida de la electricidad consisten en determinar la intensidad de la corriente que pasa por un determinado circuito y en medir la tensión aplicada a los bornes de ese circuito. Para medir la intensidad se emplea el amperímetro, que indica la cantidad de cargas eléctricas que atraviesan un material conductor por unidad de tiempo y cuya unidad de medida es el amperio(A). Para medir la tensión eléctrica se utiliza el voltímetro, un aparato que se conecta en paralelo con el circuito cuya tensión se quiere medir. La unidad de medida de la tensión es el voltio(V).

Los imanes tienen la propiedad de atraer objetos de hierro y de otros metales; es decir, ejercen una fuerza similar a la eléctrica. En los dos extremos de los imanes, llamados polos, esas fuerzas actúan de forma más intensa. Cuando un material conductor es atravesado por una corriente eléctrica, a su alrededor se produce un campo magnético semejante al de un imán. La intensidad de ese campo magnético puede aumentarse si el conductor por el que circula la corriente se enrolla alrededor de un núcleo de hierro; así se obtiene un electroimán, un dispositivo que permite el uso práctico y controlable de la energía eléctrica. A partir de estos principios es posible construir generadores de electricidad, motores y otros muchos tipos de circuitos y aparatos que hacen más fácil nuestra vida.(2009 pequeño Espasa Ilustrado)

22-2

우리는 한번쯤 작은 전기 진동을 경험해 보았을 것이다. 예를 들어, 자동차의 문을 열 때이다. 또 상업 광고에 사용되는 작은 자석들이 냉장고 문에 붙어있는 것을 본 적이 있을 것이다. 두 현상 모두 보이지 않지만 우리 주위를 둘러싸고 있는 두 힘들의 작용에 의해 가능한 것이다: 전기와 자기.
전기 흐름은 두 가지 형태로 이루어 질 수 있다: 전자가 한 방향으로만 흐를 때의 직류, 전자들이 빈번하게 방향을 바꿀 때의 교류. 전기의 두 가지 일반적인 형태가 일정한 회로를 지나는 전류의 강도를 결정하고, 그 회로의 단자에 적용되는 압력을 측정한다. 그 강도를 측정하는 것으로 전류계를 사용하는데 시간 단위 당 전도체 물질에 흐르는 전류의 양을 가리키며 측정 단위로 암페어(A)를 사용한다. 전압을 측정하기 위해서는 전압계를 사용하는데, 회로와 평행하게 연결하여 측정한다. 전압의 측정 단위는 볼트(V)이다.
자석은 철과 다른 금속들을 끌어당기는 성질을 갖고 있다; 즉, 전기와 비슷한 힘을 행사한다. 극이라고 불리는 자석의 두 극단에는 그 힘이 더욱 강하게 행사된다. 전류가 한 전도체 물질로 흐를 때 그 주위로 자석과 같은 자기장이 형성된다. 그 자기장의 강도는 철의 핵을 둘러싸고 있는 전류가 전도체에 흐를 때 더 강해질 수 있다; 이렇게 전기의 실질적이고 제한적인 사용을 가능하게 하는 장치인 전자석을 얻는다. 이런 원리로 전기, 동력 및 다른 회로와 장치들로 발전소를 건설하는 것도 가능하며, 이는 우리의 삶을 보다 편리하게 해준다.

el comentario de expresiones

Magnetismo: m. Un fenómeno físico por el cual los objetos ejercen fuerzas de atracción o repulsión sobre otros materiales.

Atravesado por: Pasar circunstancialmente por una situación favorable o desfavorable.

주제

23 우주 el Universo

23-1 우주(el Universo)

¿Cómo es el Universo? ¿Cuándo comenzó? ¿Acabará algún día? Estas y otras preguntas similares han preocupado desde siempre al ser humano. Pero sólo comienzan a tener respuestas verdaderamente científicas en nuestros días, cuando empezamos a disponer de medios para examinar el confín de las estrellas. Se calcula que el Universo surgió hace unos 13.700 millones de años. La teoría más aceptada actualmente afirma que se originó a partir de una gigantesca acumulación de materia y energía que en un momento determinado estalló violentamente. Es lo que se conoce como Big Bang. Esta(Gran Explosión) dispersó la materia y puso en marcha una serie de reacciones en cadena que produjeron todos los elementos del Universo. Fue también entonces cuando se creó el espacio y se inició el tiempo. Por eso no tiene sentido preguntarse qué había antes del Big Bang.

Las estrellas, como nuestro Sol, son esferas luminosas de gas compuestas en un 75% de hidrógeno, y en un 23%, de helio. La materia restante corresponde a elementos comunes en la Tierra(nitrógeno, oxígeno, carbono, etc.). Las estrellas producen por sí mismas la energía que les permite brillar gracias a las reacciones de fusión de su núcleo. Hay diversos tipos de estrellas. A diferencia de lo que ocurre con el Sol, la mayoría están asociadas en sistemas de dos o más estrellas que se mantienen unidas por su mutua interacción gravitatoria. Tanto el brillo como el color, el tamaño y la edad dependen de su masa. Las estrellas se agrupan formando galaxias, una de las cuales es la Vía Láctea, en la que se encuentra nuestro Sistema Solar. Las estrellas que forman parte de la Vía Láctea dibujan en el cielo figuras reconocibles que han sido bautizadas desde antiguo: son las constelaciones. Se han identificado 88 constelaciones con diferentes números de estrellas.(2009 pequeño Espasa Ilustrado)

23-1

우주란 무엇인가? 우주는 언제 기원하였는가? 우주는 언제 사라질 것인가? 이러한 질문뿐 아니라 다른 유사 질문들은 인류에게 시종일관 고민거리가 되어왔다. 하지만 별의 경계를 찾기 위해 여러 방법들을 취하기 시작하면서, 오늘날 매우 과학적인 답변들을 가지기 시작했다. 우주는 대략 1억 3700만 년 전 나타났다. 실제로 더 많이 받아들여지고 있는 한 가설은 여러 물질과 에너지로 거대하게 축적된 어떠한 것이 특정 순간에 크게 폭발하면서 우주가 시작된 것이라고 주장한다. 이것이 바로 우리가 알고 있는 빅뱅이다. 이 거대한 폭발로 위의 물질을 흩어지게 했으며, 또한 일련의 연쇄반응을 일으켰는데, 이로 인해 우주의 모든 요소들을 생산해냈다. 또한 마찬가지로 이 때에 공간이 생겨난 것이고, 시간이 시작된 것이다. 따라서 빅뱅 이 전에 무엇이 있었는지에 대한 의문은 의미가 없는 것이다.

태양과 마찬가지로 별은 구형으로 수소 75%, 헬륨 23%의 기체로 이루어져있다. 나머지 구성성분은 지구와 비슷한 물질들로 이루어져있다(질소, 산소, 탄소 등). 별들은 핵융합 반응을 통해 빛을 낼 수 있는 에너지를 스스로 생산해낸다. 별에는 다양한 종류가 존재한다. 태양의 발생과는 다르게 별들의 대부분은 중력의 상호작용으로 인해 두 개 이상 모여있다. 광도와 색, 크기, 나이는 별의 질량에 따라 다르다. 별들은 은하를 형성하며 모여있으며, 이들 중 하나가 은하수이고 이 곳에 우리의 태양계가 있는 것이다. 은하수를 형성하는 별들은 하늘에서 눈에 띄는 형태들을 보이는데, 이를 오래 전부터 별자리라고 이름 붙여 왔다. 별자리는 각 다른 수의 별들로 이루어져 88가지가 있다고 밝혀져 왔다.

el comentario de expresiones

Compuestas en: Formar una cosa juntando y ordenando varias.

Bautizadas: Poner nombre a una persona o una cosa.

23-2 태양(el Sol)

El Sol, junto con los planetas, satélites y demás cuerpos que componen el sistema solar, está situado en un extremo de la Vía Láctea, una gigantesca galaxia. El sistema solar se formó hace unos 4.500 millones de años a partir de polvo cósmico y de nubes de gas interestelar. Surgío así un enorme disco de gas y polvo que comenzó a girar a gran velocidad, hasta que colapsó a causa de su propia gravedad. La mayor parte de esa masa gaseosa se concentró en el Sol, que gracias al aumento de la temperatura y la densidad se convirtió en un gigantesco reactor nuclear, capaz de producir su propia energía. Al mismo tiempo, multitud de partículas de la nebulosa salieron despedidas a gran velocidad y se fueron agrupando en torno a esa fuente de energía formando los planetas y los restantes cuerpos del sistema solar.

El sol es una masa de gas compuesta en su mayor parte por hidrógeno(75%) y helio(23%), mientras que el resto está formado por pequeñas cantidades de elementos que también abundan en la Tierra, como carbono, oxígeno o nitrógeno. La más externa es la corona solar, una especie de atmósfera que rodea al astro y en la que el gas está muy rarificado. Tras ella se sitúa la cromosfera, de unos 7.000 km de espesor. Tiene una gran actividad, muestra de la cual son las protuberancias solares, inmensos chorros gaseosos proyectados hacia el exterior. La zona siguiente, la fotosfera, corresponde a la superficie visible. Tras una zona intermedia, se encuentra finalmente el núcleo, un gigantesco reactor nuclear en el que el hidrógeno se transforma en helio en un proceso continuo que libera grandes cantidades de energía.(2009 pequeño Espasa Ilustrado)

23-2

태양은 태양계를 구성하고 있는 행성, 위성 등과 함께 거대한 은하인 은하수의 극단에 위치하고 있다. 태양계는 약 45억 년 전 우주먼지와 성간가스 구름으로부터 형성되었다. 엄청난 속도로 회전하기 시작하던 큰 원반형태의 가스와 먼지가 분출되었으며, 이는 그들이 가지는 중력에 의해 붕괴될 때까지 계속되었다. 대부분의 이러한 가스 덩어리들은 태양으로 집중되었으며, 이로 인해 온도와 밀도가 증가함으로써 이 가스 덩어리는 고유의 에너지를 생산해낼 수 있는 거대한 원자로로 변환되었다. 동시에 이 성운분자의 대부분은 엄청난 속도로 사라졌으며, 그 에너지원 주변에 다시 모임으로써 행성과 태양계의 나머지 요소들을 형성하였다.

태양은 주로 질소(75%)와 헬륨(23%)으로 이루어진 거대한 기체 덩어리이며, 나머지 성분으로는 지구에도 풍부한 것들로 탄소, 산소, 질소 등이 소량으로 이루어져 있다. 가장 바깥쪽에는 코로나가 있는데 이는 천체를 둘러싸고 있는 대기의 한 종류이며, 이 곳은 기체가 매우 희박하다. 코로나 뒤에는 채구가 있으며 이는 두께가 7000km에 달한다. 활발한 활동을 하는 곳은 홍염으로, 홍염은 바깥쪽을 향한 엄청난 가스의 분출이라고 할 수 있다. 다음으로는 우리 눈에 보이는 표면이라고 설명할 수 있는 광구가 있다. 중심부로 더 들어가면 마침내 태양핵을 발견할 수 있는데, 이는 거대한 원자로로 이 곳에서는 수소가 헬륨으로 변환되는 과정이 계속되며 이 과정에서 엄청난 양의 에너지를 내뿜게 된다.

el comentario de expresiones

Se convirtió en: Cambiar una cosa en otra. **Sinónimos:** cambiar, transformar, trocar, transfigurar.

Corresponde a: Tener proporción o relación una cosa con otra.

23-3 지구(la Tierra)

La Tierra se formó hace unos 4.600 millones de años a partir del mismo proceso de contracción de una nube de gas y polvo estelar que dio origen al sistema solar. La mayor parte de esa nube se concentró en el Sol, mientras que grandes fragmentos de hielo y roca se unieron formando los planetas. En el caso de la Tierra, los materiales pesados-fundamentalmente hierro y níquel-se concentraron en el interior, mientras que en la superficie grandes masas de roca fundida se fueron enfriando poco a poco y configuraron la corteza terrestre. La estructura sólida de la Tierra está formada por tres capas concéntricas: y el núcleo o capa más interna. La litosfera es la parte de la Tierra formada por la corteza y la zona superior del manto. Está compuesta por diferentes estructuras o placas con forma de casquetes esféricos y de gran rigidez. Estas placas, como ya intuyó Wegener, se encuentran en continuo movimiento y a veces chocan entre sí.

Según su corteza sea oceánica o continental, se distinguen tres tipos de placas. Las placas oceánicas forman el fondo de los océanos y tienen un espesor de entre 5 y 7 km. Las placas continentales constituyen los continentes y su espesor medio es de 30-40 km, aunque pueden alcanzar hasta los 60 km. El tercer grupo lo componen las placas mixtas, con una parte emergida y otra sumergida. La teoría que explica los movimientos de estas grandes estructuras se llama tectónica de placas. Afirma que las placas se desplazan sobre una capa de rocas más blanda y viscosa llamada astenosfera.(2009 pequeño Espasa Ilustrado)

23-3

지구는 약 46억 년 전 형성되었으며 가스 구름과 성진의 수축과정에서 형성되었으며 이는 태양계가 형성되던 과정과 같다. 이 가스 구름의 대부분은 태양으로 집중되었으나 거대한 얼음과 운석 덩어리들은 같이 합쳐져 행성을 형성하였다. 지구의 경우 그 내부는 무거운 물질들-기본적으로 철과 니켈-이 집중되어있으며, 반면에 표면은 많은 양의 용해된 돌들이 조금씩 식으며 그 지각을 형성하였다. 지구의 고체구조는 세 개의 동심층과 핵 혹은 가장 내부층이라 할 수 있는 것으로 이루어져 있다. 암석권은 지각과 상부맨틀로 이루어져있다. 암석권은 여러 층과 판으로 이루어져있으며 이는 딱딱한 표면으로 구성되어 있고 굉장히 단단하다. 베그너가 추측한 바처럼 이 판은 계속해서 움직이고 있으며 가끔은 서로 충돌하기도 한다.

지각판은 해양이나 대륙에 맞물려 있으며 크게 세 가지로 나눌 수 있다. 해양판은 해양의 바닥을 형성하고 있으며, 그 두께는 5-7km정도이다. 대륙판은 대륙을 구성하고 있으며, 그 두께는 30-70km 정도지만 60km에 달할 때도 있다. 세 번째로 혼합판이 있는데, 이는 수면 위로 드러나 있는 부분과 수면 아래에 보이지 않는 부분으로 혼합되어 있다. 이 거대한 구조가 움직이는 것에 대해 설명하는 이론을 우리는 지각판 이론이라고 한다. 부드럽고 끈끈한 암석층 위로 이동하는 판이 있는데 이는 암류권이라고 한다.

el comentario de expresiones

La corteza terrestre: La capa de roca externa de la Tierra. Es comparativamente fina, con un espesor que varía de 5 km, en el fondo oceánico, hasta 70 km en las zonas montañosas de los continentes.

Sumergida: adj. Introducir algo por completo en un medio líquido.

주제

24 첨단 기술 la tecnología punta

- 24-1 인터넷 1(el internet)
- 24-2 인터넷 2(el internet)
- 24-3 로봇(el robot)
- 24-4 스마트폰(el teléfono inteligente)

24-1 인터넷 1(el internet)

Entre los recientes avances tecnológicos relacionados con la informática y las telecomunicaciones el de mayor impacto es sin duda Internet. Los cambios que la «red de redes» está introduciendo en nuestras vidas afecta a prácticamente todos los campos: la comunicación, la enseñanza, el trabajo, el ocio... Y estamos solo en los inicios de lo que muchos consideran una verdadera revolución.

Internet es una red de comunicaciones descentralizada que une entre sí millones de ordenadores de todo el mundo. Mediante un terminal(ordenador, teléfono móvil o un monitor de televisión) conectado a un servidor – proveedor de acceso- permite a sus usuarios enviar, recibir e intercambiar información, imágenes o vídeos, participar en foros o chats(charlas en tiempo real), estudiar o trabajar a distancia y adquirir todo tipo de productos y servicios. Aunque surgió a finales de la década de 1960 en el ámbito militar estadounidense, como un medio de asegurar las comunicaciones en caso de un conflicto nuclear, pronto suscitó el interés de universidades y grupos de científicos. A partir de 1990, fue extendiéndose a otros sectores. Desde 1996 se convirtió en un nuevo y distinto medio de comunicación en expansión. A principios de 2008 ya contaba con más de 1.300 millones de usuarios y se calcula que en la próxima década superará los 2.000 millones.

Un hito importante en el desarrollo de Internet fue la aparición del sistema WWW(World Wide Web, «gran telaraña mundial»), creado en 1991 por el Laboratorio Europeo de Física de Partículas.(2009 pequeño Espasa Ilustrado)

24-1

최근 정보처리 및 원거리 통신과 관련된 기술 발전 중 최고는 단연 인터넷이다. '그물망'이라 할 수 있는 이러한 변화들은 실제로 통신, 교육, 일, 여가 등 우리 삶 전반에 영향을 주고 있다. 또한 우리가 현재 흔히 진정한 혁명이라고 여기는 이러한 변화의 초기단계에 서있다.

인터넷은 전세계 다른 곳에 있는 수백만 대의 컴퓨터를 연결해주는 통신망이라 할 수 있다. 단말기(컴퓨터, 휴대폰 혹은 텔레비전 모니터)를 서버에 연결함으로써 이용자들로 하여금 송신과 수신, 정보나 이미지 혹은 영상을 교환할 수 있게 해주며 포럼이나 만담에 참석할 수 있게 해주고(실시간 대화), 학습이나 원거리 근무, 모든 종류의 상품이나 서비스를 접할 수 있게 해준다. 인터넷은 1960년 말 핵분쟁 상황에서 통신확보를 위해 미군에서 사용하기 시작하였지만, 이내 많은 대학과 과학자들이 관심을 갖기 시작했다. 1990년 인터넷은 다른 분야로도 퍼져나갔다. 1996년부터 인터넷은 새롭고 명확한 통신수단이 되었다. 2008년 초 인터넷 사용자는 13억 명에 달했으며 10년 안에 그 사용자는 20억 명을 넘을 것으로 추산되고 있다.

인터넷 발전에 있어 중요한 전환점은 1991년 입자물리학 유럽연구소에 의해 만들어진 WWW(월드 와이드 웹)시스템의 출현이었다.

el comentario de expresiones

Intercambiar: v. cambiar mutuamente. **Sinónimos:** Cambiar, trocar.

Ámbito: m. Espacio comprendido dentro de unos límites determinados.

Enseñanza : f. Conjunto de medios, instituciones, personas, etc., relacionados con la educación.

24-2 인터넷 2(el internet)

Hizo posible una nueva utilización de la red al permitir obtener de forma sencilla y rápida informaciones, imágenes y sonido en un solo documento o página web. Las herramientas que hacen posible que en nuestro ordenador se visualicen estas páginas son los navegadores, como Explorer o Netscape. La localización de un contenido concreto dentro de los millones de documentos existentes es posible gracias a los buscadores, que vienen a ser como los grandes bibliotecarios de Internet a los que podemos solicitar, mediante el empleo de palabras claves, lo que nos interesa. El más conocido de ello es Google, aunque hay muchos otros, con frecuencia especializados en campos o temas concretos.

Además de la consulta de páginas web, uno de los servicios más utilizados en Internet es el correo electrónico o e-mail, que mediante una dirección electrónica nos permite intercambiar textos, imágenes y sonidos. Los chats son ya una forma habitual de reunión entre amigos. Las videoconferencias, a través de las webcams, han hecho realidad las conversaciones telefónicas visuales. Sitios de intercambio de vídeos, como YouTube o MySpace, empiezan a ser no solo fuentes de diversión o de curiosidades, sino una forma personal de producir noticias. También se utiliza Internet para descargar música o películas. A través de la red pueden realizarse todo tipo de compras(en supermercados o librerías, entradas para espectáculos, billetes de avión).(2009 pequeño Espasa Ilustrado)

24-2

인터넷망의 새로운 사용으로는 정보나 이미지, 소리 등을 간결하고 빠르게 하나의 문서나 인터넷 창으로 접할 수 있게 해준다는 것이다. 컴퓨터로 하여금 이러한 인터넷 페이지를 시각화 해주는 도구는 익스플로어나 넷스케이프 같은 브라우저이다. 수백만 가지의 문서 컨텐츠는 큰 도서관이라고 할 수 있는 검색 엔진 덕분에 가능할 수 있으며, 이 검색 엔진을 통해 우리는 관심 있는 키워드를 검색하여 이용할 수 있다. 가장 유명한 것으로 구글이 있으며, 이 외에도 다양한 분야나 테마에 있어 전문화된 많은 검색엔진이 존재한다.

이러한 웹페이지 외에도 많이 이용되는 인터넷 서비스로 이메일이 있으며 메일 주소를 통해 우리는 글자나 이미지, 소리 등을 주고받을 수 있다. 채팅은 친구들과 만날 수 있는 흔한 방식이 되었다. 웹캠을 이용한 영상회의는 영상통화를 이용하여 대화를 가능케 해주었다. 유튜브나 마이스페이스와 같이 영상을 공유할 수 있는 곳들은 오락이나 호기심을 분출할 수 있는 공간일 뿐만 아니라 개인이 여러 소식을 전달할 수 있는 공간으로도 발돋움하기 시작했다. 또한 인터넷을 통해 음악과 신문을 다운로드 할 수 있다. 이러한 인터넷망을 통해 또한 우리는 모든 종류의 구매행위(슈퍼마켓이나 도서관, 공연티켓, 비행티켓)를 할 수 있다.

el comentario de expresiones

Herramientas: Objeto que se utiliza para trabajar en diversos oficios o realizar un trabajo manual.

Descargar: v. El proceso mediante el cual se bajan determinados archivos con el fin de tener nuevas aplicaciones en el ordenador.

Páginas web: Es un documento o información electrónica capaz de contener texto, sonido, vídeo, programas, enlaces, imágenes, y muchas otras cosas, adaptada para la llamada World Wide Web, y que puede ser accedida mediante un navegador.

24-3 로봇(el robot)

Un robot es una entidad virtual o mecánica artificial. En la práctica, esto es por lo general un sistema electromecánico que, por su apariencia o sus movimientos, ofrece la sensación de tener un propósito propio. La independencia creada en sus movimientos hace que sus acciones sean la razón de un estudio razonable y profundo en el área de la ciencia y tecnología. La palabra robot puede referirse tanto a mecanismos físicos como a sistemas virtuales de software, aunque suele aludirse a los segundos con el término de bots.

No hay un consenso sobre qué máquinas pueden ser consideradas robots, pero sí existe un acuerdo general entre los expertos y el público sobre que los robots tienden a hacer parte o todo lo que sigue: moverse, hacer funcionar un brazo mecánico, sentir y manipular su entorno y mostrar un comportamiento inteligente, especialmente si ese comportamiento imita al de los humanos o a otros animales. Actualmente podría considerarse que un robot es una computadora con la capacidad y el propósito de movimiento que en general es capaz de desarrollar múltiples tareas de manera flexible según su programación; así que podría diferenciarse de algún electrodoméstico específico.

Aunque las historias sobre ayudantes y acompañantes artificiales, así como los intentos de crearlos, tienen una larga historia, las máquinas totalmente autónomas no aparecieron hasta el siglo XX. El primer robot programable y dirigido de forma digital, el Unimate, fue instalado en 1961 para levantar piezas calientes de metal de una máquina de tinte y colocarlas.(Wikipedia.org)

24-3

로봇은 가상의 실제 혹은 인공기계이다. 일반적으로 로봇은 전기기계 시스템이며 그 외형이나 움직임을 보았을 때, 어떤 고유의 목적을 가지고 있는 기계라는 느낌을 준다. 로봇의 행동에서 보여지는 움직임에서의 독자성은 과학과 기술이라는 심도 있고 합리적인 연구분야에 타당성을 가져다 준다. 로봇이라는 용어는 물리장치를 의미할 수도 있고 소프트웨어로 이루어진 가상의 시스템을 의미할 수도 있지만 '봇'이라는 두번째 용어를 은연중에 시사하기도 한다.

어떤 기계를 로봇이라 해야 하는지에 대한 합의는 없지만, 일반적으로 전문가와 대중들 사이에 존재하는 로봇에 대한 합의로는 다음과 같은 것이 있다: 이동성, 기계팔 기능, 감지기능, 주변을 조작하는 기능, 행동(특히 그 행동이 사람이나 다른 동물들을 묘사 하는 경우)묘사 등이 있다. 실제로 로봇은 움직일 수 있는 컴퓨터라고도 간주되며, 일반적으로 여러 과제들을 프로그램에 따라 유연하게 처리해 나갈 수 있는 것을 의미한다. 마찬가지 기준으로 특정 가전 전기 제품도 구별될 수 있다.

보조자나 인공동반자, 혹은 이러한 개념을 만들고자 하는 역사는 매우 길다고 할 수 있지만 완전히 자체적인 기계는 20세기 들어서야 등장했다. 프로그래밍을 할 수 있는 디지털 형식의 첫 로봇은 Unimate로, 염료기계의 뜨거운 금속 부분을 들어서 다른 곳으로 옮기는 용도를 위해 1961년 설치된 바 있다.

el comentario de expresiones

Comportamiento: m. Conducta, manera de portarse o actuar. **Sinónimos:** Conducta, pauta, práctica, proceder, actuación, estilo.

Imita a : v. Hacer una cosa copiando fielmente otra. **Sinónimo:** Copiar.

24-4 스마트폰(el teléfono inteligente)

El teléfono inteligente o inteléfono(en inglés: smartphone) es un tipo de teléfono móvil construido sobre una plataforma informática móvil, con una mayor capacidad de almacenar datos y realizar actividades, semejante a la de una minicomputadora, y con una mayor conectividad que un teléfono móvil convencional. El término «inteligente», que se utiliza con fines comerciales, hace referencia a la capacidad de usarse como un computador de bolsillo, y llega incluso a reemplazar a una computadora personal en algunos casos.

Generalmente, los teléfonos con pantallas táctiles son los llamados "teléfonos inteligentes", pero el soporte completo al correo electrónico parece ser una característica indispensable encontrada en todos los modelos existentes y anunciados desde 2007. Casi todos los teléfonos inteligentes también permiten al usuario instalar programas adicionales, habitualmente incluso desde terceros, hecho que dota a estos teléfonos de muchísimas aplicaciones en diferentes terrenos; sin embargo, algunos teléfonos son calificados como inteligentes aún cuando no tienen esa característica.

Entre otros rasgos comunes está la función multitarea, el acceso a Internet vía Wi-Fi o red 4G, función multimedia(cámara y reproductor de videos/mp3), a los programas de agenda, administración de contactos, acelerómetros, GPS y algunos programas de navegación, así como ocasionalmente la habilidad de leer documentos de negocios en variedad de formatos como PDF y Microsoft Office.(Wikipedia.org)

24-4

스마트폰은 데이터를 저장하고 여러 기능을 수행하는 정보처리 플랫폼으로 이루어진 휴대폰의 한 종류로 소형컴퓨터와 유사하다. 또한 일반 휴대폰처럼 연결성도 우수하다. '스마트'라는 용어는 상업적인 광고를 위해 사용되지만, 손에 휴대하며 사용할 수 있는 컴퓨터라는 기능을 의미하고 있을 뿐만 아니라, 여러 경우에 개인용 컴퓨터를 대체할 수 있는 역할까지 그 의미를 확장해 나가고 있다. 일반적으로 터치스크린이 장착된 휴대폰을 '스마트폰'이라고 일컫지만, 이메일을 사용할 수 있다는 점이 모든 모델의 휴대폰 가운데서도 가장 필수불가결한 특징이며, 이 기능은 2007년 도입되었다. 또한 거의 모든 스마트폰은 사용자들로 하여금 추가적인 프로그램을 설치할 수 있도록 되어 있으며, 여러 다른 분야와 관련된 어플리케이션도 설치 가능하다. 하지만 이러한 기능을 가지고 있지 않은 휴대폰이라도 스마트폰으로 인정받기도 한다.

다른 공통의 특징으로는 멀티태스킹 기능과 와이파이나 4G 네트워크를 이용한 인터넷 접속, 멀티미디어 기능(카메라, 비디오/mp3재생), 메모 프로그램, 연락처관리, 가속도계, GPS, 네비게이션 프로그램 등이 있으며 때로는 PDF나 마이크로 오피스 등 여러 포맷의 사업 문서를 읽어주는 기능까지도 있다.

el comentario de expresiones

Pantallas táctiles: Es una pantalla que mediante un toque directo sobre su superficie permite la entrada de datos y órdenes al dispositivo, y a su vez muestra los resultados introducidos previamente; actuando como periférico de entrada y salida de datos, así como emulador de datos interinos erróneos al no tocarse efectivamente.

Acelerómetros: Se emplea para medir vibraciones y oscilaciones en muchas máquinas e instalaciones.

주제

25 범죄 el delito

25-1 범죄의 종류(los tipos de delitos)

Doloso	고의
Culposo o imprudente	우발
Comunes	일반 범죄
Especiales	특정 범죄
De lesión	상해
De peligro	위험
Asesinato	암살
Auxilio al suicidio	자살 협조
Duelo	싸움
Feminicidio	여성 살해
Genocidio	대학살
Homicidio	살해
Infanticidio	어린이 살해
Lesiones	상해
Magnicidio	요인 암살
Matricidio	어머니 살해
Patricidio	아버지 살해
Uxoricidio	아내 살해
Calumnia	중상 모략죄
Difamación	명예 훼손죄
Injuria	모욕
Abuso sexual	성적 학대
Atentado contra el pudor	성적 가해
Corrupción de menores	미성년 가해
Estupro	근친 상간
Pornografía infantil	미성년 포르노
Prostitución infantil	미성년 성매매

Proxenetismo	성매매
Rapto	유괴
Tráfico de niños	미성년 매매
Violación	성폭력
Amenazas	협박
Esclavitud	감금
Secuestro	납치
Sustracción de menores	횡령
Tráfico de personas esclavizadas	인신 매매
Tortura	고문
Discriminación	인종 차별주의
Racismo	인종 차별주의
Xenofobia	성 차별주의
Espionaje	간첩죄
Allanamiento de morada o violación de domicilio	가택 침입죄
Alzamiento de bienes	위장 파산
Apropiación indebida	횡령
Concusión	공금 횡령
Contrabando	밀수
Daños	손해
Desfalco	횡령
Estafa	사기
Extorsión	강탈
Hurto	사취
Incendio	방화
Manipulación del mercado	시장 조작
Peculado	횡령
Robo	도둑질
Usurpación	횡령
Usura	고리대금업
Vandalismo	예술품 파괴

Piratería aérea	비행기 납치
Piratería marítima	선박 납치
Estrago	도산
Bioterrorismo	생체 테러
Consumo de drogas ilegales	불법 마약 투여
Narcotráfico	마약 거래
Negligencia médica	약물 과용
Caza de especies protegidas	보호 동물 사냥
Caza fuera de temporada	금지 기간 내 사냥
Caza furtiva	불법 사냥
Daño al medio ambiente	환경 훼손
Pesca de especies protegidas	보호 어족 낚시
Tala de árboles protegidos	보호 수목 벌목
Adulterio	간통
Bigamia	이중 결혼
Poligamia	다중 결혼
Rebelión	반란죄
Traición	반역죄
Abuso de autoridad	권력 남용
Cohecho	매수
Contrabando	밀수
Evasión fiscal	재산 도피
Exacciones ilegales	불법 징수
Usurpación de autoridad, títulos u honores	권력 사칭
Peculado	횡령
Falso testimonio	위증
Falsa denuncia	거짓 고발
Perjurio	거짓 선서
Obstrucción a la justicia	재판 방해
Prevaricación	배임
Falsificación de moneda	화폐 위조

Falsificación de sellos, timbres y marcas	소인, 상표 위조
Falsificación de documentos	문서 위조
Fraudes al comercio y a la industria	상업 사기
Giro fraudulento de cheques	수표 부정 발행
Apartheid	남아공 인종 차별 정책
Crimen de guerra	전쟁 범죄
Crimen contra la humanidad	반인권 범죄
Crimen de agresión	침략 범죄
Genocidio	대학살
형벌	la pena
사형	la pena de muerte
금지형	las penas privativas de derechos
징역형	las penas privativas de libertad
가택 연금	el arresto domiciliario
벌금	la multa
교화	la ilustración
감옥	la prisión
체포	el arresto
구금	la detención
무기 징역	el presidio perpetuo

25-2 프랑스 부호들의 재산 도피(el exilio fiscal de los ricos franceses)

Vamos a ir terminando ya, pero antes nos vamos a situar en Francia donde la presión del fisco galo a los más ricos está provocando que algunos de ellos busquen en otros países una rebaja en sus impuestos.(20:27)
Es el caso que últimamente ha sacado a la actualidad del actor Gérald Depardieu, nos lo cuenta nuestro corresponsal en París Luis Miguel Úbeda.(20:34)

Gérald Depardieu ha sido el protagonista indiscutible de la actualidad francesa de las últimas semanas, primero con su intento de obtener la nacionalidad belga sobre fondo de exilio fiscal, luego el cuerpo a cuerpo personal con el primer ministro Jean-Marc Ayrault que lo calificó de miserable y finalmente con su apoteosis rusa en torno a su pasaporte.(20:54)
Ha habido momentos de comedia bufa como cuando calificó a Rusia de gran democracia, un halago que aquí dio vergüenza ajena sobre todo porque se desplazó a Mordovia donde cumple prisión una de las Pussy Riot encarcelada por un delito de opinión, pero al final el caso de Depardieu ha vuelto donde empezó a la presión del fisco y al exilio fiscal de los ricos franceses.(21:16)
En sus únicas declaraciones a la prensa, la estrella del cine francés que puede cobrar dos millones de euros por película negaba que su intención fuera esquivar hacienda.(21:25)

Tengo un pasaporte ruso, pero soy francés y próximamente tendré la doble nacionalidad belga.(21:34)
Si hubiera querido escapar al fisco como dice la prensa francesa, lo habría hecho hace tiempo.(21:38)
La gente se marchó hace veinte años como Alain Delon o Charles Aznavour, un montón.(21:43)

En plenas navidades el Consejo de Estado anuló una de las propuestas más controvertidas del programa de Hollande: la imposición del setenta y cinco por ciento en la franja más elevada del impuesto para los que ingresaran más de un millón de euros.(21:58)
El asunto fue aprovechado por la oposición de derechas para cargar contra la política fiscal del gobierno.(22:03)
Valérie Pécresse, ministra del Presupuesto con Sarkozy.(22:06)

Me da pena que un francés tan representativo como Gérald Depardieu no sólo se exilie sino que devuelva su pasaporte francés porque esa es la cuestión.(22:18)
No excuso a nadie, pero el gobierno también tiene que hacer su autocrítica y parar del acoso fiscal.(22:24)
Tiene que tener el valor de bajar los gastos del estado.(22:26)

En su polémica con el primer ministro, Depardieu dijo haber liquidado en dos mil doce el ocheta y cinco por ciento de sus ingresos al estado.(22:37)
La incredulidad reina entre los comentarios.(22:40)
Pocos creen sin otras pruebas que se pueda ser cierto.(22:43)
El discurso oficialista trata de fijar varios argumentos, el primero que el exilio fiscal no lo provoca la izquierda.(22:49)
Francia tiene un viejo problema con sus hombres de empresa como la familia Peugeot, los dueños de Darty o sus artistas como los mencionados Alain Delon, Charles Aznavour o Johnny Hallyday quien apoyó abiertamente a Sarkozy, el cual no consiguió que retornara fiscalmente ninguno de ellos.(23:06)
Harlem Désir, primer secretario del Partido Socialista.(23:10)

No se escoge nacionalidad en función del color del gobierno.(23:16)
Esto es una democracia.(23:17)
Los franceses se han pronunciado y participan en especial cuando hay que echar una mano al esfuerzo colectivo, no por bajar la fiscalidad.(23:24)
Lucharemos mejor contra el exilio fiscal sino reforzando la cooperación europea y

revisando las convenciones bilaterales con nuestros vecinos.(23:31)

El segundo argumento es el de la fiscalidad progresiva que esgrimió en una entrevista el alcalde de París, Bertrand Delanoë.(23:41)

Los hechos son que hay seiscientos mil millones de deudas suplementarias creadas en Francia en los últimos cinco años procedente en su mayor parte de los regalos fiscales hechos, así que el actual gobierno está obligado a enderezar la situación y pedir un esfuerzo excepcional a los que ganan más.(24:01)

El remate ha sido la comparecencia frustrada de Depardieu ante un tribunal de París por un control de alcoholemia positivo.(24:09)
El actor esquivó a los periodistas y a los jueces asegurando a través de su abogado que debía estar inexcusablemente en Montenegro por un asunto de trabajo.(24:18)
El día anterior había estado en Zurich en la concesión del cuarto Balón de Oro a Messi y anteriormente en Rusia.(24:24)
(Cinco Continentes /11/01/2013)

25-2

벌써 프로그램을 끝내야 할 시간이 다가오고 있지만 그 전에 프랑스로 가보겠습니다. 프랑스 수세국의 압박으로 부호들이 세금을 적게 내는 나라로 이주하고 있습니다.

파리의 루이스 미겔 우베다 특파원이 최근 취재한 연기자 제라르 드파르디외 사건을 여러분께 알려드리겠습니다.

제라르 드파르디외는 최근 몇 주간 빼놓을 수 없는 핫이슈였습니다. 처음에는 세금 망명을 위해 벨기에 국적을 취득하려고 했기 때문이었고 후에는 장 마르크 에로 총리가 이 사건을 최악이라고 평가해 그와 사적인 다툼을 벌였습니다. 그리고 최근에는 드파르디외가 여권과 관련하여 러시아를 찬미하여 논란을 일으켰습니다.

마치 러시아를 위대한 민주주의 국가로 평가했던 경희가극을 보는 것 같았습니다. 무엇보다도 수치스러웠던 부분은 드파르디외가 러시아 밴드 푸시 라이엇의 한 멤버가 부적절한 의사 표현으로 수감된 모르도바 공화국으로 이주했기 때문입니다. 그러나 결국 드파르디외 사건은 수세국의 압박과 부호들의 세금 망명으로 귀결됩니다.

영화 한 편당 2백만 유로의 수입을 버는 프랑스 국민배우 드파르디외는 한 매체를 통해 탈세의 의도가 없다고만 밝혔습니다.

저는 러시아 여권을 가지고 있지만 프랑스 사람이고 곧 벨기에 국적도 취득할 것입니다.

만약 제가 프랑스 언론의 말대로 탈세를 목적으로 했다면 진작에 했었을 것입니다.

알랭 들롱, 찰스 아즈나버 등 수많은 부호들이 20년 전에 프랑스를 떠났습니다.

크리스마스가 한창일 무렵 국무부가 올랑드 정부의 정책 중 가장 논란이 됐던 안건을 백지화했습니다. 바로 100만 유로(약 14억원) 이상의 고소득자에게 소득세율 75%를 적용하는 부유세 입법입니다.

이 일로 올랑드 정부의 재정정책을 저지하려는 우파 야당이 득을 보았습니다.

사르코지 정부의 발레리 페크레스 전 예산장관의 말을 들어보시겠습니다.

제라르 드파르디외처럼 프랑스를 대표하는 배우가 망명을 할 뿐만 아니라 문제가 된다고 프랑스 여권까지 포기하다니 정말 안타까운 일입니다.

저는 아무도 탓하지 않습니다. 다만 정부도 자기비판적 자세를 가지고 세금 망명 문제를 해결해야 합니다.

정부 지출을 줄이는 용기도 필요합니다.

에로 총리와 논쟁 중에 드파르디외는 2012년 자신의 수입의 85%를 세금으로 바쳤다고 밝혔습니다.

이에 대해서는 믿지 못하겠다는 의견이 지배적입니다.

증거도 없는 그의 말이 사실이라고 믿는 사람은 거의 없습니다.

여당은 논란이 되는 여러 문제들을 결론 짓기 위해 논의했습니다. 첫째로 좌파는 세금 망명에 책임이 없다는 것입니다.

프랑스는 자동차 제조업체 푸조 가, 프랑스 최대 가전유통 다띠 소유주, 앞서 언급했던 알랭 들롱과 찰스 아즈나부, 사르코지 대통령을 공개적으로 지지한 조니 할리데이 등의 예술가들과 오랜 문제를 안고 있습니다. 그러나 사르코지 대통령은 이들 중 그 누구에게서도 세금을 거둬드리지 못했습니다.

사회당의 알렘 데지르 대표의 말을 들어보겠습니다.

정부의 색깔에 따라 국적을 취득하지는 않습니다.

이것이 바로 민주주의입니다.

프랑스인은 민주주의를 선언했고, 특히 필요한 경우에 공동의 노력에 적극 참여하여 돕습니다. 과세제도에 반대하자는 공동의 노력을 말하는 것이 아닙니다.

유럽간 협력 강화 및 주변국과의 양자간 협정 개정을 통하여 세금 망명을 종식시키기 위해 노력하겠습니다.

둘째는 베르트랑 들라노에 파리 시장의 인터뷰에서 밝혀진 점진적 세금정책에 관한 논란입니다.

문제는 특히 세금 도피 현상으로 최근 5년간 프랑스에 6천억 유로의 빚이 추가되었다는 점입니다. 따라서 현 정부는 빚 문제를 해결하고 부호들에게 특별히 더 노력해 달라고 부탁해야 합니다.

이 사건은 혈중 알코올 농도 위반으로 드파르디외가 고개를 떨구고 파리 법원에 출두하는 것으로 매듭지어졌습니다.

드파르디외는 기자들과 판사들을 회피했고 다만 변호사를 통해 업무상 불가피하게 몬테네그로에 있을 수 밖에 없었다고 밝혔습니다.

그 전날 그는 축구 선수 메시에게 수여된 제 4회 취리히 발롱도르 수상식에 참석했고 그 전에는 러시아에 있었습니다.

25-3 시리아의 화학 무기고(el arsenal químico en Siria)

Estados Unidos y Rusia han resucitado la esperanza de que la guerra de Siria se resuelva por la vía política.(01:40)
El encuentro esta semana en Ginebra de los jefes de la diplomacia de ambos países ha permitido abrir el calendario para preparar la esperada conferencia de paz en medio de las protestas de los opositores sirios que acusan a al-Assad de tender una trampa política y estar ocultando su arsenal químico.(01:56)
En pocos días hemos pasado de un ataque inminente a conversaciones de paz.(02:00)
Eva Tanco nos cuenta cómo ha sido este proceso.(02:03)

Lavrov y Kerry han estado toda la noche negociando.(02:05)
La orden del Kremlin y la Casa Blanca era clara; no podían irse sin un acuerdo.(02:09)

«Espero que estas reuniones den como fruto un acuerdo que debe ser ejecutable y verificable», decía Obama.(02:18)

Y tras los dos primeros días de contacto ya hay marcados días en el calendario.(02:26)
Este mismo lunes podríamos conocer el informe de los expertos de la ONU sobre el ataque con armas químicas del veintiuno de agosto.(02:33)
El mismo día que John Kerry almorzará en París con sus colegas de Francia y Gran Bretaña.(02:38)
Al día siguiente Rusia y Estados Unidos se reúnen con la ONU y el día veintiocho de septiembre de nuevo Kerry y Lavrov cara a cara en Nueva York tratarán las opciones para relanzar una conferencia de paz que aborde la cuestión de fondo, la guerra civil en Siria.(02:52)
Para seguir la pista del proceso que ha detenido la amenaza de la guerra tenemos que viajar a San Petersburgo a la cumbre del G20.(03:04)

El debate económico da paso a la tensión sobre Siria que se instala como tema central de las conversaciones y de un encuentro entre Obama y Vladímir Putin.(03:12)
Este último lo resume en palabras que evidencia en el desencuentro.(03:15)

Cada uno mantuvo su postura, pero el diálogo existe, nos escuchamos y entendemos nuestros argumentos, sin embargo no estoy de acuerdo con él ni él conmigo.(03:26)

En ese momento suenan redobles del combate, pero en Estados Unidos Obama se encuentra con un Congreso dividido y una opinión pública que no quiere otra guerra.(03:35)

El presidente inicia una ofensiva mediática para tratar de convencerles, pero sólo el dieciséis por ciento del país apoya un ataque a Siria.(03:44)

Hemos elegido para terminar guerras, no para empezarlas.(03:48)

Y en medio de esta campaña su secretario de Estado John Kerry recibe en Londres una pregunta.(03:52)
¿Puede hacer algo Siria para evitar el ataque?(03:55)

«Claro», responde Kerry, «Pueden entregar hasta el último pedazo de sus armas químicas en la próxima semana».(04:04)

Los analistas internacionales se despistan.(04:07)
Unos creen que ha sido un desliz de John Kerry que obligó a Obama a explorar esa vía.(04:12)
Otros aseguran que Obama y Putin dejaron resuelta esta opción en San Petersburgo creando una solución digna para la Casa Blanca.(04:19)
Sea como fuere, es el disparo de salida para el cambio de posiciones en este tablero del juego de la guerra.(04:25)

Rusia recoge inmediatamente la propuesta.(04:27)
La ONU acepta la posibilidad y Siria entonces dice así.(04:31)

He escuchado con atención el anuncio de Serguéi Lavrov y puedo decir que Siria da la bienvenida a la iniciativa rusa por su repercusión para la vida de nuestros ciudadanos y la seguridad del país.(04:47)

La propuesta rusa para que las armas químicas del régimen de Damasco queden bajo control internacional es una salida para una guerra que nadie quiere.(04:54)
Un ataque a Siria puede hacer saltar lo que Bashar al-Assad califica como el polvorín de Medio Oriente.(05:00)

Esta guerra ayudaría a Al Qaeda y a los mismos que mataron a americanos el once de septiembre.(05:07)

Cuando Obama detiene la carrera bélica en ir hacia el Este la maquinaria diplomática comienza a funcionar.(05:21)

John Karry y Sergei Lavrov son los mediadores de las fuerzas en conflicto.(05:28)
En la siempre neutral suiza ya no se habla de guerra sino del modo de abordar la verificación del desarme de la seguridad del proceso y el apoyo extranjero a las fuerzas rebeldes y al régimen.(05:39)

Y así la sombra de los bombarderos internacionales se aleja de Damasco, pero si no se ponen las bases para una conferencia de paz que siente frente a frente al régimen de al-Assad y a los grupos insurgentes seguirán lloviendo bombas y balas en un país devastado por más de dos años de guerra interna.(06:01)

Jesús Núñez, codirector del Instituto de Estudios sobre Conflictos y Ayuda Humanitaria, buenos días.(06:08)

Hola, buenos días.(06:09)

¿Se abre paso en la opción diplomática frente a la intervención armada en Siria?(06:13)
Rusia dejó recientemente que en esta crisis aplazar un ataque militar equivale a cancelarlo.(06:18)
¿Lo ve usted también así, aunque Estados Unidos y Francia insistan en que la presión militar continúa y mantienen abierta la posibilidad de la intervención armada?(06:26)

La opción diplomática que ahora se abre yo creo que responde más a un juego en el que Moscú pretende aprovechar un desliz o un error de John Kerry para presentarse al mundo como una potencia global con capacidad para determinar la senda internacional para de un sólo golpe hacer pasar a Obama por belicista, puesto que parece que él es que una fuerza por la fuerza y el Moscú por un actor que busca la solución sin uso de las armas, pero que en cualquier caso plantea una propuesta que no tiene viabilidad desde el punto de vista al menos puesto que el destruir el arsenal químico del régimen sirio es hoy una tarea que cede la capacidad que tiene un país que está en guerra y unos actores que no tienen capacidad para controlarlas en un corto plazo de tiempo que es lo que demanda en definitiva la situación actual.(07:22)

Precisamente el gobierno sirio se ha mostrado dispuesto a permitir este control internacional de su arsenal químico.(07:27)
¿Qué posibilidades hay de que sea solamente una táctica dilatoria?(07:30)

Entiendo que básicamente así deberíamos interpretarla como un intento de ganar tiempo.(07:35)
Nadie tiene una idea precisa sobre cuál es ese arsenal.(07:38)
Por lo tanto si pensamos en la necesidad del destruir todo el arsenal, ¿qué significa todo?(07:43)
De contestar lo que estamos hablando, ¿dónde están localizados?(07:47)

¿Cómo podemos confiar en la voluntad del régimen sirio de que va a entregar todo lo que hasta ahora ni siquiera oficialmente reconocido qué posee?(07:54)
Luego desde el punto de vista es lógico y también pensar que todo eso forma parte de una táctica dilatoria que le permite a Moscú ganar tiempo para seguir apoyando al régimen de Bashar al-Assad, que va a crear disensiones en el Consejo de Seguridad, que va a debilitar aún más a Obama, que va a dificultar el que se active la voluntad política de algunos gobiernos occidentales para acompañar a Estados Unidos en esa campaña militar.(08:20)
Por lo tanto creo que en esas circunstancias es difícil imaginar que se vaya a llegar a la práctica en ningún momento.(08:26)

¿Podemos entrar en un limbo en el que la comunidad internacional discute en la ONU y la guerra civil se eterniza en Siria?(08:32)

Eso es lo más problemático desde mi punto de vista porque lo previsible es que tanto en el Consejo de Seguridad como en la diplomacia entre gobiernos se vaya discutiendo cuáles deberían ser los detalles para efectivamente llegar a un control de los arsenales químicos sirios y mientras tanto la violencia se sigue desarrollando día a día en todos los rincones del territorio nacional tanto por tanto del régimen como por parte de ellos de modo de grupos rebeldes.(09:00)
En una dinámica de guerra civil que no olvidemos ya ha costado más de cien mil muertos, muertos que en su inmensa mayoría son provocados por armas convencionales no por armas químicas y hasta ahora no ha habido voluntad ninguna por parte de la comunidad internacional para frenar esa violencia.(09:15)

Teniendo en cuenta la situación del país y la región, ¿es posible una Siria sin Bashar al-Assad?(09:20)

Entiendo que Bashar al-Assad no es el futuro de Siria ni él personalmente ni tampoco su régimen, pero hoy por hoy en el terreno militar la situación muestra que claramente ha conseguido evitar la derrota que en un momento determina de todo

parecer más probable.(09:36)
Está dando la vuelta la situación en buena medida a conseguir las fuerzas del régimen, recuperar ciudades como Al-Qusayr y empezar ya a asediar Aleppo y otros lugares que hasta ahora parecían en manos de los rebeldes.(09:49)
Luego en términos militares está claro que los rebeldes no tienen capacidad para derrotar definitivamente al régimen.(09:54)
También es cierto que el régimen no lo tiene para derrotar los rebeldes y eso, lo que augura es la combinación de la violencia.(10:01)
Ése en ese contexto en el que mirarlo desde la perspectiva internacional Bashar al-Assad sigue siendo un actor con el que contar para intentar mantener la existencia del país porque podría también fragmentarse y para poder llegar a un punto de negociación.(10:17)
Previsiblemente eso es lo que apunta el futuro, una negociación política en la que no hay una caída definitiva del régimen sino una convivencia y un acuerdo entre representantes del régimen de Bashar al-Assad y los representantes de los rebeldes.(10:31)

Seguiremos paso a paso esta negociación para intentar resolver esta crisis de Siria sin intervención militar.(10:37)
Jesús Núñez, codirector del Instituto de Estudios sobre Conflictos y Ayuda Humanitaria, muchísimas gracias por estar con nosotros en Cinco Continentes.(10:44)

A ustedes, buenos días.(10:45)
(Cinco Continentes /13/09/2013)

25-3

미국과 러시아는 시리아전이 정치적으로 해결될 수 있다는 희망을 재기시켰습니다.

이번 주 제네바에서 양국 외교 정상이 만나 다음 평화 협의 일정을 논의하기로 했습니다. 그 동안에도 알아사드의 정치적 술책과 화학무기고의 은폐를 고발하는 반대파들의 시위가 이어졌습니다.

즉각적으로 공격하겠다는 것은 며칠 되지 않아 평화회담으로 바뀌었습니다.

에바 땅꼬 기자가 이 경과를 전해드리겠습니다.

라브로프 장관과 케리 장관은 밤새 협상을 했습니다.

러시아와 미국의 의지가 확고하여 어떤 협의도 진행되기 어려웠습니다.

"이번 회합에서 실현 가능하고 확실한 협의가 이루어지길 바란다."고 오바마 대통령은 말했습니다.

첫 이틀 간의 조정 끝에 일정이 잡혔습니다.

이번 월요일이면 유엔의 조사단이 8월 21일에 발생한 화학무기 공격의 진상을 알려줄 것입니다.

같은 날 존 케리 국무장관은 프랑스와 영국의 대표단들과 오찬을 가질 예정입니다.

그 다음 날 러시아와 미국은 유엔과 회합하게 되며, 9월 28일에는 케리 장관과 라브로프 장관이 다시 뉴욕에서 직접 만나 시리아 내전에 관한 기본적 의제를 다룰 평화협상에 관한 의견을 재조정할 것입니다.

전쟁의 위협을 잠시 지연시키고 있는 과정을 알아보기 위해 G20 회의가 열리고 있는 상트페테르부르크로 가보겠습니다.

오바마 대통령과 블라디미르 푸틴 대통령이 회동할 이번 회담에서 시리아의 긴장 사태가 주된 안건이 되면서 경제에 관한 논의는 뒷전이 되었습니다.

푸틴 대통령의 입장이 다르다는 것은 그의 말을 들어보면 알 수 있습니다.

각국이 서로의 입장을 고수하고 있지만 대화는 이어갈 것입니다. 우리는 서로의 견해를 경청하고 이해할 것입니다. 그러나 나는 오바마 대통령의 의견을 받아들일 수 없고 그도 마찬가지입니다.

이 순간에도 전쟁행보가 계속되고 있는데 미국에서는 의회에서 합의가 이루어지지 않고 있으며, 국민들 사이에는 또 다른 전쟁을 원하지 않는다고 반대합니다.

오바마 대통령은 매스컴 공격으로 이들을 설득하려 했지만 단지 16% 만이 시리아에 대한 공격을 찬성하고 있습니다.

우리는 전쟁을 시작하기 위해서가 아니라 끝내기 위해 선택한 것입니다.

이런 설득 과정 중에 존 케리 장관은 런던에서 이런 질문을 받게 됩니다.

시리아가 공격을 피하기 위해 할 수 있는 게 있을까요?

케리 장관은 "당연합니다. 다음 주 시리아는 마지막 한 조각의 화학 무기까지 넘기게 될 것 입니다." 라고 답했습니다.

전세계의 분석가들은 우왕좌왕하고 있습니다.

일부는 존 케리 장관이 오바마 대통령으로 하여금 이런 방법을 모색하도록 강요한 것은 잘못 판단한 것이라고 생각합니다.

또 일부는 오바마 대통령과 푸틴 대통령이 상트페테르부르크에서 이런 가능성을 내놓은 것은 백악관에 합당한 해결 방안이었다고 확신했습니다.

어쨌든 전쟁이라는 놀이판에서 역할이 바뀜으로 해서 백악관 입장에서는 탈출구가 생겼다고 생각합니다.

러시아는 이 제안을 즉각적으로 받아들였습니다.

유엔은 가능성을 수용하였으며 이에 대해 시리아도 받아들이겠다고 말했습니다.

나는 세르게이 라브로프 장관의 말을 경청하였으며 시리아는 우리 국민의 생명과 국가 안전을 보호하는 러시아의 선택을 환영하는 바입니다.

시리아 정부 관할에 있는 화학 무기를 국제 사회의 견제하에 둔다는 러시아의 제안은 아무도 원하지 않는 전쟁을 피할 수 있는 길입니다.

시리아 공격은 바샤르 알아사드가 중동의 화약고라고 말하는 시리아를 자극하게 될 것입니다.

이 전쟁은 알 카에다와 9.11테러 당시 미국 국민을 살생한 바로 그 집단을 돕는 것이 될 수도 있습니다.

오바마 대통령이 중동을 향한 전쟁 행보를 중지하자 비로소 외교 정책이 가동되기 시작했습니다.

존 케리와 세르게이 라브로프는 갈등 관계에 있는 양국의 중재를 하고 있습니다.

늘 중도적 입장의 스위스는 전쟁에 대한 언급은 없이 모든 안전을 위한 무장해제의 실현성과 국제 사회가 반군과 정부군을 어떻게 도울 것인지에 대해 언급하였습니다.

이렇게 국제 사회가 다마스쿠스를 폭격하게 되는 불안은 사라졌지만, 알아사드 정권과 반군 단체들이 한자리에 모여 기본적으로 평화협정을 하지 않는다면 내전으로 2년 이상 초토화되어 있는 나라에 폭탄과 총알이 계속 퍼부어지게 될 것입니다.

'전쟁과 원조'연구소의 공동 책임자인 헤수스 누녜스씨, 안녕하세요?

네, 안녕하세요?

시리아에 대한 공격에 새로운 외교적 가능성이 열린 것일까요?

러시아가 최근 이런 위기 상황에 군사적 공격을 늦춘다는 것은 취소한다는 것과 같은 것이라고 말했는데요.

그렇게 보십니까? 그러나 미국과 프랑스는 계속 군사적 압박을 주장하고 있고 무력 개입에 대한 가능성도 열어놓고 있는데요.

지금 외교적 가능성은 열려있다고 봅니다. 그리고 모스크바는 존 케리 장관의 잘못된 결정을 이용한다고 볼 수 있습니다. 존 케리 장관은 오바마 대통령을 침략주의자로 만들어 단 한 방으로 국제 사회에서 결정권을 갖는다는 것으로 미국이 강대국임을 세계에 과시하려는 것입니다. 이것은 힘대힘으로 내기를 하는 것과 같으며, 러시아는 무력을 사용하지 않고 해결책을 찾으려고 한다고 하겠습니다. 그러나 두 경우가 모두 실현 가능하지 않은 제안을 한 것입니다. 시리아 정부의 화학 무기고를 파괴한다는 것은 그렇지 않아도 전쟁 중인 한 나라를 초토화시키는 것이며, 현 상황이 정말 심각한데, 단시일 내에 해결되기는 어렵다고 보여집니다.

시리아 정부는 자기들의 화학 무기고를 국제 사회가 조정하겠다는 의견을 전면 수용한다고 분명히 밝혔는데요.

이것이 단지 시간을 끌기 위한 전략일 가능성이 있을까요?

네, 시간을 벌기 위한 시도로 해석할 수 밖에 없겠습니다.

아무도 정확하게 어느 것이 무기고인지 알지 못합니다.

따라서 모든 무기고를 파괴해야 한다면 이 '모든'이 무엇을 의미하겠습니까?

이것에 답하기 위해서는 무기고가 어디 있는지 알아야 하지 않겠습니까?

무엇을 가지고 있는지 공식적으로 인정하지도 않았으면서 그들이 가진 전부를 내놓겠다는 시리아 정부의 의지를 신뢰할 수 있겠습니까?

합리적으로 생각해보거나 러시아가 바샤르 알아사드 정부를 계속 돕기 위해 시간을 끌기 위한 전략이라고 생각해본다면, 안전보장이사회가 분열될 것이며 이는 오바마를 약화시킬 것이고 미국의 무력전에 동참하겠다는 서방 국가들의 정치적 결단을 어렵게 할 것입니다.

따라서 이런 상황에서는 결코 실현되기 어려운 제안입니다.

국제 사회가 유엔에서 다투고 있는 동안 시리아에서는 전쟁이 계속되는 지옥과 같은 상황에 처하게 될까요?

제 생각으론 이것이 가장 문제인데요. 가장 예측 가능한 것은 안전보장이사회나 각국의 외교부가 시리아의 화학 무기고를 효과적으로 조정하기 위한 구체안이 무엇인지를 논의하는 동안 시리아에서는 전국에서 매일 정부군이든 반군이든 계속 폭력이 가중되고 있다는 것입니다.

우리가 잊지 말아야 할 것은 이 격렬한 내전으로 이미 수십만이 생명을 잃었으며, 이 중 대부분이 화학 무기가 아니 전통적인 무기에 의한 것이라는 점입니다. 그런데도 지금까지 국제 사회에서는 이를 저지하기 위한 어떤 조치도 취하지 않았습니다.

시리아와 그 지역의 상황을 고려해볼 때, 바샤르 알아사드가 없는 시리아가 가능할까요?

저는 바사르 알아사드 정부나 그 자신은 시리아의 미래가 아니라고 봅니다. 그러나 매일의 격전 상황을 보면 전면적 파괴는 피하는 것 같아 때로는 가능한 국면으로 보이기도 합니다.

상황이 역전되면서 주로 정부군이 주도하는 것 같습니다. 알쿠사이르를 되찾는가 하면 알레포를 다시 포위했습니다. 아직 다른 지역은 반군의 손에 있는 것 같습니다.

군사적 관점에서 보면 반군은 아직 정부군을 결정적으로 무너뜨릴 능력이 없는 것이 분명합니다.

또한 정부군도 반군을 제압할 능력이 없는 것이 확실합니다. 이렇게 예측컨데 쫓고 쫓기는 상황입니다.

이런 맥락하에 국제 사회의 관점에서는 바샤르 알아사드가 국가를 분열시킬 수도 있는 인물이나 국가 존립을 유지시켜 타협점을 찾을 수 있을 거라 계산하고 있는 것으로 보여집니다.

이런 점이 미래에 대한 예견일 수 있습니다. 정부가 전복되기 보다는 바샤르 알 아사드 정부 대표와 반군의 대표가 상생을 하고 어떤 협의를 하게 될 것이라고 보는 것이 여기서 말하는 정치적 타협인 것입니다.

군사적 개입 없이 시리아 사태를 해결하고자 하는 노력을 계속 지켜보겠습니다.

‘전쟁과 원조’연구소의 공동 책임자인 헤수스 누녜스씨, 저희 싱꼬 꼰띠넨떼스에 참여해주셔서 대단히 감사합니다.

제가 오히려 감사합니다.

25-4 보스턴 테러(el atentado de Boston)

Con la captura del segundo sospechoso de los atentados de Boston, Estados Unidos termina una semana negra que ha mantenido en jaque a sus fuerzas de seguridad, especialmente en ese lugar en Boston con la operación policial de caza al hombre que ha desplegado a numerosos efectivos policiales los últimos días.(01:40)
Además el país ha vivido otra tragedia, la de West en Téxas, a veinte kilómetros de Waco por la explosión en la planta de fertilizantes que ha podido causar la muerte de al menos treinta y cinco personas.(01:52)
De esa semana negra centrada en los atentados de Boston y en el masivo despliegue policial para capturar a sus autores, nos ha enviado este reportaje nuestra corresponsal en Wáshington, Dori Toribio.(02:02)

El maratón de Boston ha quedado marcado para siempre por la tragedia.(02:06)
El lunes, quince de abril dos bombas estallaban en el tramo final del maratón de la ciudad en pleno día festivo Patriot's day en el estado de Massachusetts.(02:15)
Dos potentes explosiones en las que más de ciento setenta personas resultaban heridas, una veintena de gravedad, varias amputaciones por la naturaleza de los artefactos explosivos y tres muertos.(02:30)
La joven de veintinueve años Krystal Campbell, la estudiante universitaria de origen chino Lu Lingzi de veintitrés años y el pequeño Martin Richard que con ocho años esperaba en la meta la llegada de su padre para darle el abrazo de la victoria.(02:46)
«Aún no sabemos quién lo ha hecho o por qué y no debemos precipitar conclusiones hasta que no lo confirmemos, pero que nadie se equivoque.(02:56)
Llegaremos al final de este asunto, averiguaremos quién lo ha hecho y por qué y se enfrentará al peso de la justicia», decía el presidente Obama en su primera comparecencia pocas horas después de las explosiones.(03:07)
Al día siguiente la administración ya hablaba de acto terrorista despejadas las dudas iniciales sobre la naturaleza de las explosiones y ha encontrado el primer rastro de la

autoría.(03:17)
Una olla a presión con la que se había elaborado al menos uno de los explosivos contenía trozos de metal y clavos.(03:24)
El FBI se puso al mando de la operación y solicitó la ayuda de todos los ciudadanos para localizar a los responsables de la tragedia.(03:32)
Fueron varios días de incertidumbre, silencio e informaciones contradictorias que difundieron los medios de comunicación y hubo que rectificarlas después.(03:41)
El FBI pidió insistentemente precaución y paciencia a todos porque cualquier error podía dañar seriamente la investigación.(03:49)
Más de dos mil llamadas ciudadanas después, en una rueda de prensa el agente Rick DesLauriers de FBI hacía publicar las imágenes de los sospechosos.(03:58)
Pedía de nuevo la colaboración ciudadana para identificarles y localizarles.(04:02)
«El público juega un papel fundamental para identificar y localizar a estos dos individuos.(04:12)
Alguien en alguna parte los conoce.(04:14)
Son su familia, amigos o vecinos», decía el agente al frente de la investigación del FBI.(04:21)
Esa misma noche llegaban las primeras noticias de un tiroteo en la prestigiosa Universidad Tecnológica MIT en Cambridge.(04:29)
Los sospechosos secuestraban un coche, protagonizaban un enfrentamiento policial con más de dos cientas ráfagas de fuego, granadas de mano y explosivos.(04:38)
El sospechoso número uno moría y el dos conseguía escapar.(04:42)
Ambos se dan identificados pocas horas después.(04:45)
Los hermanos Dzhokhar y Tamerlán Tsarnaev, Dzhokhar de diecinueve años se daba a la fuga.(04:52)
El gobernador de Massachusetts ordenaba immediatamente la suspensión de los transportes, el cierre del espacio aéreo y toda la población, a ellos les pedía quedarse en casa, toque de queda voluntario, gran presencia policial en un Boston fantasma durante más de doce horas de cerco rastreando casa por casa en el barrio de Watertown donde vieron por última vez a ese segundo sospechoso, finalmente escondido en un barco amarrado en un jardín de una de las casas del vecindario

dejando un largo rastro de sangre, era encontrado y hospitalizado por la gravedad de las heridas que había dejado el enfrentamiento de la noche anterior.(05:31)

«Lo tenemos», lanzaba en las redes sociales el alcalde de Boston y la policía confesaba «estar agotada, pero el peligro había terminado»(05:40)

Dijeron en rueda de prensa «Ha sido una operación muy complicada» y agradecía en el trabajo de las fuerzas de seguridad y la colaboración imprescindible de los ciudadanos desde el primer momento dando el rastro de pistas clave.(05:54)

«Quedan muchas preguntas sin respuesta», decía Obama anoche desde la Casa Blanca, «¿Por qué un joven que ha crecido aquí forma parte de nuestra comunidad ya ha llegado a esta violencia, cómo planearon el atentado?», decía «y si han recibido ayuda de alguien».(06:13)

También pedía prudencia Obama a la hora de juzgar a los dos sospechosos antes de comenzar con las especulaciones sobre su origen caucásico, vinculaciones en Rusia, procedencia del material explosivo encontrado, si pensaban volver a atentar la segunda noche, si tienen antecedentes fundamentalistas investigados por el FBI, ¿por qué no huyeron de Boston después del atentado? y si fueron ellos, si son culpables de organizar y perpetrar las dos explosiones que han marcado la historia de la ciudad en una muy dura semana para Estados Unidos.(06:50)

(Cinco Continentes /20/04/2013)

25-4

미국은 보스턴 테러의 두 번째 용의자를 검거하면서 안보가 위협을 당한 고된 한 주를 마감했습니다. 특히 보스턴에서는 마지막에 범인을 체포하기 위해 전 경찰이 투입되어 총력전을 벌였습니다.

또한 미국 텍사스 웨이코에서 20km 떨어진 비료공장(West Fertilizer Company)이 폭발하는 비극이 벌어져 최소 35명이 사망했습니다.

보스턴 테러와 그 용의자 검거를 위해 벌인 총력전으로 점철된 이번 한 주에 대해 워싱턴의 도리 토리비오 특파원이 보도해 드리겠습니다.

보스턴 마라톤은 영원히 비극적 사건으로 남을 것입니다.

4월 15일 월요일 미국 매사추세츠 주에서 '애국자의 날' 기념 행사로 진행된 마라톤 대회의 결승선 끝에서 두 차례의 폭발이 있었습니다.

이 폭발로 170명이 부상당했고, 그 중 이십 명은 중상이며, 폭발물의 특성상 사지가 절단된 사람도 속출했고 3명은 사망했습니다.

사망자는 29세의 크리스탈 캄벨, 23세의 중국계 여대생 루 링치와 마틴 리처드로, 8세의 어린 마틴은 아버지가 오면 승리의 포옹을 하기 위해 결승점에서 기다리고 있었습니다

"누구 소행이고 동기가 무엇인지 아직 분명하지 않습니다. 확실하게 확인하기 전까지 섣부른 결론을 내려서는 안 됩니다. 어떠한 실수도 해서는 안됩니다.

우리는 반드시 범인을 잡을 것입니다. 용의자와 범행 동기를 밝혀 정의의 심판을 받게 할 것입니다." 라고 오바마 대통령은 폭발사고 직후 첫 연설에서 밝혔습니다.

바로 다음날 오바마 정부는 초기에 의아해 했던 폭발에 대해 테러라고 밝혔으며 범행의 첫 흔적도 찾아냈습니다.

이번 테러에 사용된 폭탄은 최소 1개 이상의 압력솥 폭탄으로 내부에는 금속조각과 못이 들어있었습니다.

미국 연방수사국(FBI)은 범인 검거 작전을 지시했고, 모든 시민들에게 테러 용의자 검거를 위해 협조를 부탁했습니다.

모든 것이 불확실한 가운데 진전 없이, 대중매체가 흘린 잘못된 정보만 난무한 가운데 며칠이 지나가고 나중에는 정정해야만 했습니다.

FBI는 사소한 실수가 조사에 큰 해를 끼칠 수 있기 때문에 시민들에게 신중함과 인내를 잃지 말라고 신신당부했습니다.

2천 통이 넘는 시민들의 제보를 받은 후, 릭 데스로리어스 FBI 특별 수사관은 기자회견에서 용의자의 얼굴을 공개하겠다고 했습니다.

데스로리어스 수사관은 용의자 확인 및 검거를 위해 시민들의 협조를 다시 한번 부탁했습니다.

"두 용의자를 확인하고 검거하는 데 있어 시민들의 역할이 가장 중요합니다.

어느 곳에 누군가는 그들을 알 것입니다.

바로 그들의 가족, 친구, 이웃입니다." 라고 데스로리어스 수사관이 FBI 수사 과정에서 밝혔습니다.

바로 그날 밤 세계적으로 명성이 자자한 캠브리지의 매사추세츠 공과대학교에서 총격전이 벌어졌다는 첫 소식이 들려왔습니다.

두 용의자는 차를 훔쳐 달아나다가 총알 200발, 수류탄, 폭발물 등으로 경찰과 대치했습니다.

첫 번째 용의자는 사망했고 두 번째 용의자는 도주했습니다.

두 용의자 모두 몇 시간 뒤 신상이 밝혀졌습니다.

타메를란 차르나예프와 조하르 차르나예프 형제로, 19세의 조하르는 도주했습니다.

그 즉시 매사추세츠 주지사는 교통을 전면통제하고 비행금지구역을 설정했으며 모든 시민들에게 집에서 대기하고 외부 출입을 자제하라고 권유했습니다. 또한 도주한 용의자가 마지막으로 출현한 워터타운 지역에서 경찰들은 12시간 이상 집집마다 수색하여 용의자를 체포하는 '보스톤 공포'를 연출하였습니다. 용의자는 이웃의 한 주택가 주택 정원에서 주변에 길게 핏자국을 남긴 채 보트에 숨어 있다가 체포되었습니다. 용의자가 체포되었으나 지난 밤의 총격전으로 큰 부상을 당하여 병원으로 이송되었습니다.

보스턴 시장은 트위터에 "우리가 용의자를 잡았다"는 글을 올렸고 경찰은 탈진 상태이지만 공포가 끝났다고 밝혔습니다.

신문에선 "매우 복잡한 수사였다."고 보도하였으며 경찰의 공로와 수사 초기부터 용의자의 중요한 행적을 제보해 준 시민들의 긴밀한 협조에 감사를 전했습니다..

지난 밤 오바마 대통령은 백악관에서 "답을 내리지 못한 의문들이 남아 있습니다. 그는 어떻게 우리 사회의 구성원으로 자란 소년이 이런 폭력을 저지를 수 있는지, 어떻게 범행을 준비했는지, 혹시 다른 배후가 있는지 등을 언급했습니다.

또한 오바마 대통령은 상세한 조사 전에, 용의자들에 대한 판단에 신중할 것을 요구했습니다. 그들의 코카서스 출신 여부, 러시아와의 연계성, 발견된 폭발물질의 출처, 이튿날 밤 또 다른 공격 감행 여부, FBI의 수사를 받고 있는 이슬람 원리주의자들과의 관련성, 정말 그들이 범인이라면, 정말 그들이 미국 메사추세츠에서 역사상 '쓰라린 한 주간'으로 기록될 두 차례 폭발을 계획하고 주도했다면 테러 후 왜 보스턴에서 도망치지 않았는지 등에 대한 상세한 조사입니다.

25-5 북한(Corea del Norte)

Las últimas sanciones económicas y comerciales aprobadas por el Consejo de Seguridad de Naciones Unidas contra Corea del Norte el pasado mes de marzo por su última prueba nuclear han desatado la hostilidad del país comunista.(02:22)
En los últimos días Pyeongyang ha iniciado un despliegue armamentístico y ha amenazado Estados Unidos a sus bases en el pacífico y a Corea del Sur.(02:30)
Wáshington ha enviado a la isla de Guam un avanzado sistema antimisiles y Seúl ha desplegado en el mar Amarillo y en el mar de Este dos buques con capacidad para interceptar proyectiles.(02:40)
Sin apoyos internacionales con Rusia y China mostrando su temor porque un fallo humano o técnico desate la guerra más aislada que nunca, Corea del Norte protagoniza un desafío en solitario a la comunidad internacional que teme que el régimen comunista materialice finalmente sus amenazas.(02:56)
Manuel Brañas, subdirector del Centro de Estudios Coreanos de la Universidad Autónoma de Barcelona, buenos días.(03:02)

Hola, buenos días.(03:03)

La tensión en la Península Coreana es creciente.(03:05)
Estamos acostumbrados a ver provocaciones que suben de nivel, pero que llegados a un punto se diluyen.(03:10)
¿En qué se diferencia en lo que está ocurriendo ahora de anteriores escaladas de tensión?(03:15)
¿Son creíbles las amenazas de Corea del Norte y quizá que interpretarlas en clave de la situación interna del país?(03:20)

Bueno, si por creíble se entiende que puede iniciarse un conflicto militar armado, creo que no, creo que no, pero sí que hay diferencias en relación a otras ocasiones y es

probablemente que el ejército que es el que controla todo el sistema, pues se necesita dos cosas: por una parte, un reforzamiento de su propio poder interno y segundo, un control por decirle de alguna forma del propio líder.(03:52)
Es decir, no creo que sea el líder que está liderando el ejército sino el ejército que le está orientando por decir de alguna forma al propio líder con carácter interno, ¿no? con filosofía interna y después supongo que cualquier excusa es buena para en una época que supongo que deben haber tenido problemas de producción interna y menos ayuda externa y por tanto probablemente debe haber problemas de suministros de los productos más básicos.(04:21)

Estados Unidos ha fortalecido sus defensas en el Pacífico ante la amenaza coreana. (04:25)
¿Realmente Pyeongyang dispone de armamento para atacar los intereses de Estados Unidos?(04:30)

No, yo creo que le puede hacer daño, pero atacar en un sentido de hacer demasiada cosa, no.(04:39)
Yo creo que sí, un poco, la política tradicional del ejército con el sistema norcoreano que, es decir, <Oiga, nosotros tenemos un sistema disuazorio> y por tanto eso es lo que está haciendo, demostrar que sí que pueden disuadir cualquier intento de ataque o de control del régimen,
¿no?(04:59)

Vamos a situarnos en el peor escenario.(05:01)
Se produce finalmente un conflicto bélico.(05:03)
En su opinión, ¿qué alcance podría tener?(05:06)
¿Qué supondría para la zona y a nivel global una guerra en la Península Coreana en estos momentos?(05:11)

Sucedía realmente terrible, ¿no?(05:13)
Eso significaría una inestabilidad no sólo de la zona sino realmente del mundo entero

porque eso significaría nuevos acuerdos de que Corea del Norte con otras potencias atómicas hostiles a la comunidad internacional y por tanto a partir de allí cuando uno lanza una bola, ya no se sabe cómo se reacciona en todas las demás, ¿no?(05:37)
Sería realmente un conflicto complejo y difícil de resolver, por eso digo que sería muy interesante, necesario creo que a pesar de las características del régimen norcoreano, la comunidad internacional debería ser muy concreta, generosa, es decir que sea de ser generoso con regímenes especiales, dictadores y tal.(06:02)
Es difícil, pero es la única forma.(06:04)

¿Y qué quiere decir exactamente cuando hablas de ser generosos con Corea del Norte?(06:09)

Habría que intentar ofrecer alguna cosa que permita a los dirigentes políticos del Corea del Norte, pues mantenerse, por decirle de alguna forma, sin represalias internacionales del derecho, ¿no?(06:25)

¿A la vista de la crisis actual hacia dónde considera que evoluciona Corea del Norte?(06:30)

Bueno, no evoluciona a ninguna parte.(06:32)
Es decir, desde el año dos mil tres, dos mil uno, dos mil cuatro más o menos parecía que iba cambiando, parecía que iba introduciendo algunas características de pequeñas cosas, ¿no? pequeñas cuestiones como el mercado.(06:51)
Yo estuve la última vez hace un año y medio y había ya lo que pudimos decir unos chiquitines mercados minoristas en la que la gente podía vender unos tomates, unos huevos y unas cuantas cosas que podía hacer en su casa, ¿no?(07:06)
Y eso, pues, bueno, la gente pudiera comprar muy escaso, pero eso significaba un cambio radical desde el punto de vista de la tradición, ¿no?, pero, claro, con estas otras cuestiones, todos los pequeños datos de apertura parece que quedan en nada, ¿no?(07:25)
Y por tanto no va a ninguna parte, yo creo que no va a ninguna parte, más que a

mantenerse, a perpetuarse, ¿no?, porque además ha partido el soporte de la China y bueno, eso era el único soporte clave que le quedaba, ¿no?(07:38)

¿En su opinión vamos a ver en los próximos días una retirada, un descenso en el nivel de amenazas y de los gestos hostiles de Corea del Norte?(07:45)

Bueno, digamos que no sé si dará marcha atrás desde el punto de vista interno, pero sí que va a mantener un poco y habrá que dejar como que tendríamos en términos chinos <salvar la cara>, ¿no?(08:01)
Es decir, debería considerarse que han de quedar en nada sin que ellos tengan interiormente que reconocer que quedan marcha atrás, pero sí, desde un punto de vista formal, creo que sí que la cuestión será en qué parará y se volverá a una situación de intranquilidad, pero bueno, menos aguda, ¿no?(08:24)

Manuel Brañas, subdirector del Centro de Estudios Coreanos de la Universidad Autónoma de Barcelona, gracias por estar con nosotros en Cinco Continentes.(08:31)

Huy, no, gracias a ustedes por permitir poder opinar sobre el tema y hacerlo partícipe, ¿no?(08:38)
(Cinco Continentes /05/04/2013)

25-5

북한이 핵실험을 감행하자 지난 3월 UN 안보리가 북한 경제 • 무역 제재안을 승인했고, 이에 따라 북한이 적개심을 드러냈습니다.

최근 며칠간 북한은 군사 훈련을 재개하고 미국의 태평양 기지와 남한을 위협했습니다.

미국은 괌에 최첨단 대 미사일 방어용 시스템을 구축했고 남한은 서해와 동해에 미사일 요격 전투함 두 척을 띄웠습니다.

북한은 러시아와 중국만을 의지하고 있으며 전 세계는 공산국가가 자신의 위협을 현실화시킬 것을 우려하고 있습니다. 러시아와 중국은 인간적 또는 전략적 실수로 인해 유례없는 독단적인 전쟁이 될 수 있다는 우려를 표명했습니다. 따라서 북한은 홀로 도발의 주역이 된 것입니다.

바르셀로나 자치대학교 한국연구소의 마누엘 브라냐스 부소장님, 안녕하십니까?

안녕하세요?

한반도의 긴장이 고조되고 있습니다.

우리가 북한의 수위 높은 도발에 적응이 되긴 했지만 그래도 어느 정도까지 가면 누그러지겠지요.

그동안 고조되었던 긴장과 이번 상황과는 어떤 차이가 있습니까?

북한 내부 상황을 고려해본다면 현재의 위협이 신빙성이 있습니까?

글쎄요, 만약 신빙성이 있다는 말이 무력 충돌을 일으킬 가능성이 있다는 의미라면 저는 신빙성이 없다고 생각합니다. 그러나 다른 때와 차이가 있는 건 맞습니다. 그리고 한 정권이 내부 체제를 완전히 통제하려면 두 가지가 필요합니다. 첫째는 내부권력 강화이고 둘째는 말하자면, 지도자의 지도력이라고 말할 수 있습니다.

즉, 군부를 이끄는 것은 지도자가 아니라 군부가, 즉 내부 사상 같은 것이 지도자를 움직인다고 생각합니다. 따라서 후에 북한 내 자체 생산성 저하나 외부 원조 차단으로 인해 기초식량 공급이 불가능해질 때는 모든 변명이 가능할 수 있다고 봅니다.

미국은 한반도의 위협에 대비하여 태평양 지역의 방어를 강화했습니다.

실제로 북한이 미국의 이해 관계 국가들을 공격할 무기를 소유하고 있습니까?

없습니다. 북한이 타격을 줄 수는 있겠지만, 큰 일을 벌일 만한 공격은 불가능하다고 생각합니다.

북한의 체제는 그동안의 정치의 전통으로 볼 때 약간의 가능성도 있습니다. 즉 '이봐요, 우리는 방어 체계를 구축하고 있습니다.'라고 과장하는 거죠. 지금 북한이 그러고 있는 거죠. 체제를 건드리거나 공격하는 그 어떤 것도 방어할 수 있다는 것을 과시하는 거죠.

최악의 시나리오를 가정해보겠습니다.

결국 전쟁이 발발한다고 생각해보죠.

수위가 어느 정도일 것이라고 생각하십니까?

지금 한반도에 전쟁이 발발한다면 한반도와 전세계에 어떤 영향을 미칠 것이라 생각하십니까?

정말 최악의 상황이 벌어지겠죠, 그렇지 않습니까?

전쟁이 일어난다면 한반도뿐만 아니라 실제로 전 세계가 불안정해집니다. 왜냐하면 전쟁의 발발이란 북한이 국제 사회를 위협하는 다른 핵보유 가능 국가들과 새로운 조약을 체결할 것임을 의미하기 때문입니다. 따라서 이 국가들이 미사일을 발사한다면 여타 국가들이 어떻게 반응할지는 알 수 없는 일입니다.

현실적으로 매우 복잡하고 해결하기 힘든 전쟁이 될 것입니다. 따라서 매우 흥미롭고 또 필요한 것은, 제가 볼 때 국제 사회가 북한의 특수한 정권에도 불구하고 북한에 매우 구체적이고 관대한 자세를 가져야 합니다. 즉, 북한과 같이 특수한 정권, 독재자 등에 관대해야 한다는 것입니다.

이것이 힘들긴 하나 유일한 방법입니다.

북한에 관대해야 한다는 것이 정확히 어떤 의미입니까?

북한의 정치관료들이 권력을 유지할 수 있도록 무언가를 제공하려고 노력해야 할 것입니다. 다르게 말하자면 인권 등에 대한 국제적 보복을 하지 않는다는 것이죠.

현재 위기 상황을 고려할 때 북한은 어떻게 변화할 것 같습니까?

북한에 전혀 변화가 없을 것입니다.

즉, 2001년, 2003년, 2004년 즈음부터 북한에 변화 조짐이 보였습니다. 시장과 같은 작은 부분에 새로운 특성을 도입하는 것 같았습니다.

제가 마지막으로 북한에 갔던 게 일 년 반 전이었는데 당시 북한에는 이미 소규모 소매 시장이 형성되어 사람들이 토마토, 계란 등 집에서 생산할 수 있는 물건을 팔 수 있었습니다.

구매 품목은 매우 제한되어 있었지만 과거와 비교해 볼 때 근본적인 변화라고 할 수 있었습니다. 그러나 다른 문제들과 관련해서는 이러한 개방의 작은 내용들이 끼치는 영향은 거의 없습니다.

따라서 북한에 큰 변화는 없을 것입니다. 변화보다는 계속 정권을 유지하려고 할 것입니다. 왜냐하면 유일하게 남아있는 지지국인 중국이 지지하지 않기 때문입니다.

앞으로 북한의 적대적 행위나 위협 수위가 줄어들거나 사라질 것이라고 보십니까?

북한 내부 상황을 고려해볼 때 한 발 물러설진 모르겠으나, 어느 정도 그대로 유지될 것입니다. 중국어로 '체면 유지'를 해야 되겠지요.

즉, 북한이 내부적으로 한 발 물러서야겠다고 깨닫지 않는 한, 북한에는 아무 것도 남는 것이 없다는 사실을 고려해야 합니다. 그러나 일반적인 관점으로 볼 땐 수위가 낮아질 것이라 보는 것이 맞습니다. 문제는 북한의 도발이 어느 수위까지 갈지, 심하진 않더라도 다시 불안한 상태를 유발할지에 있다고 생각합니다.

바르셀로나 자치대학교 한국연구소의 마누엘 브라냐스 부소장님, 저희 씽꼬 꼰띠넨떼스에 나와주셔서 감사합니다.

이 사안에 대해 의견을 개진하고 참여할 기회를 주셔서 오히려 제가 감사합니다.

25-6 성폭력(las violaciones sexuales)

India, condenado a muerte a los cuatro violadores de una joven estudiante que murió por las lesiones que le causaron.(18:53)
Los jueces cierran con la pena máxima un caso que ha conmocionado la conciencia colectiva de la India ya desatado una ola de proteatas contra las agresiones sexuales como nunca se había visto antes en el país asiático, una parte del mundo donde no paran decrecer las denuncias de violencia sexual.(19:09)
En la vecina Pakistán una niña de cinco años ha sido violada por cinco hombres esta semana en la ciudad de Lahore.(19:14)
Ambas noticias coinciden con la publicación de un dramático informe sobre violencia sexual en Asia Pacífico.(19:20)
Uno de cada cuatro hombres reconoce haber cometido una violación según un estudio difundido por la ONU.(19:26)
Cristina Sánchez nos acerca al contenido de este dossier.(19:29)

Nunca antes se había realizado un informe de esta dimensión y sus resultados son estremecedores.(19:39)
Diez mil hombres entrevistados en seis países del Asia Pacífico y el veinticuatro por ciento reconoce haber cometido al menos una violación en el seno de la pareja o fuera de ella porque creen tener derecho a mantener las relaciones sexuales aunque no haya consentimiento por puro entretenimiento o como un método de castigo, han sido sus respuestas.(20:00)
Dice Naciones Unidas que la prevalencia de la cultura machista, las desigualdades sociales y la discriminación alimentan en Asia la violencia contra mujeres y niñas.(20:13)
Como en la India donde la brutalidad con la que una joven fue violada y asesinada por un grupo de hombres en un autobús despertó la conciencia hasta entonces dormida de un país en el que cada veinte minutos se comete una violación.(20:28)

Anna Ferrer, viuda de Vicente Ferrer afirma que más allá de las leyes la educación debe jugar un papel esencial.(20:36)

Basta con esta violencia contra las mujeres en India.(20:40)
Necesitamos un cambio, es la responsabilidad no sólo del gobierno, de la policía, además cada familia, ¿no?, enseñar a nuestros hijos e hijas que hay igualdad, que son seres humanos iguales.(21:01)

Y otro de los principales obstáculos en la lucha contra la violencia machista en el mundo es la impunidad con la que se ejerce en muchos casos como en el de Colombia donde decenas de miles de mujeres han sufrido la violencia sexual ejercida tanto por grupos armados como por fuerzas de seguridad a lo largo de más de cinco décadas de conflicto.(21:23)
Alexandra Quintero de la Organización Sisma Mujer.(21:27)

Pero son así, no está por ciento, hay impunidad o sea no está por ciento sus crímenes.(21:31)
No cuenta con la sentencia judicial, no cuenta con un culpable porque digamos que en casa se repite lo que siempre que se repiten violencias sexuales sólo que hace mezcla el tema de la guerra y es que las mujeres son de nuevo culpabilizadas, recriminadas por todo el aparato y por todos los superables judiciales.(21:49)

La impunidad y la falta de asistencia coarta a muchas mujeres a la hora de denunciar, pero también el miedo a la represalias o hacer repudiadas.(21:58)
Olga Amparo Sánchez, coordinadora de la Casa de la Mujer.(22:02)

Uno porque teme la denuncia por la represalia de los actores armados, pero también en el espacio privado temen las represalias del marido, el hermano y los familiares porque son repudiadas, porque no creen en el sistema de justicia o porque no saben dónde recurrir en el momento de la denuncia.(22:22)

Y es que el de las mujeres y las niñas sigue siendo el colectivo más vulnerables en situaciones de conflicto como en el caso de las menores usadas como soldados, convertidas además en esclavas sexuales de los mandos.(22:35)
Es la terrible experiencia que vivió Chainaqueitetsi en Uganda.(22:40)

Siendo una niña tan pequeña convertida en una esclava sexual para todo aquel que quiera acostarse contigo con apenas catorce años ya no puede recordar cuántos hombres han usado tu cuerpo.(22:52)

También en catástrofes naturales y humanitarias, mujeres y niñas son víctimas de violencia sexual como en los campos de desplazados de Puerto Príncipe tras el terremoto de Haití.(23:06)

Fue muy duro, nadie quiere acostarse a la fuerza con una persona, eran tres, me golpearon y aunque te defiendes el hombre que tienes encima está dispuesto a herirte, a derramar sangre, a veces el agresor tiene el sida, hay virus, infecciones, no puedes ni hablar ni gritar porque nadie va a hacer nada. Si es que no te han puesto un trapón en la boca, es muy duro.(23:30)

Según la ONU una década tres mujeres en el mundo ha sido golpeada, agredida sexualmente o sometida a cualquier otro tipo de abuso.(23:40)
Mil millones de seres humanos con rostros sin nombres como el de la periodista colombiana, Ginet Bedoya.(23:46)

Que tengamos rostros, que sea ese rostro que destaca y no es el rostro humillado, que sea el rostro, que sea la persona capaz de levantar la cara y de reclamar la justicia.(24:00)
(Cinco Continentes /13/09/2013)

25-6

인도는 성폭력으로 한 여학생을 숨지게 한 4명의 성범죄자에게 사형을 선고했습니다.

재판부는 최고형을 언도하였습니다. 이 사건으로 성폭력에 반대하는 시위의 물결이 이미 걷잡을 수 없게 되었으며 인도 사람들의 집단 의식을 일깨웠습니다. 이는 아시아 국가들 중에 유래 없는 일로 인도는 성폭력 고발이 전혀 줄어들고 있지 않은 곳입니다.

이웃 나라 파키스탄의 라호르에서는 5살 난 여아가 5명의 남자들로부터 성폭력을 당했습니다.

이 두 사건은 아시아 태평양 지역에서의 성폭력에 관한 놀라운 보고가 발표된 시점과 맞물렸습니다.

유엔에서 발표한 연구에 의하면 4명 중 1명의 남성이 성폭력을 행했다고 합니다.

끄리스띠나 산체스가 이 보고를 전해드립니다.

이런 차원의 보고는 처음 있는 일로 그 결과는 가히 전율적입니다.

아시아 태평양 지역의 6개국에서 만 명을 대상으로 조사한 결과, 이 중 24퍼센트가 최소한 자신의 애인이나 혹은 다른 여자에게 성폭력을 행한 경험이 있다고 했으며, 그 동기가 재미를 위해서든 벌을 주기 위해서든 동의가 없이도 자신들에게는 성행위를 할 권리가 있다고 믿는다는 것이 이들의 답변이었습니다.

유엔은 남성 우월주의의 우세와 사회적 불평등, 그리고 성차별이 아시아에서 여자와 여자 아이에 대한 성폭력을 조장하고 있다고 보고했습니다.

인도에서 여러 명의 남자들이 버스 안에서 한 여성에게 성폭력을 행하고 이 여성을 살해한 잔인함은 그 동안 잠들어 있던 의식을 일깨웠으며 이 나라에서는 매 20분 마다 성폭력이 행해지고 있다고 보고했습니다.

비센떼 페레르씨의 미망인인 아나 페레르 여사는 법 이전에 교육이 근본적 역할을 해야 한다고 말합니다.

인도에서 여성에 대한 성폭력은 이제 근절되어야 합니다.

변화가 필요합니다. 이것은 정부나 경찰만의 책임이 아닙니다. 각 가정이 힘써야 합니다. 우리의 아이들에게 남자나 여자는 평등하다는 것을 가르쳐야 합니다. 모두 똑같은 인간이라는 것을요.

남성 폭력에 대항해서 투쟁하는데 근본적인 장애의 또 다른 하나는 처벌 조치입니다. 콜롬비아 같은 나라에서는 50년 이상 수만 명의 여성들이 여러 명의 무장 남자들이나 심지어 안전 요원들에 의해 성폭력을 당하고 있습니다.

콜롬비아 여성연합의 알렉산드라 낀떼로 활동가가 전합니다.

네, 그래요. 처벌이 전혀 없어요. 그런 범죄가 성립되질 않아요.

처벌이 없어요. 죄가 되질 않죠. 왜냐하면 집에서는 항상 성폭력을 전쟁 이야기와 섞어서 하기 때문에 모든 곳에서, 법정에서 여자는 또 다시 죄인이 되고 범죄자가 됩니다.

처벌 조항이 없고 도움이 없기 때문에 많은 여성들이 고발에 제약을 받고 있으며 또한 보복 당하거나 버려지는 데 대한 두려움도 있습니다.

콜롬비아 '여성의 집' 공동운영자 올가 암빠로 산체스가 전합니다.

무장범들에게 보복을 당할까봐 고발을 두려워하기도 하고 사적인 공간에서는 남편이나 남자 형제들 등 가족에게 보복을 당할까봐 두려워합니다. 왜냐하면 사람들은 법 제도를 믿지 않으니까 어디에 고발을 해야 할 지 모르기 때문입니다.

계속 여성과 어린 여아들은 성범죄의 가장 취약한 집단이며 군인으로 소집되는 어린 여아들이 명령에 따라 성노예로 전락되는 것도 마찬가지입니다.

우간다에 살았던 차이나께이뗏치 양은 정말 끔찍한 경험을 했습니다.

누구라도 자신의 욕정을 즐기기 위하여 어린 여아를 성노예로 삼고 있으며 불과 14살의 여아는 자신의 몸이 얼마나 많은 남자들에 의해 유린당했는지조차 기억하지 못합니다.

또한 아이티는 지진 이후 포르토프랭스의 난민촌에서 여성과 여아들이 성폭력의 희생자로 전락되어 자연재해는 물론 인간에 의한 재해로 시달리고 있습니다.

정말 끔찍했어요. 누가 자신이 원치 않는 사람과 자는 것을 좋아하겠어요? 세 명이었어요. 저를 마구 때렸어요. 방어를 하면 제 위에 있는 남자는 저를 피가 나도록 때려요. 이따금 치한들은 에이즈나 다른 감염 바이러스에 걸려 있어요. 말도 못하고 소리도 치지 못해요. 아무도 도와주지 않기 때문이죠. 입을 틀어 막지도 않아요. 정말 끔찍해요.

유엔의 보고에 의하면 세계에서 10년에 3명 꼴로 여자들은 구타나 성폭력, 또는 여타의 학대를 받고 있다고 합니다.

얼굴만 있는 무명의 수십억의 사람들 중 한 명인 콜롬비아의 지넷 베도야 기자는 이렇게 말합니다.

얼굴을 가집시다. 떳떳한 얼굴이요. 비겁한 얼굴이 아닌 얼굴을요. 그리하여 얼굴을 들고 떳떳하게 정의를 외칠 수 있는 사람이 됩시다.

주제 26

역사 la historia

26-1 신화, 전설(los mitos y las leyendas)

¿De dónde viene el mundo? ¿Por qué sale el arco iris? ¿Qué ocurre tras la muerte? Preguntas como estas han inquietado siempre a los seres humanos. Para intentar darles respuesta han surgido en todas las culturas esos relatos maravillosos que son los mitos. Junto con las leyendas, forman uno de los más ricos tesoros de la imaginación.

Los mitos son narraciones anónimas de contenido fantástico que tratan de responder a interrogantes que el hombre se ha planteado desde siempre. Transmitidos inicialmente de forma oral y estrechamente unidos a la religión, cuentan historias protagonizadas por dioses y héroes para explicar los orígenes del mundo y de los fenómenos naturales. Pero también para imaginar cómo fueron creados el hombre y la mujer, cuál es su destino o de dónde proceden determinadas instituciones o costumbres sociales. Las leyendas, por su parte, son relatos parecidos a los mitos. Suelen estar inspiradas en hechos históricos y sus protagonistas resultan más cercanos. Muchas leyendas, en especial las que forman parte de los relatos épicos(el rey Arturo, Roldán o el Cid), han conseguido trascender la cultura en la que surgieron para convertirse en un patrimonio común.

Todos los pueblos han creado sus propios mitos y leyendas, quizá porque, como escribió una poeta, «el país que no tenga leyendas está condenado a morir de frío y el pueblo que no tenga mitos ya está muerto». Un panteón de gran complejidad es el de los antiguos egipcios, cuyos dioses solían asociarse formando tríadas y se representaban con cuerpo humano y cabeza de animal.(2009 pequeño Espasa Ilustrado)

26-1

세상은 어디서부터 시작되었는가? 무지개는 왜 생기는가? 죽음 뒤에는 어떤 일이 생기는가? 이러한 질문들은 인간들을 항상 불안하게 만들어왔다. 그들에게 답을 내어주기 위해 모든 문화권에서 경이적인 이야기들이 생겨났다. 이것들이 바로 신화이다. 전설들과 함께 상상의 가장 근사한 보물로 남아있다.

신화는 환상적인 내용을 담은 익명의 이야기이다. 인간이 항상 제기해왔던 질문들에 대답하려고 있다. 원래 구전되어 왔으며 좁게는 종교로 묶여진다. 신들과 영웅들을 주인공으로 한 이야기들로 세상의 기원과 자연 현상들을 설명하려고 한다. 하지만 또한 남자와 여자는 어떻게 창조되었는지, 인간의 운명은 무엇인지, 또는 특정한 기관이나 사회적 관습은 어디서부터 유래되었는지에 대해 생각해 보기 위함이다. 전설은 한편으로 신화와 닮았다. 역사적 사실들에 의해 영감을 얻으므로 그 주인공들을 친숙하게 느낀다. 많은 전설들은, 특히 서사적인 이야기(아더 왕, 롤랑, 엘시드)를 담고 있는 전설들은 세대를 거듭하여 전승되면서 일반 유산으로 자리 잡았다.

모든 민족은 그들 고유의 신화와 전설들을 만들어내었고 아마도 그것은 한 시인이 언급한 것처럼 <전설이 없는 나라는 싸늘하게 죽을 운명이며 신화가 없는 민족은 이미 죽은 것이기>때문이다. 이런 복잡한 것들의 총본산은 고대 이집트로 신전의 신들은 3인조를 이루곤 했으며 사람의 몸을 하고 동물의 머리를 한 모습이었다.

el comentario de expresiones

Junto con: loc. prepos. En compañía de, en colaboración con.

Anónimo: adj. Que no lleva el nombre de su autor.

Determinadas: adj. Exacto, preciso.

Por su parte: loc. adv. Con distinción y separación de los puntos o circunstancias de la materia que se trata.

26-2 신대륙 발견(el descubrimiento de América)

A finales del siglo XV, el empeño de un marino por encontrar un camino hacia las Indias desembocó en el descubrimiento de un nuevo continente: América. Se inició entonces un largo período de aventuras transoceánicas durante el cual quedó básicamente perfilada la geografía del planeta.

El descubrimiento de América se inscribe en el movimiento de expansión marina que se produjo en Europa a finales de la Edad Media. La creciente necesidad de oro, unida al temor hacia los turcos, que controlaban las rutas del Mediterráneo oriental, llevó a españoles y portugueses a buscar nuevos caminos hacia Oriente. Ese fue también el sueño de Cristóbal Colón. Tras proponer sin éxito sus planes al rey Juan II de Portugal, Colón encontró el apoyo de la reina Isabel I de Castilla y emprendió su viaje convencido de que se dirigía a las Indias, es decir, a Asia. El 12 de octubre de 1492 llegó a una isla que los nativos llamaban Guanahaní y que él bautizó como San Salvador. En cuatro viajes sucesivos, Colón descubrió gran parte de las Antillas y bordeó las costas de América Central y del Sur.

Además de las nuevas tierras, la aventura se saldó para los europeos con el hallazgo de nuevas plantas comestibles(tomate, patata, maíz, vainilla, cacao) o de gran impacto paisajístico(agaves, chumberas), además del tabaco. El botín más preciado fueron las grandes cantidades de oro y plata. A América, por su parte, con los descubridores llegaron, además del cristianismo, el caballo, el arado, la pólvora y las armas de fuego, la vid y el olivo, el trigo y la caña de azúcar. También numerosas enfermedades que diezmaron a las poblaciones indígenas.(2009 pequeño Espasa Ilustrado)

26-2

15세기 말, 인도에 이르는 길을 발견하고자 했던 한 선원의 소망으로 인해 신대륙을 발견하기에 이르렀다: 아메리카 대륙. 대양을 횡단하는 모험의 긴 여정을 시작하였는데 기본적으로 지구의 지리적 윤곽을 잡게 되었다.
신대륙 발견은 중세 말기에 유럽에서 야기된 해양 확장 운동에 포함된다. 금에 대한 수요 증가, 동양으로 향하는 지중해의 길을 지배하고 있었던 터키 사람들에 대한 공포가 스페인 사람들과 포르투갈 사람들로 하여금 동양으로 향하는 새로운 항해를 시작하게 했다. 그것은 또한 크리스토발 콜론의 꿈이기도 했다. 포르투갈의 왕 후안 2세에게 제안했다가 거절 당한 후 카스티야의 여왕 이사벨 1세의 도움을 받아 인도로, 즉 아시아로 향하는 항해를 시작했다. 1492년 10월 12일, 원주민들이 과나아니라고 부르며 그가 산 살바도르라고 명명한 한 섬에 도착하게 된다. 네 차례의 연속된 여행 중에서 콜론은 안틸리스 열도(서인도 제도의 일부)의 대부분을 발견하고 중앙 아메리카와 남아메리카의 해안가를 따라 항해했다.
신대륙 이외에도 이 모험은 유럽인들에게 새로운 먹을 수 있는 식물(토마토, 감자, 옥수수, 바닐라, 카카오)의 발견과 풍경이 주는 큰 충격(용설란, 선인장), 그리고 담배를 제공했다. 신대륙 발견으로 인해 얻은 것들 중 가장 사랑 받았던 것은 금과 은이었다. 아메리카의 입장에서는 한편, 탐험가들의 도착으로 기독교, 말, 밭 경작, 화약, 화약 무기, 포도나무, 올리브, 밀, 사탕수수를 얻게 되었다. 또한 토착민의 10분의 1의 생명을 앗아간 수많은 병들도 함께 들어왔다.

el comentario de expresiones

Transoceánicas: adj. Que atraviesa un océano.

El descubrimiento: v. Descubrir; Encontrar, hallar algo desconocido.

Encontró: v. Encontrar; Dar con una persona o cosa que se busca.

26-3 르네상스(el Renacimiento: el triunfo del humanismo)

Como sugiere su nombre, el Renacimiento fue una época de optimismo. Flotaba en el aire la idea de que se superaba una larga época de oscuridad y se iniciaba un renacer del pensamiento, la cultura, el arte, la política... El alumbramiento, en suma, de una nueva época en la que parecía posible transformarlo todo.

El Renacimiento fue un movimiento de renovación cultural que surgió en Italia ya a finales del siglo XIV y culminó a lo largo de los siglos XV y XVI. Se desarrolló en Europa occidental y central, con dos grandes centros de irradiación: las ciudades italianas de Florencia y Roma, por un lado, y los Países Bajos, por otro. Los grandes acontecimientos históricos que lo encuadran son el descubrimiento de América(1492) y la reforma religiosa promovida por Lutero(1521). El espíritu renacentista se basó en el humanismo, en una recuperación del espíritu filosófico y artístico de la Antigüedad clásica, y en la creencia de que el hombre puede ser «la medida de todas las cosas». Sus ejes ideológicos fundamentales fueron la valoración de la libertad individual, la confianza en la inteligencia humana para comprender el mundo y la búsqueda de la belleza.

Siguiendo el modelo del arte clásico, en las obras de los artistas renacentistas traslucen un ideal de belleza y un gusto por la naturaleza que se distancian de las aspiraciones medievales. Tanto en arquitectura como en las artes plásticas - y también en los diversos géneros literarios - se da gran importancia a conceptos como la armonía y la proporción. El arte pasó a convertirse en un ideal intelectual y un medio para la búsqueda de la belleza, y no ya sólo en el reflejo de la creación divina.(2009 pequeño Espasa Ilustrado)

26-3

그 이름이 말해주듯이, 르네상스는 낙관적인 시기였다. 긴 어둠의 시대를 지배했던 사상은 공중에 떠나 보내고 사고, 문화, 예술, 정치 등의 부활을 시작했다. 종합적으로, 모든 것을 바꾸는 것이 가능했던 새로운 시대의 탄생이라고 볼 수 있다.

르네상스는 문화 혁신 운동이었다. 14세기 말에 이탈리아에서 시작하여 15세기와 16세기에 정점을 이루었다. 서유럽과 중앙유럽,두 곳의 주요한 중심지에서 빛을 발하며 발전하였다: 이탈리아의 도시 플로렌스와 로마, 한편으로는, 네덜란드. 또 다른 한편으로는, 위대한 역사적 사건들 중 하나인 신대륙 발견(1492), 마틴 루터에 의한 종교 개혁(1521)의 시기였다. 르네상스 정신은 인본주의에 그 바탕을 두었다. 고전주의의 예술과 철학적 정신의 회복을 통해, 그리고 인간이 '모든 것들의 매개체'가 될 수 있다는 생각이 확산되었다. 르네상스 사상의 근본적 중심은 세계를 이해하고 아름다움을 찾기 위한 개인의 자유에 대한 가치와 인간의 지성에 대한 믿음이다.

고전주의 예술을 본 받아, 르네상스 예술가들의 작품들은 중세시대의 영감들과는 달리, 아름다움의 이상과 자연에 대한 애착을 투영했다. 건축뿐만 아니라 조형 예술에 있어서도 - 다양한 문학적 장르들도 - 조화와 비율을 매우 중요시했다. 예술은 지식인의 이상과 아름다움을 추구하는 방법을 바꾸었으며 이것은 더 이상 신의 창조를 반사하는 데 그치지 않았다.

el comentario de expresiones

El optimismo: Tendencia a ver y juzgar las cosas considerando su aspecto más favorable. **Antónimos:** El pesimismo; Tendencia a ver las cosas en su aspecto más desfavorable y negativo.

Clásico: adj. Literatura o arte de la antigüedad griega y romana, e imitador de ellas.

26-4 세계 대전(las guerras mundiales y sus consecuencias)

Desde el punto de vista político y militar, el mundo que vivimos es heredero de los dos grandes enfrentamientos bélicos que marcaron con sangre y dolor la historia del siglo XX. Entre ellos, las dos Guerras Mundiales supusieron un vuelco del mapa político europeo, determinaron el ascenso de las grandes potencias y ensombrecieron el planeta con una escalada de armas cada vez más destructivas.

La Primera Guerra Mundial(o Gran Guerra) y la Segunda Guerra Mundial, tanto en su origen como en su desrrollo y sus consecuencias, compartieron algunas características que las diferencian del resto de los numerosos conflictos bélicos ocurridos en la historia. Ambas tuvieron una dimensión internacional de una extensión antes desconocida, pues implicaron de forma directa a los grandes países industrializados del momento, lo que justifica su consideración como «guerras mundiales». Aunque el escenario principal de ambas fue el territorio europeo, la participación de Estados Unidos, en el primer conflicto, y la confrontación entre este país y Japón en el Pacífico, en el segundo, supusieron que de hecho fuera todo el planeta el afectado por la lucha.

Una y otra guerra también coincidieron en los efectos políticos que tuvieron sus desenlaces, en ambos casos con la derrota de Alemania. La Primera Guerra Mundial evidenció el declive definitivo de los viejos imperios de Europa y el surgimiento de Estados Unidos y la Unión Soviética como las dos nuevas grandes potencias. La Segunda supuso la confirmación de esa doble hegemonía mundial.(2009 pequeño Espasa Ilustrado)

26-4

정치 및 군사적인 관점에서 바라보았을 때, 우리가 살고 있는 세계는 20세기 역사에서 피와 고통을 남긴 두 개의 큰 전쟁의 유산이다. 무엇보다도, 두 세계 대전은 유럽의 정치적인 지도를 크게 바꾸어놓았다. 잠재력이 큰 나라들이 부상하게 되었고, 갈수록 더 파괴적인 무기들로 지구를 어둡게 했다.

제 1차 세계대전과 제 2차 세계대전은, 그 원인과 과정, 결과 모두에 있어서 역사상 일어났던 수많은 다른 전쟁들과는 구별되는 다른 특징을 갖고 있다. 두 대전 모두 이전에는 알려지지 않았던 범위까지 국제적인 차원에서 이루어졌다. 즉, '세계대전'이라는 이름을 정당화라도 하는 듯 그 당시에 강력했던 산업화된 국가들이 직접 참여하였다. 처음에 이 두 대전은 유럽 대륙에서 일어났지만 제 1차 세계대전에서 미국의 참여, 제 2차 세계대전에서는 미국과 일본이 태평양에서 정면 충돌을 하는 등 사실 전 세계가 이 전쟁으로 영향을 받았다.

두 세계대전은 또한 결말에서의 정치적 영향도 일치했다. 두 경우 모두 독일의 패배로 끝이 났다. 제 1차 세계대전은 유럽의 오래된 제국들이 쇠퇴하고 있다는 것을 증명했고, 미국과 소련이 새로운 강력한 힘으로 떠올랐다. 제 2차 세계대전은 그 두 세계적 패권을 확인시켜 주었다.

el comentario de expresiones

Vista: f. Conocimiento claro que se tiene de las cosas.

Heredero: m. Persona que por testamento o por ley recibe toda o parte de una herencia.

Escalada: f. Aumento rápido y alarmente de alguna cosa.

Escenario: m. Conjunto de circunstancias que se consideran el entorno de una persona o suceso.

주제 27

서식 el formato

27-1 초대장(la carta de invitación)

Te invito a mi boda.(cumpleaños) 결혼식(생일) 초대

contenido 내용

lugar y fecha 장소와 날짜

firma 사인

27-2 이력서(el curriculum vitae)

Datos personales 개인 신상

nombre y apellidos 이름 성

lugar y fecha de nacimiento 출생지와 출생일

estado civil 혼인 여부

Objetivo de trabajo 구직 이유

(el que se solicita, con referencia a las principales funciones por desempeñar) 일과 관련한 주요 사항

Estudios realizados 학력

Experiencia laboral 경력

Otros conocimientos 자격증

Referencias 기타

27-3 주문서(el pedido)

el sobre 봉투

Remitente 보내는 이

Destinatario 받는 이

la carta 편지

Membrete(Remitente) 보내는 이

Fecha 날짜

Destinatario 받는 이

Saludo(Muy señor mío:) 인사말(존경하는 ~ :)

Introducción 서문

Cuerpo de la carta 본문

Despedida(Muy cordialmente) 맺는 인사(정중하게)

Firma 사인

Anexos 첨부

주제

28 단위 las unidades

28-1 단위(las unidades)

28-1 단위(las unidades)

Metros, kilogramos, segundos, grados... En el lenguaje cotidiano empleamos numerosas expresiones que nos sirven para dar datos precisos sobre determinadas propiedades físicas del mundo que nos rodea. La disciplina que se ocupa del estudio de los sistemas de pesos y medidas y de la determinación de las magnitudes físicas es la metrología.

Una magnitud es una propiedad física que puede ser medida. Es lo que ocurre, por ejemplo, con el tiempo transcurrido entre dos sucesos, la temperatura que hace en la clase, el peso de un objeto o una persona... Las magnitudes físicas nos permiten referirnos con precisión de los fenómenos físicos y a las leyes que los rigen. Algunas de estas magnitudes, las denominadas fundamentales o básicas, hacen posible utilizar de forma sencilla, por medio de cantidades reducidas, diferentes patrones que han sido convenidos y definidos de forma científica con gran precisión. Magnitudes básicas son el tiempo, la longitud, o la masa. A partir de ellas, mediante diversas fórmulas matemáticas, se definen las magnitudes derivadas. La velocidad, por ejemplo, es el resultado de dividir la longitud entre el tiempo; la densidad es el cociente entre la masa y el volumen, etc. El valor de una magnitud se expresa siempre por comparación con otra que se toma como unidad.

El Sistema Internacional de medidas(SI) es el conjunto de unidades fundamentales y sus correspondientes derivadas utilizado por la mayoría de los países del mundo. También es el que emplean todos los científicos. Fue establecido en 1960 por la Conferencia General de Pesos y Medidas celebrada en París. Las unidades fundamentales del SI, de las que pueden derivarse todas las demás, son seis: el metro(m) para medir la longitud; el kilogramo(kg), para medir la masa; el segundo(s), para medir el tiempo; el amperio(A) para medir la intensidad de la corriente eléctrica; el kelvin(K) para medir la temperatura y la candela(cd) para medir la intensidad luminosa. En 1971 se añadió una séptima unidad básica, el mol(mol), para medir la cantidad de las sustancias químicas.

Principales unidades derivadas del SI

Magnitud	Unidad	Símbolo
Frecuencia 주파수	hercio	Hz
Energía 에너지	julio	J
Fuerza 힘	Newton	N
Potencia 전력	Watio	W
Presión 압력	Pascal	P
Carga eléctrica 전기량	Culombio	C
Resistencia eléctrica 전기 저항	Ohmio	Ω
Diferencial Potencial전압	Voltio	V
Radioactividad 방사능	Becquerel	Bq
Temperatura termodinámica 온도	Celsius	℃

(2009 pequeño Espasa Ilustrado)

28-1

미터, 킬로그램, 초, 도… 일상적인 언어에서 우리를 둘러싼 세계의 물리적 성질을 정확하게 표현하기 위해 수많은 표현들을 사용한다. 무게, 척도, 물리적 크기를 결정하는 학문을 도량형학이라고 한다.

크기는 척도가 될 수 있는 물리적 성질을 갖는다. 예를 들어, 두 사건 사이에 지나간 시간, 교실 안의 온도, 물건이나 사람의 무게… 등에서 찾아볼 수 있다. 물리적 크기는 물리적 현상을 지배하는 법칙에 따라 정확하게 표현할 수 있게 한다. 이러한 단위들 중 근본적 혹은 기본적으로 명명된 것들은 양을 줄임으로써 간단한 형식으로 표현할 수 있으므로 아주 정확하면서도 과학적으로 합의되고 정의된 기존의 것과는 다른 패턴들이다. 기본적인 단위들은 시간, 길이, 질량이다. 이 외에도, 다양한 수학적 형식들을 거친 단위들을 파생 단위라고 정의한다. 예를 들어, 속도는 길이를 시간으로 나눈 결과이고; 밀도는 질량과 부피 사이의 지수이다. 한 측정값을 표현할 때는 항상 측정할 때 사용된 다른 단위와 비교하면서 표현된다.

국제 단위계(SI)는 세계 대부분의 국가에서 사용되고 있는 근본적인 단위들과 그에 해당되는 파생 단위들의 총계이다. 또한 모든 과학자들이 사용하는 것이다. 1960년에 파리에서 열린 국제 도량형 총회에서 만들어졌다. 국제 단위계의 근본적인 단위들은 또 다른 단위들을 파생시킬 수 있는 여섯 개의 단위들이다: 길이를 측정하기 위한 미터(m), 질량을 측정하기 위한 킬로그램(kg), 시간을 측정하기 위한 초(s), 전류의 강도를 측정하기 위한 암페어(A), 온도를 측정하기 위한 켈빈(K), 빛의 강도를 측정하기 위한 칸델라(cd). 1971년, 일곱 번째 기본 단위가 추가되었는데 그것은 화학 물질의 양을 측정하기 위한 몰(mol)이다.

LA CASA SPANISH

주제와 함께하는 스페인어
el español con temas

초판 인쇄 2015년 2월 21일
초판 발행 2015년 2월 28일

지은이 민 선 재
발행인 김 인 철
발행처 한국외국어대학교 지식출판원
130-791 서울특별시 동대문구 이문로 107
전화 02)2173-2495~7
팩스 02)2173-3363
홈페이지 http://press.hufs.ac.kr
전자우편 press@hufs.ac.kr
출판등록 제6-6호(1969. 4. 30)
디자인 · 편집 (주)이환디앤비 02)2254-4301
인쇄 · 제본 성전기획 031)955-8826

ISBN 978-89-7464-970-8 14770
ISBN 978-89-7464-968-5 (세트)

정가 25,000원

*잘못된 책은 교환하여 드립니다.

HUiNE은 한국외국어대학교 지식출판원의 어학도서, 사회과학도서, 지역학 도서 Sub Brand이다. 한국외대의 영문명인 HUFS, 현명한 국제전문가 양성(International+Intelligent)의 의미를 담고 있으며, 휴인(携引)의 뜻인 '이끌다, 끌고 나가다'라는 의미처럼 출판계를 이끄는 리더로서, 혁신의 이미지를 담고 있다.

* 이 책의 음원(mp3)은 한국외국어대학교 지식출판원 홈페이지(press.hufs.ac.kr) - 게시판 - 자료실에서 다운받아 사용하시기 바랍니다.